学前教育学

主编◎艾桃桃　滕忠萍

清华大学出版社
北 京

内 容 简 介

本书围绕学前教育的核心要素，全面阐述了学前教育的概念、要素、功能及属性，学前教育的产生与发展，学前教育与社会发展，学前教育与儿童发展，幼儿园教师，学前儿童全面发展教育，幼儿园教育的任务、目标与原则，幼儿园教育活动，幼儿园教育的合作与衔接，幼儿园教育评价等基础理论知识和一般规律。本书体现新的学前教育基本理念，突出实际运用，语言通俗易懂，可作为高等院校学前教育专业的基础性教材，亦可作为学前教育工作者和爱好者的参考读物。教师可以根据实际情况和教学大纲的要求灵活使用该教材。

本书封面贴有清华大学出版社防伪标签，无标签者不得销售。
版权所有，侵权必究。举报：010-62782989，beiqinquan@tup.tsinghua.edu.cn。

图书在版编目（CIP）数据

学前教育学/艾桃桃，滕忠萍，蒋继玲主编. — 北京：清华大学出版社，2020.8
ISBN 978-7-302-56135-4

Ⅰ.①学… Ⅱ.①艾… ②滕… ③蒋… Ⅲ.①学前儿童—教育理论—幼儿师范学校—教材 Ⅳ.①G610

中国版本图书馆 CIP 数据核字（2020）第 141122 号

责任编辑：邓　艳
封面设计：刘　超
版式设计：文森时代
责任校对：马军令
责任印制：丛怀宇

出版发行：清华大学出版社
网　　址：http://www.tup.com.cn，http://www.wqbook.com
地　　址：北京清华大学学研大厦 A 座　　邮　编：100084
社 总 机：010-62770175　　　　　　　　邮　购：010-62786544
投稿与读者服务：010-62776969，c-service@tup.tsinghua.edu.cn
质量反馈：010-62772015，zhiliang@tup.tsinghua.edu.cn
印 装 者：三河市国英印务有限公司
经　　销：全国新华书店
开　　本：185mm×260mm　　　印　张：14　　　字　数：346 千字
版　　次：2020 年 9 月第 1 版　　　　　　印　次：2020 年 9 月第 1 次印刷
定　　价：49.00 元

产品编号：085989-01

前　言

当前，我国学前教育事业已得到党和政府、社会各界的高度重视，正呈现蓬勃发展的势头。为适应我国学前教育发展的新形势和新要求，培养与之相适应的幼儿园教师，在"广西幼儿教育师资培养基地"平台的支持下，学前教育学课程教学团队深入研究和吸收我国学前教育理论和实践的新成果，贯彻《教师教育课程标准（试行）》《幼儿园教师专业标准（试行）》《中小学和幼儿园教师资格考试标准及大纲（试行）》《幼儿园工作规程（2019）》《中共中央国务院关于学前教育深化改革规范发展的若干意见》等指导性政策文件精神，在长期教学实践基础上，编写了《学前教育学》这部新教材。

本教材基于学习者的专业能力培养需要，按照"理实结合"的教学原则，围绕学前教育的核心要素，全面阐述了学前教育的概念、要素、功能及属性，学前教育的产生与发展，学前教育与社会发展，学前教育与儿童发展，幼儿园教师，学前儿童全面发展教育，幼儿园教育的任务、目标与原则，幼儿园教育活动，幼儿园教育的合作与衔接，幼儿园教育评价等基础理论知识和一般规律。根据学前教育专业基础理论课程的教学特点，本教材突出"两个对接"：一是与《教师教育课程标准（试行）》《幼儿园教师专业标准（试行）》《中小学和幼儿园教师资格考试标准及大纲（试行）》对接；二是与我国学前教育实践和《幼儿园工作规程（2019）》等指导性政策文件精神对接，旨在帮助学习者掌握学前教育的基本概念及原理，树立正确的儿童观、教育观、教师观，逐步形成理性分析问题和运用理论的能力。本教材体现了新的学前教育基本理念，突出实际运用，语言通俗易懂，可作为高等院校学前教育专业的基础性教材，亦可作为学前教育工作者和爱好者的参考读物。教师可以根据实际情况和教学大纲的要求灵活使用该教材。

为了更好地适应事业发展形势，贯彻落实《国家中长期教育改革和发展规划纲要（2010—2020年）》和"国十条"精神，促进学前教育大普及、大发展，同时兼顾质量的发展，有效推动我国学前教育事业的健康、可持续发展，本教材在编写过程中重点突出以下3个特点。

一是设计全面，体系比较完整。教材进行了全面系统的建设。在编写具体内容之前，系统制订了人才培养方案和教学大纲，以此作为纲领，使其在人才培养目标与课程设置、课时安排、教学内容选取、教学考核要求等方面形成一个比较完整的体系。

二是体例新颖，能力导向。设置了本章导读、学习目标、学习重点、思维导图、典型案例及案例点评、思考与实训、知识拓展等栏目，注意问题的提出和解决过程，贯彻能力导向的职业教育理念。

三是教考一体，助力考证。针对幼儿园教师资格证考试制度，本教材在每章结尾设置了在线测试、真题训练等环节，为学生顺利通过幼儿园教师资格证考试奠定良好的基础。

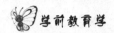

四是"互联网+",促进学习。本教材在编写过程中,将更多的教学资源进行整合,以二维码的形式渗透到教材中,增强了学习的趣味性、自主性、可操作性和实用性。书中加有幼儿园教育教学的相关视频资料,将理论学习与实践有效结合起来,帮助学生更加生动、形象、细致地掌握知识。

本教材的作者均为长期奋斗在学前教育学课程教学一线的教师,具有丰富的理论和实践经验。文稿撰写分工如下:第一章导论由滕忠萍编写,第二章学前教育的产生与发展由李玥婧编写,第三章学前教育与社会发展由梁梦琳编写,第四章学前教育与儿童发展由陆瑶编写,第五章幼儿园教师由韦积华编写,第六章学前儿童的全面发展教育由黄婉圣、赖文芳共同编写,第七章幼儿园教育的任务、目标与原则由罗玉舒编写,第八章幼儿园教育活动由管钰嫦编写,第九章幼儿园教育的合作与衔接由李卓洁编写,第十章幼儿园教育评价由艾桃桃、黄宇编写。全书由艾桃桃负责设计、统稿,艾桃桃、滕忠萍、蒋继玲共同协助修改、定稿。

本教材得以公开出版,要感谢清华大学出版社的大力支持和帮助。为了保证教材的前沿性,在教材编写过程中,参考、借鉴或引用了许多国内外同行的最新研究成果。虽然我们尽量列出相应的参考文献,但难免有遗漏之处,敬请谅解。在此向提供资料的所有作者表示诚挚的谢意!

尽管本教材的积累经过了持续多年的努力,参与者们付出了辛勤汗水,但仍有许多问题需要深入研究,不断完善。作者的学术水平有限,不足和错漏之处敬请批评指正!希望得到广大学生、教师和读者的意见反馈,以便今后不断修订完善。

编　者

目 录

第一章 导论 1
　第一节 教育及学前教育的概念 2
　　一、教育概述 2
　　二、学前教育的概念及要素 5
　第二节 学前教育的功能和属性 7
　　一、学前教育的功能 7
　　二、学前教育的属性 9
　第三节 学前教育学的"教"与"学" 10
　　一、学前教育学研究的对象、任务及内容 11
　　二、学前教育学的课程意义 11
　　三、学前教育学的"问题导学式"教学 12
　　四、学前教育学之"学"的策略 13
　　五、学前教育学的自主探究学习项目 13
　在线测试 15

第二章 学前教育的产生与发展 17
　第一节 国外学前教育机构的产生与发展 18
　　一、古代西方国家学前教育的实施与发展 18
　　二、近代西方学前教育机构的产生 19
　第二节 国外学前教育思想的产生与发展 27
　　一、20世纪以前的学前教育思想 27
　　二、20世纪以来的学前教育思想 31
　第三节 中国学前教育机构与制度的产生与发展 33
　　一、中国古代儿童教育的实施 34
　　二、近代学前教育的发展 35
　　三、当代学前教育的发展 39
　第四节 中国学前教育思想的产生与发展 41
　　一、中国古代学前教育思想 41
　　二、中国近现代著名教育家的学前教育思想 42
　　三、中国近现代学前教育儿童观的革新 44
　在线测试 45
　真题训练 46

第三章　学前教育与社会发展 ... 49
第一节　学前教育与经济的关系 ... 50
一、学前教育的产生、发展与完善受到经济发展的制约 ... 50
二、学前教育的任务、手段、内容受社会经济发展的影响 ... 51
三、学前教育的内容与手段也与社会经济发展紧密相连 ... 52
四、学前教育为社会经济发展服务 ... 52
第二节　学前教育与政治的关系 ... 53
一、社会政治对学前教育的性质有制约作用 ... 53
二、社会政治对学前教育的发展具有影响作用 ... 55
第三节　学前教育与文化的关系 ... 55
一、文化对学前教育的影响 ... 56
二、学前教育对文化的影响 ... 57
第四节　学前教育与科学技术的关系 ... 58
一、人们对学前教育的认识受科学技术发展的影响 ... 59
二、学前教育的课程内容设置受科学技术发展的影响 ... 59
三、学前教育的手段、方式与方法受科学技术发展的影响 ... 60
四、学前教育促进科学技术的发展 ... 60
第五节　学前教育与人口的关系 ... 61
一、人口的数量和结构影响学前教育的发展 ... 61
二、人口的质量影响学前教育的发展 ... 62
三、人口布局影响学前教育的发展 ... 62
四、人口的流动性影响着学前教育的发展 ... 63
五、学前教育的发展有助于人口质量的提高 ... 64
在线测试 ... 64
真题训练 ... 65

第四章　学前教育与儿童发展 ... 67
第一节　儿童发展及其权益 ... 68
一、学前儿童的发展 ... 68
二、儿童发展的理论 ... 70
三、儿童的权益 ... 74
第二节　儿童观与学前教育发展 ... 75
一、儿童观 ... 75
二、现代学前教育的观念 ... 77
三、现代学前教育的新趋势 ... 77
第三节　学前教育与儿童发展的关系 ... 79
一、学前教育对儿童发展的作用 ... 79
二、儿童身心发展规律对学前教育的影响 ... 81
在线测试 ... 82
真题训练 ... 83

第五章　幼儿园教师 ... 85
第一节　幼儿园教师的职业特点和社会地位 ... 86
　　一、幼儿园教师的职业特点 ... 87
　　二、幼儿园教师的社会地位 ... 88
第二节　幼儿园教师的职业素养 ... 91
　　一、专业视角解读《幼儿园教师专业标准》（试行） ... 92
　　二、幼儿园教师的职业素养 ... 93
第三节　幼儿园教师的专业发展 ... 94
　　一、幼儿园教师专业化的内涵 ... 95
　　二、幼儿园教师专业发展阶段 ... 95
　　三、幼儿园教师专业发展的途径 ... 96
第四节　幼儿园教师与幼儿的关系 ... 98
　　一、教师与儿童相互关系的历史演变 ... 99
　　二、当代幼儿园教师的角色定位 ... 99
　　三、建立良好师幼关系的策略 ... 101
　在线测试 ... 102
　真题训练 ... 103

第六章　学前儿童的全面发展教育 ... 105
第一节　学前儿童全面发展教育概述 ... 106
　　一、学前儿童全面发展教育的含义 ... 106
　　二、学前儿童全面发展教育要处理好的关系 ... 107
第二节　学前儿童德育 ... 108
　　一、学前儿童德育的目标 ... 108
　　二、学前儿童德育的内容 ... 108
　　三、发展学前儿童德育的途径 ... 109
第三节　学前儿童智育 ... 111
　　一、学前儿童智育的目标 ... 111
　　二、学前儿童智育的内容 ... 112
　　三、发展学前儿童智育的途径 ... 113
第四节　学前儿童体育 ... 114
　　一、学前儿童体育的目标 ... 115
　　二、学前儿童体育的内容 ... 115
　　三、发展学前儿童体育的途径 ... 117
第五节　学前儿童美育 ... 118
　　一、学前儿童美育的目标 ... 119
　　二、学前儿童美育的内容 ... 119
　　三、发展学前儿童美育的途径 ... 120
　在线测试 ... 121
　真题训练 ... 122

第七章 幼儿园教育的任务、目标与原则 ... 124
第一节 幼儿园教育的性质、任务与特点 ... 124
一、幼儿园教育的性质 ... 125
二、幼儿园教育的任务 ... 126
三、幼儿园教育的特点 ... 128
第二节 幼儿园教育的目的和目标 ... 129
一、教育的目的 ... 129
二、幼儿园教育的目标 ... 130
第三节 幼儿园教育的原则 ... 131
一、教育的一般原则 ... 131
二、幼儿园教育的特殊原则 ... 132
在线测试 ... 135
真题训练 ... 136

第八章 幼儿园教育活动 ... 139
第一节 幼儿园教育活动的特点与形式 ... 140
一、幼儿园教育活动的特点 ... 140
二、幼儿园教育活动的形式 ... 141
第二节 幼儿园教育活动设计原则 ... 143
一、活动性原则 ... 144
二、发展性原则 ... 145
三、科学性和教育性原则 ... 145
四、连续性和渗透性教育原则 ... 145
五、集体教学活动与个别教学活动相结合的原则 ... 146
六、整体性和一致性原则 ... 147
七、直接指导与间接影响相结合的原则 ... 147
八、巩固性原则 ... 148
第三节 幼儿园教育活动的组织策略 ... 149
一、活动导入的策略 ... 149
二、观察幼儿的策略 ... 151
三、提问的策略 ... 153
四、活动结束的策略 ... 154
第四节 幼儿园以游戏为基本活动 ... 155
一、幼儿园以游戏为基本活动的含义 ... 156
二、幼儿园以游戏为基本活动的意义 ... 158
三、幼儿园以游戏为基本活动的实践要点 ... 158
在线测试 ... 160
真题训练 ... 161

第九章 幼儿园教育的合作与衔接 ... 166
第一节 幼儿园与家庭的合作 ... 167

一、学前儿童家庭教育的特点 ··· 167
　　二、幼儿园与家庭合作的意义 ··· 170
　　三、幼儿园与家庭合作的内容 ··· 171
　　四、幼儿园与家庭合作的方式 ··· 172
　第二节　幼儿园与社区的合作 ··· 174
　　一、社区学前教育的含义 ··· 175
　　二、幼儿园与社区合作的意义 ··· 175
　　三、幼儿园与社区合作的内容 ··· 176
　　四、幼儿园与社区合作的方式 ··· 177
　第三节　幼儿园与小学的衔接 ··· 178
　　一、做好幼小衔接的重要意义 ··· 178
　　二、幼小衔接工作的主要内容 ··· 179
　　三、幼小衔接工作的主要方法 ··· 180
　在线测试 ·· 181
　真题训练 ·· 181

第十章　幼儿园教育评价 ·· 185
　第一节　幼儿园教育评价的功能与意义 ·· 186
　　一、幼儿园教育评价的概念 ·· 186
　　二、幼儿园教育评价的内容 ·· 187
　　三、幼儿园教育评价的功能 ·· 188
　　四、幼儿园教育评价的意义 ·· 190
　第二节　幼儿园教育评价的类型与原则 ·· 191
　　一、幼儿园教育评价的类型 ·· 191
　　二、幼儿园教育评价的原则 ·· 193
　第三节　幼儿园教育评价的过程与方法 ·· 195
　　一、幼儿园教育评价的基本步骤 ·· 195
　　二、幼儿园教育评价的基本方法 ·· 198
　第四节　评价在幼儿园教育活动中的运用 ····································· 202
　　一、对教育活动的评价 ·· 203
　　二、对教师的教育行为的评价 ··· 206
　在线测试 ·· 207
　真题训练 ·· 208

参考文献 ··· 211

附录 ··· 214

第一章 导 论

本章导读

学前教育涉及什么内容？怎么学？首先要从了解教育的概念、教育的基本要素入手，了解教育发展的不同历史形态及其特点；其次要了解学前教育学的研究对象和基本内容，掌握重要意义，增强专业自信。

学习目标

1. 了解教育的基本概念及其基本要素，了解教育发展的不同历史形态及其特点。
2. 了解学前教育的基本概念及其基本要素，领会学前教育的功能和属性。
3. 了解学前教育学的研究对象、任务及意义。

学习重点

了解学前教育的基本概念及其基本要素，领会学前教育的功能和属性。

思维导图

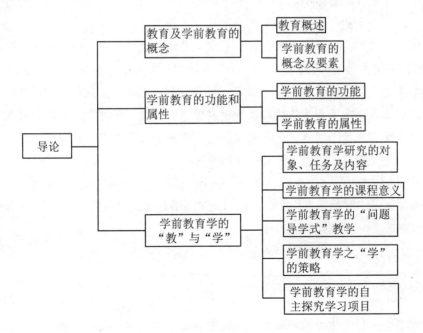

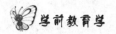

第一节 教育及学前教育的概念

典型案例

"狼孩"卡玛拉姐妹的悲剧

1920年10月,在印度加尔各答西南的一个小村庄里,当地人发现两只人形动物住在狼洞里。原来是两个女孩,姐姐卡玛拉约8岁,妹妹阿玛拉1岁多。她们的身体外形与人不同:四肢长得比一般人长,手臂过膝,两腕肌肉发达,双脚的拇指也稍大;骨盆细而扁平,背骨发达而柔弱,但腰和膝关节萎缩而且毫无柔韧性。

当地人把卡玛拉姐妹送到孤儿院接受人类的教育,想把她们培养成正常人。可是从婴儿时代就被狼抚养的姐妹俩却改不掉狼的习性。她们不会说话,没有人的理性,吞食生肉,用四肢爬行,喜暗怕光,白天总是蜷缩在阴暗的角落里,夜间则在院内外四处游荡,凌晨时像狼似的嚎叫。给她们穿衣服,她们却粗野地把衣服撕掉。两个月后,妹妹阿玛拉终于说出了"不"字,可惜一年后就死去了。姐姐卡玛拉经过3年的训练才能用脚走路,但仍改不了用四肢爬行的习惯,直到17岁死去时,智商也只是3岁半幼儿的水平,只能讲45个单词。

讨论:早期教育对婴幼儿的身心发展有何重要作用?

案例点评

早期教育是人类智力开发的最佳时期,如果丧失了这一早期的教育机会,孩子的终身发展将会受到很大的负面影响。"狼孩"卡玛拉姐妹正是众多失去早期教育的孩子中所产生的悲剧之一。这一实例有力地说明了社会生活对人的心理发展的决定性作用。由于卡玛拉姐妹自幼落到狼群中,由狼群喂养长大,长期在狼群中过着野兽的生活,失去了最佳的教育期,渐渐失去了人的禀性,变成了"狼"。虽然她们是由人生育出来的,有人的遗传因素,具有人的外貌特征、生理结构和感觉器官,但却没有一般人的心理机能和理性思维能力,不懂得人类的语言,无法形成人的心理和精神世界。即便"狼孩"卡玛拉姐妹被带回人群中生活,并经精心护理和培养,还是很难恢复正常人的心理状态。这说明,父母和幼儿园老师在婴幼儿早期教育中承担着不可替代的作用。

(资料来源:林华民.世界经典教育案例启示录[M].北京:农村读物出版,2003:3-4.)

在了解什么是"学前教育"之前,我们先来了解什么是"教育"、教育由哪些基本要素构成等问题。

一、教育概述

(一)教育的概念

教育是传递社会生活经验并培养人的社会活动,是人类社会特有的社会现象。在教育学界,关于"教育"的定义多种多样,可谓仁者见仁、智者见智。通常,人们从广义和狭义两个层次来给"教育"下定义。

广义的教育泛指影响人们知识、技能、身心健康、思想品德形成和发展的各种活动。它产生于人类社会初始阶段，存在于人类社会各种活动过程中。广义的教育活动对象既包括少年儿童，也包括成年人，组织形式是多样的。

狭义的教育是指专门组织的教育，即根据一定社会（或阶级）的要求和受教育者的发展规律，有计划、有组织地对受教育者施加影响，以培养一定社会（或阶级）所需要的人的活动。它主要是指学校教育，包括幼儿园、小学、中学和大学的教育以及其他为了某种目的而特别组织的教育，是人类社会发展到一定阶段的产物。与广义的教育相比，狭义的教育具有以下特点：有十分明确的教育目的；教育者有专门的训练技巧；有专门的教育机构和稳定的教育内容；对受教育者的身心有全面而系统的影响。

（二）教育的基本要素

一般认为，构成教育的基本要素包括3个方面：教育者、受教育者、教育措施。

1. 教育者

凡是对受教育者在知识、技能、思想、智力、体力等方面产生影响的人，都可称为教育者。自从学校教育产生以后，教师和学校中的其他教育工作者都成为学校的教育者。一名合格的教师肯定是一名教育者，但一名教育者不一定是一名教师，因为教师是特指"履行教育教学职责的专业人员"。教育者是教育活动中的一个基本要素，也是教育活动的主导者，对受教育者的方方面面具有指导作用。

2. 受教育者

受教育者是指在各种教育活动中接受教育影响、从事学习的人。学校教育中的受教育者主要指学习的学生。受教育者是教育的对象，是学习的主体，也是构成教育活动的基本要素。

3. 教育措施

教育措施是教育活动的实施手段和方法，包括教育内容和教育手段。教育内容是人类积累起来的各种丰富经验，是教育者有意识地传递给受教育者的、有价值的影响物。它是根据教育目的和受教育者身心发展特点，经过选择和加工而成的。它主要体现在各种教科书、教学参考资料和其他形式的信息载体之中，也体现在教育者自身和教育环境当中。教育手段是指教育活动中所运用的一切物质条件，如教学场所、实验手段、教育设备设施等。教育者和受教育者只有凭借这些手段才能完成教与学的任务。

教育的3个基本要素是相互联系、相互促进的，三者构成一个完整的活动体系。其中，教育者是主导性因素，是教育活动的组织者和领导者；受教育者是主体性因素，在学习活动中必须充分发挥主观能动性；教育措施是教育活动中联系教育者和受教育者的媒介。

（三）教育的起源

教育伴随着人类社会的产生而产生，随着社会的发展而发展，与人类社会共始终。然而，在世界教育学史上，人们对教育的起源问题有不同的认识和看法。这里介绍3种具有代表性的观点。

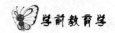

1. 教育的生物起源论

教育的生物起源论的代表人物有法国哲学家、社会学家利托尔诺（C. Letourneau）和英国教育家沛西·能（P. Nunn）。19世纪末，利托尔诺在《人类各种人种的教育演化》一书中提出：教育这种社会现象是超出人类社会范围并在人类出现之前产生的，它起源于动物界，起源于动物的生物本能。沛西·能在《教育原理》一书中提出：教育的起源是一个生物学过程，是扎根于本能的不可避免的行为，生物的冲动是教育的主流。他们共同的观点是教育是一种自然现象、生物现象。

2. 教育的心理起源论

教育的心理起源论的代表人物是美国著名教育史专家孟禄（Paul Monroe）。他认为，生物起源论没有揭示人的心理与动物心理的本质区别。孟禄从心理学的角度去解释教育的起源问题，并认为教育起源于儿童无意识的模仿。教育的心理起源论和生物起源论一样，都脱离了作为人类存在和发展的社会条件，而孤立地看待教育现象，都不能正确地说明教育的起源问题。

3. 教育的劳动起源论

教育的劳动起源论是20世纪30年代提出的，它的理论依据是恩格斯的《劳动在从猿到人转变过程中的作用》。恩格斯在著作中指出：劳动是整个人类生活的第一个条件，劳动创造了人本身，劳动是教育产生的基础。劳动起源论认为，教育是一种社会现象，它起源于人类社会的生产劳动和社会生活需要。教育的劳动起源论反映了原始社会低下的生产力和简单的生产关系的客观要求，说明教育是在一定的社会背景下发生的促进个体的社会化和社会的个体化的实践活动，教育一开始就具有生产性和社会性，它的社会职能是传递社会生产、生活经验和促进新一代的健康成长。

（四）教育的发展过程

教育是人类社会永恒的、普遍的现象。在不同的历史阶段，由于生产力的发展水平不同，生产关系和政治制度不同，教育的发展也呈现出一些阶段性特征，形成不同的历史形态。据此，我们可以把教育的发展分成3个历史阶段：原始社会教育、古代社会教育（包括奴隶制度和封建制度下的教育）和现代社会教育（包括资本主义制度和社会主义制度下的教育）。

原始社会教育是指原始社会阶段的教育，还没有从社会生产、生活中分化出来，没有成为专门的事业（行业）。教育形式、方法和手段极为简单，教育水平很低，往往与原始宗教和仪式紧密联系，也没有阶级性。

随着生产力的发展，原始社会末期出现了社会分工，也出现了专门从事脑力劳动的人群。教育作为一种独立的社会活动进入了形成期。奴隶社会出现了古代学校。在我国夏代有"庠""序"等教育机构，商代有"学""瞽宗"等传授礼乐的学校。古代社会教育的目的是培养适合统治阶级所需的官吏、牧师或骑士，既有鲜明的阶级性，又有严格的等级性或浓厚的宗教性。教育内容以道德文章或宗教经典为主。教学方法以严格的纪律约束为主，辅以个人自学与修行，教育形式单一，教育与生产劳动相脱节。

随着以机器为标志的现代生产力水平的不断提高，现代社会教育也在不断发展，相应地出现了3个发展阶段。

第一个阶段，从18世纪中后期到19世纪中期。欧美资本主义国家先后完成了以蒸汽机的广泛使用为标志的工业革命，要求教育培养具有初步读、写、算能力或一定知识技能的劳动者和技术管理人才。

第二个阶段，从19世纪末到20世纪中期。以电气化为标志的第二次工业革命在各个经济发达国家推进，这要求教育培养具有更高科学素养和智力水平的劳动者，推动了中、高等教育特别是职业技术教育的发展。

第三个阶段，从20世纪中期至今。随着第三次工业革命的到来，信息技术在现代生产生活中广泛应用，教育的普及率和质量大大提升，教育体系日益完备。

与古代社会教育相比，现代社会教育的特点日益明显：教育与生产劳动的结合日趋紧密；教育的大众化、民主化趋势日益明显；教育内容日益科学化；班级授课制成为现代学校教育的基本组织形式，教育效率和规模大大提高；形成了比较完备的教育系统，学前教育、初等教育、中等教育、高等教育、职业教育、成人教育等各级各类教育形式紧密衔接，相互促进。

二、学前教育的概念及要素

（一）学前教育的概念

按年龄分，人一生的发展有以下几个阶段：婴儿期（0~3岁）、幼儿期（3~6岁）、儿童期（6~12岁）、少年期（12~15岁）、青年期、成年期、老年期。人在不同的年龄阶段具有不同的生理、心理特征和不同的需要，身心发展也表现出不同的特点。因此，教育必须充分考虑个体发展的阶段性特征，按照不同年龄阶段划分教育对象，分阶段进行教育。

"学前教育"，顾名思义，是指进入小学之前的教育，使儿童入学时身心发展水平能够达到进入小学的需要。由于各国社会经济发展水平的差异和人们对儿童身心发展认识的不同，各国对学前儿童年龄的界限有不同的划分。1981年，联合国教科文组织在巴黎召开国际学前教育协商会议，认为学前教育是指能够激起出生直至进入小学前的儿童的学习愿望，给他们学习体验，且有助于他们整体发展的活动总和。

学前教育的对象包括婴儿和幼儿。就年龄而论，学前教育是指孩子从出生到6岁左右（即入学前）所接受的教育。这种年龄上限除了社会制度依据，也有生理根据：人一生可供使用的牙齿有两批：第一批是乳牙，第二批是恒牙。恒牙有32个，生长得最早的一个是第一大臼齿。它长出的时间大都是在孩子6岁的时候，俗称"六岁臼齿"（Sixth Molar）。可以把它视为人生发育过程中最适宜的分期点，在它生长之前正是人生最软弱、最幼稚的时期。"六岁臼齿"的长出预示着人生幼年时期的结束。

从广义上来讲，凡是能够影响和促进学前儿童身心成长与发展的活动都属于学前教育，如幼儿在成人的指导下玩耍、看电视、做家务、参加社会活动等。从狭义上来讲，学前教育是指专门的教育机构有组织、有目的、有计划地对0至六七岁的孩子施加教育影响的活动。本书讨论的主要是狭义范畴的学前教育，也就是我国学校教育系统中的幼儿园教育。

（二）学前教育的基本要素

从教育的基本要素分析，可以推断出学前教育的基本要素，它们是幼儿园教师、学前儿童、教育内容和教育环境。

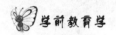

1. 幼儿教师是学前教育的主导者

教师是对受教育者施加教育影响的人,在教育活动中承担着教书育人、培养社会主义事业建设者和接班人、提高民族素质的使命。幼儿教师是履行幼儿园教育教学、管理职责的专业人员,需要经过严格的专业培养与培训,具有良好的职业道德,掌握系统的专业知识和专业技能。幼儿教师在教育过程中发挥着领导、控制和执教的功能,是教育活动的主导者。幼儿教师要根据国家的教育目的和教育方针,按照保育与教育相结合的原则,遵循幼儿身心发展的特点和规律,以适宜的教育方式对幼儿实施德、智、体、美等全面发展的教育,促进幼儿身心和谐发展,为幼儿一生的发展打好基础。

2. 学前儿童是学前教育活动的主体

学前儿童是构成学前教育的核心要素,教师与学前儿童在教育过程中发生着复杂的互动关系。学前儿童是接受教育影响的人,在教育活动中承担着学习的责任,是生活、游戏、学习等教育活动的主体,是发展的主体。学前儿童既是具有独立人格、自主权利的主体,又是具有个性差异和独特性的稚嫩个体。他们既需要成人的精心呵护与教育,又需要成人的理解与尊重。幼儿园的适龄幼儿一般为3~6岁的孩子。幼儿教师应当充分尊重幼儿的个体差异,根据幼儿不同的身心发展水平,采取有效的活动形式和方法,满足幼儿的身心发展需要,培养幼儿良好的身心素质。

3. 教育内容是学前教育的载体

学前教育的对象是3~6岁的幼儿,他们的身心发展特点和学习规律决定了教育内容的整体性和生活性。幼儿园的教育内容体现在幼儿一日生活的各个环节,是蕴藏在健康、丰富的生活和活动环境中,能够促使幼儿身心全面发展的各种有益的经验。这些经验是全面的、启蒙性的,在《幼儿园教育指导纲要(试行)》中划分为健康、语言、社会、科学、艺术五大领域,概括起来就是德、智、体、美等方面。在教育过程中,幼儿教师要根据幼儿已有经验和学习特点,以教育活动为载体,合理地组织和安排各方面的教育内容,使幼儿获得相对完整的经验。

4. 教育环境是学前教育的物质资源

环境是指生命有机体生存空间内各种条件的总和。环境是教育的重要资源和必备的教育手段,创造良好的教育环境对幼儿的身心发展至关重要。学前教育环境,从空间来看包括幼儿园环境、家庭环境及社区环境,从性质来看包括物质环境和精神环境。幼儿园环境是指幼儿园内对幼儿身心发展产生影响的物质和精神要素的总和,包括场所、设备、器材、教具、学(玩)具材料以及师幼之间、同伴之间的各种关系等。《幼儿园工作规程》第30条明确规定:幼儿园应当将环境作为重要的教育资源,合理利用室内外环境,创设开放的、多样的区域活动空间,提供适合幼儿年龄特点的丰富的玩具、操作材料和幼儿读物,支持幼儿自主选择和主动学习,激发幼儿学习的兴趣与探究的愿望。幼儿园应当营造尊重、接纳和关爱的氛围,建立良好的同伴和师幼关系。幼儿园应当充分利用家庭和社区的有利条件,丰富和拓展幼儿园的教育资源。

以上4个基本要素是学前教育活动必不可少的,它们在学前教育活动过程中相互作用,相互影响,发挥着各自的功能。

第二节 学前教育的功能和属性

典型案例

一位诺贝尔奖科学家告诉我们：幼儿园教育有多重要

1987年，75位诺贝尔奖获得者在巴黎聚会。有一位记者问其中一位老人："您认为在哪所大学学到的东西最重要？"老人平静地说："是幼儿园。"记者问："在幼儿园里学到了什么？"老人说："在幼儿园学到：要乐于同别人分享一切东西；要公平正直、光明正大地与别人竞争；永远不打人；不要拿不属于自己的东西；在你伤害别人时要道歉；吃饭之前要洗手；要知害羞，要有廉耻之心；热牛奶有利于身体健康；要让生活过得丰富多彩；不仅在每天都要有所学，有所思，还要在工作的同时作作画，唱唱歌，跳跳舞；每天下午要小睡一会儿；在踏入社会的时候，要随时注意交通安全；要互相团结，彼此帮助；要始终保持一颗惊喜、好奇的心。"在这位诺贝尔获奖科学家的眼中，人生最重要的东西是在幼儿园里学到的。

讨论：为什么幼儿园教育有如此大的作用呢？

案例点评

幼儿园和幼儿教育是孩子体验纯真童年与全面发展的主要活动场所和必要措施。幼儿园的任务是解除家庭在培养儿童时所受到的时间、空间、环境的制约，让幼儿身体、智力和心理得以健康发展。可以说，幼儿园是孩子的快乐天地，可以帮助孩子健康快乐地度过童年时光。在幼儿园，孩子不仅可以学到启蒙的知识，还可以从小获得集体生活的体验，养成一个社会人所必须具备的生活习惯。

（资料来源：罗伯特·福尔姆. 我们得回到幼儿园[M]. 吴群芳，译. 北京：中国档案出版社，2001.）

一、学前教育的功能

教育是把人类积累的知识、经验传授给新一代，促进其身心发展，使之成为适应社会需要的人，以保障和推动社会的发展。

教育的功能是指教育对社会发展和个体发展所产生的各种影响和作用。学前教育的功能是学前教育内在固有的、客观的，学前教育起到促进幼儿个体发展和社会发展的正面作用，具体表现在以下两个方面。

（一）促进幼儿个体发展

学前教育是人生早期阶段的教育，为个体发展提供适宜的、有益的早期经验，为其终身学习和发展奠定良好的素质基础。

1. 促进个体的社会性发展和健康人格形成

社会性和人格品质是个体素质的核心组成部分，是通过社会化的过程逐步形成与发展

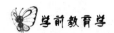

的。学前期是个体社会化的起始阶段和关键时期，学前教育是人生其他任何阶段的教育都无法取代的。学前期形成的良好个性品质和健康人格有助于儿童积极地适应环境，适应社会生活，从而健康成长、成才。相反，不良的学前教育则容易使儿童形成消极的社会性人格品质，甚至出现人格障碍等问题。俗话说："3岁看大，7岁看老。"这就说明人的性格形成和能力培养的关键期在0~6岁这个阶段。

2. 促进个体的认知发展

学前期是人的大脑发育的关键时期，也是人的认知能力发展最为迅速、最重要的奠基阶段，还是人的好奇心、求知欲、想象力、创造性等个性心理发展的关键时期。学前期对于儿童的认知发展具有重要影响，良好的刺激对大脑的功能和结构都有重要的影响，如果错过了这一时期，以后再来弥补就会很困难，甚至是不可能的。学前期适宜的、遵循儿童身心发展规律的教育不仅能够积极地促进儿童智力发展，而且直接关系到儿童正确的学习态度、浓厚的学习兴趣、良好的学习习惯和强烈的学习动机等非智力因素的发展，这对个体的认知发展和终身学习具有重大影响。

（二）促进社会发展

学前教育具有极为重要的社会价值，是在为国家积累财富。现代社会里，学前教育在世界范围内受到了普遍重视，不少国家采取多种措施优先发展学前教育，努力普及学前教育，提高学前教育质量。学前教育促进社会发展的功能主要表现在以下几个方面。

1. 为整个国民教育体系奠定基础

学前教育作为整个国民教育体系的重要组成部分，为幼儿进入小学阶段的学习做好准备，为幼儿终身的学习和发展打基础，是基础教育的基础，对提高义务教育质量具有重要意义。在教育事业快速发展的今天，如何发展学前教育已成为政府重视、社会关注、百姓关心的教育热点。《国家中长期教育改革和发展规划纲要（2010—2020年）》提出了我国学前教育发展近期目标：到2020年，普及学前一年教育，基本普及学前两年教育，有条件的地区普及学前三年教育。学前教育作为我国学制的第一阶段、基础教育的有机组成部分，必然对我国教育事业的整体发展，尤其是基础教育的发展具有重要的作用与影响。我国已将普及九年制义务教育作为教育事业发展的重要目标，学前教育则可为促进这一目标的实现与有效提高义务教育的质量和效益做出积极贡献。

2. 为解放家庭妇女劳动力提供条件

长期以来，妇女承担着照看年幼子女、教养婴幼儿的主要任务，这就使得妇女难以参加生产劳动和其他的社会工作。托幼机构的出现，在一定程度上减轻了母亲的家庭负担，为解放妇女劳动力提供了条件。世界上最早的托幼机构是在资本主义经济发展和大工业革命阶段出现的，是在大批妇女被迫离开家庭进入工厂劳动而孩子无人照看的情况下创办起来的。学前教育在解放妇女劳动力、促进男女平等、维护妇女权益等方面发挥了独特的作用。

3. 促进社会和谐发展，提高人口素质

对社会、国家来说，学前教育让每一个幼儿健康成长、和谐发展，为提高全民族的素质，实现"科教兴国"战略，培养千百万合格的社会主义事业的建设者和接班人铺设最初的基石。优质的学前教育不仅对幼儿及其家庭有利，更具有重要的社会经济价值，还有利于降低犯罪率与改善公民的健康状况和生活质量，从而节约公共行政、司法、医疗和福利开支，是一种高回报的人力资本投入。大力发展学前教育能够体现促进社会公平和社会政治、经济、文化、人才等方面发展的宏观价值。儿童是人类的未来，是社会可持续发展的重要资源。儿童发展是国家经济社会发展与文明进步的重要组成部分，促进儿童发展对于全面提高中华民族素质、建设人力资源强国具有重要战略意义。

对于一个家庭来讲，孩子能否健康地成长和发展，是影响家庭生活质量、决定家庭生活是否和谐幸福的一个关键性因素。学前教育机构不仅从时间上承担着为家长的工作和学习提供便利的任务，在家长普遍重视孩子发展和早期教育的当今社会，学前教育质量更成为家长关注的核心，直接关系着家长能否放心地工作和学习。学前教育及其质量对家庭生活、国民经济发展和社会秩序的稳定等具有重要作用。

总之，学前教育对于人的发展价值是学前教育诸多价值中最核心、最根本的，它对于教育事业、家庭和社会发展的价值都是以其对于人的发展价值为中介来实现的。

二、学前教育的属性

对学前教育基本属性的认定是探究学前教育理论的初始问题，它制约着人们对学前教育的认识和态度，也直接影响着人们对学前教育问题的判断。正确把握学前教育的基本属性对加快学前教育发展具有极其重要的意义。2003年，国务院《关于幼儿教育改革与发展的指导意见》指出：幼儿教育是基础教育的重要组成部分，发展幼儿教育对于促进儿童身心全面健康发展，普及义务教育，提高国民整体素质，实现全面建设小康社会的奋斗目标具有重要意义。我国学前教育是整个教育事业的重要组成部分，它的基本属性是基础性、公益性、保教性。

（一）基础性

学前教育是学校教育和终身教育的基础，为人一生的发展奠定基础。这种基础性在我国有关政策法规中也有明确规定。1997年，教育部印发了《全国幼儿教育事业"九五"发展目标实施意见》，提出幼儿园教育既为幼儿入小学做准备，也为九年义务教育的实施奠定基础。2001年，教育部颁发《幼儿园教育指导纲要（试行）》明确指出：幼儿园教育是基础教育的重要组成部分，是我国学校教育和终身教育的奠基阶段。城乡各类幼儿园都应从实际出发，因地制宜地实施素质教育，为幼儿一生的发展打好基础。在个体发展的初始阶段，学前教育对个体的潜能开发、个性发展和能力培养具有绝对的基础性意义。

（二）公益性

2010年，国务院《关于当前发展学前教育的若干意见》明确指出，学前教育是终身学习的开端，是国民教育体系的重要组成部分，是重要的社会公益事业。学前教育对个体而言"关系亿万儿童的健康成长"，对社会而言"关系千家万户的切身利益"，对国家而言"关系国家和民族的未来"。在建立"广覆盖、保基本"的学前教育公共服务体系时，我们必须坚持公益性和普惠性。从经济角度看，发展学前教育是"筑建国家财富"，学前教育具有公共产品的性质；从政治角度看，发展学前教育是我国人才强国战略的基础，学前教育是公共服务体系的有机组成部分。因此，学前教育"是重要的社会公益事业"，具有显著的公益性。

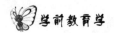

(三)保教性

从历史来看,学前教育的前身是家庭教育(母育学校),而家庭教育天然具有"保"和"教"的二重性。从对象看,学前教育的主要对象是0～6岁的幼儿,其生理、心理都处在生长发育的关键时期,不仅需要精心呵护,还需要知识积累和品行养成。我国宪法和各种幼儿园教育政策法规文件都明确规定了学前教育具有促进幼儿德、智、体、美全面发展的教育性质。教育性是学前教育与其他教育共有的属性,保育性是学前教育本身特有的属性。2016年修订的《幼儿园工作规程》规定:幼儿园是对3周岁以上学龄前幼儿实施保育和教育的机构。幼儿园教育是基础教育的重要组成部分,是学校教育制度的基础阶段。幼儿园的任务是:贯彻国家的教育方针,按照保育与教育相结合的原则,遵循幼儿身心发展特点和规律,实施德、智、体、美等全面发展的教育,促进幼儿身心和谐发展。保教性是学前教育与生俱来的性质,保教结合是学前教育的一项基本原则。科学的学前教育就是要遵循幼儿身心发展规律,保教结合,寓教于乐,为幼儿身体与心理各方面的充分发展提供最适宜、最有效的环境教育刺激,促进幼儿健康成长。

学前教育的基本属性决定了学前教育发展变化的内在要求。基础性,要求学前教育必须普及、普惠;公益性,要求学前教育必须共享、公平;保教性,要求学前教育必须科学、全面。

第三节 学前教育学的"教"与"学"

典型案例

从自卑到自信:王子的奇迹

传说有一位王子长得十分英俊,却是一个驼背,这个缺陷使他非常自卑。有一天,国王请了全国最好的雕刻家,刻了王子的雕像。刻出来的雕像没有驼背,背是直挺挺的,国王将此雕像竖立于王子的皇宫前。当王子看到雕像时,感到很震撼。几个月之后,百姓们说:"王子的驼背不像以往那么严重了。"王子听到这些后,内心受到了鼓舞。有一天,奇迹出现了。当王子站立时,背是直挺挺的,与雕像一样。

讨论:作为学前教育专业的学生,怎样树立自己的专业自信与职业自豪感?

案例点评

这个故事给我们的启示是:关照自己的内心,克服自卑,为自己树立目标,全神贯注于你所期望的目标,并时时加以留意,总有一天你会看到自己内心所期望的成果。自卑使人意志消沉,长此下去肯定会让人陷入生活的低谷,会摔得很惨,倒不如鼓起勇气奋力一搏。在生活中树立目标,编制期望的蓝图,全心全意投入其中,你将会获得自信与成功。也许,你现在对学前教育这个专业还很陌生甚至有一种自卑感,但随着对相关专业课程特别是学前教育原理的深入学习,你对学前教育专业的认同和对幼儿教师职业的认知将会逐步加深,从而进一步增强你的专业自信和职业自豪感。

(资料来源:卢秀安,陈俊. 教与学心理案例[M]. 广州:广东高等教育出版社,2002:39-40.)

一、学前教育学研究的对象、任务及内容

作为教育学的一个分支学科,学前教育学是专门研究学前教育最基本规律的科学,是一门研究学前儿童教育规律和学前教育机构的教育工作规律的基础科学。

学前教育学研究的主要任务是:依照学前教育的逻辑层次,研究和揭示学前教育的各种规律,并在此基础上阐明我国社会主义条件下学前教育的一般原理和工作原则、方法及组织形式等问题;总结我国学前教育改革和发展经验,借鉴外国先进的学前教育理论和经验,加强学前教育的理论探索,指导学前教育实践,为人们正确认识学前教育现象、从事学前教育实践和推动学前教育发展提供理论上和方法上的依据和指导意见。

学前教育学主要探讨学前教育中最基本的概念、原理、规律等基础理论问题,它的内容具有全面性、宏观性、兼容性和应用性的特点。它以教育学和心理学的基本理论为基础,主要研究学前教育的基本概念及要素,学前教育的产生与发展,学前教育与社会发展,学前教育与儿童发展,学前教师,学前教育的任务、内容、手段和方法,以及幼儿园教育的任务目标与原则、幼儿园教育活动的组织与实施、幼儿园教育的合作与衔接、幼儿园教育评价等基础知识和基本理论。

作为学前教育专业的一门基础课程,学前教育学以教育部颁发的《教师教育课程标准(试行)》《幼儿园教师专业标准(试行)》,以及中小学和幼儿园教师资格考试标准为重要依据,贯彻师德为先、育人为本、实践取向、终身学习的理念,按照理论知识"必须、够用"的原则,注重培养学生爱幼儿、爱幼教的职业情感,使学生:比较全面、系统地掌握从事学前教育工作所必需的学前教育基础知识、基本理论和基本方法;初步掌握运用学前教育知识去认识、分析和解决学前教育实践问题的能力;树立正确的儿童观、教育观和教师观,根据学前儿童发展的特点和规律实施学前教育;对学前教育领域所涉及的相关问题有一个全面、初步的了解和认识,为今后的专业课程学习打下坚实的理论基础,并能自觉将理论知识运用于学前教育实践。

二、学前教育学的课程意义

学前教育学作为学前教育专业人才培养方案中的一门重要基础课程,对学生形成正确的儿童观、教育观、教师观,掌握现代学前教育的基本规律和基本理论,更好地指导学前教育实践具有深远意义。

学习学前教育学有助于帮助学生掌握现代学前教育思想,全面理解幼儿园教育工作的一般规律,提升学生教育理论素养,形成运用理论联系实际、分析教育现象、解决教育问题的能力。没有理论指导下的实践是盲目的实践,只有在科学理论指导下的实践才是科学的实践。掌握扎实的学前教育基本理论知识,可以帮助学生树立正确的教育思想观念,增强贯彻执行我国社会主义教育方针、政策的自觉性,坚持正确的办学方向,推动学前教育改革实践。

学好学前教育学,有助于学生更好地学习其他专业课程。在学前教育专业的课程体系中,学前教育学、学前儿童卫生与保健、学前儿童心理与发展是学前教育专业的基础课程。从学前教育专业学生的知识结构来看,学前教育学是不可缺少的组成部分。学生在掌握学

前儿童生理知识和学前儿童心理发展知识的基础上通过学习学前教育学,可以进一步丰富教育科学基础知识,掌握促进儿童发展的技能,树立正确的儿童观,为学习其他专业课程、形成专业技能、适应职业需要打下直接的理论基础和能力基础。

学前教育学是理论性与实践性并重的基础理论课程。从学前教育的实际需要看,学前教育学是幼儿教师把握教育规律、促进专业成长、走向成功的理论指南。学好学前教育学既可以帮助学生掌握学前教育规律,丰富学前教育理论,提高理论素养,增强学前教育实践的自觉性,又可以使学生掌握基本的幼儿教育方法、技能和技巧,从而提高科学保教实际工作的能力和水平。

总之,学习学前教育学可以帮助学生树立牢固的专业思想,提高对幼儿教师职业的认识和认同,激发对学前教育工作的兴趣和动力,增强献身国家教育事业的责任感和使命感。

三、学前教育学的"问题导学式"教学

"问题导学式"教学就是把知识原理置于复杂的、有意义的问题情境之中,让学习者通过合作来解决真实性问题,学习隐含于问题背后的知识原理,形成问题解决的技能和自主学习的能力。学前教育学是一门实践性很强的课程,其理论和观点或来源于学前教育实践,或需学前教育实践来解释。在教学中应用"问题导学式"教学,就是要通过教师教学方式的变革来促进学生学习方式的变革,以分析解决学前教育实际问题为核心,让学生围绕问题展开知识的建构。"问题导学式"教学可以激发学生的心理能量,训练学生的智慧技能,培养和发展学生的学习主动性和解决问题的能力,真正体现"不愤不启,不悱不发",使学生变被动接受为主动探索,从而指导学生加深对学前教育基本原理和概念的理解,掌握分析问题和解决问题的策略,进而提高学生的表达能力、思维能力和解决问题的能力,培养学生主动探究知识的学习态度和人际交往与合作的精神,从而逐步生成自己的教育思想和专业素养。

案例是教师在教育实践中收集的典型人物、事件或人物和事件的有机结合体。它往往提供一个问题解决情境(即准工作任务),是教学内容、知识信息的载体,具有问题定向的功能,为实现教学目标搭建桥梁。教师根据教学目标和教学内容,从学前教育实践中选择丰富多样的典型,如幼儿园教育场景案例,学前教育实践中的典型人物、典型事件案例。在教师的指导下,根据教学目标和内容的需要将基本理论与案例事实结合起来,以案例为基本素材,创设一个民主、宽松的教学实践情境,组织学生开展参与式阅读、分析和讨论等活动,引导学生剥去案例中非本质的细节,解决案例隐含的问题,揭示其内部特征,发掘案例与学前教育规律、原理和方法之间的必然联系,最后做出判断和评价。这样的教学方法可以为学前教育理论知识与学前教育实践之间架起桥梁,使没有学前教育实践经验的学生更加有效地理解和掌握学前教育理论知识,并形成解决学前教育实际问题的能力,增强教学内容的时代性和实践性。

教学案例给出思维的基本视角,教师围绕问题组织教与学,突出学生的主体地位,营造民主和谐的师生关系。在课堂上不是教师"独唱",而是师生共同探讨问题,共同寻找解决问题的方法,学生也从被动地接受学习转变为主动地探究学习。教学案例中的问题情境就是准工作任务,解决其中的问题也就是一种模拟的实践。根据学前教育专业人才培养的特点和幼儿园教师岗位能力要求开展问题导学式案例教学,就是将工作情境导向的理论与

实践相结合，能体现工学结合的任务驱动、项目导向的教学要求，具有鲜明的职业氛围。通过问题导学式案例教学，融"教、学、做"为一体，真正把"教"与"学"、"学"与"习"结合起来，使学生有效掌握学前教育的基本原理，了解幼儿园教育的客观规律，丰富和加深学生对抽象理论知识的理解，有利于学生综合运用教育知识吸取案例中蕴藏的教育观点，激发学生的积极情感，将教育知识内化为教育信念和能力，形成基本的教育理论素养和教育教学能力，提高基础理论课的教学效果。

四、学前教育学之"学"的策略

教材是一种书面上的教学设计。本教材坚持实践能力取向，将教学者对学习者的指导建构于教材之中，发挥学习者自我学习的效能。为达到有效学习的目的，学习者要注意以下几个方面的结合。

一是理论与实践相结合。学前教育学根据课程目标定位，坚持把立德树人作为根本任务，在改革课程体系和教学内容的同时，构建以基本原理为基础和注重实践运用为目标的教学体系，融"教、学、做"为一体，试图解决教学中理论与实践脱节的问题，强化学生实践能力的培养。作为学生，在学习中，一方面要着重于理论素养的提高，把书本理论知识的学习放在首位，认真钻研和深入领会学前教育的基本知识和基本原理；另一方面又要在此基础上，联系学前教育实际，学会将理论知识运用于实际，加深对理论知识的领悟，形成自己的观点，培养相应的技能。

二是本课程与其他专业课程相结合。学前教育学与其他专业课程有着广泛、密切的联系。学习中要把学前教育的基本原理与学前儿童生理学和心理学知识，以及幼儿园各领域教学法知识技能等相结合。这样才有助于深入领会和掌握学前教育理论知识，形成理论上的广泛联系、能力上的互相贯通。特别是针对学前教育实践中的实际问题，要有效处理好本课程与其他实践课程之间的关系，综合有关教育理论和知识进行合理分析，提出实际解决办法，在学习中发挥更大的创造性。

三是学习与思考相结合。古人云："学而不思则罔，思而不学则殆。"学习中，既要认真钻研教材，广泛阅读学前教育书刊资料，学习和掌握学前教育的基本概念、基本知识、基本理论、基本观点，努力汲取前人所取得的优秀成果，又要充分发挥自身的主观能动性和积极性，进行独立思考和切磋讨论，把培养批判性思考问题和解决问题的能力作为本课程学习的一项重要任务。

五、学前教育学的自主探究学习项目

开展自主探究性学习，可以激发学生学习学前教育理论的兴趣，体验探究学前教育理论与实践问题的乐趣，引导学生正确认识和对待学前教育的实际问题，初步掌握学前教育研究的科学方法，形成理论联系实践和团队合作的意识与能力。为此，开课之初，教师可以结合有关教学内容及进度，设计和布置探究性学习项目。探究性学习小组在明确项目任务之后，在教师的指导下制订书面研究计划，分组进行探究性学习。学习小组经过一段时间的团队研究与探讨，形成学习与研究的成果，利用课堂时间进行交流分享。通过教师引导和同伴互助、互评，对小组探究性学习成果进行评价。这样可以培养学生的自主学习能

力和持续发展能力，把专业教育提升为素质教育。自主探究性学习参考项目如下：

项目1：文献调查

我国学前教育的形势和任务是什么？近两期"学前教育三年行动计划"有何成效？请从具体政策、法规、活动等方面进行文献检索，开展学前教育专业认同与幼儿教师职业认知的小组讨论，并形成研究成果。

项目2：文献调查

近百年来，在我国历史上出现了哪些颇具影响的幼儿教育家？他们在幼儿教育理论和实践方面有何成就？对我国当下学前教育事业发展有何启示？

项目3：私立幼儿园双重任务落实情况调查

私立幼儿园普遍是为了赚钱才开设的吗？它们能真正完成幼儿园的双重任务吗？在查阅文献资料的基础上，找到几所私立幼儿园进行访谈调查，针对上述问题提出自己的看法。

项目4：幼儿园环境创设情况调查

选择两所幼儿园，对其环境创设的情况进行调查，找出存在的问题，分析原因并提出解决问题的对策或建议。

项目5：幼儿园日常生活活动组织情况调查

通过观察记录和访谈，对某所幼儿园的日常生活活动的组织工作进行调查，结合保教原则和本主题的具体知识，分析其可取之处和不足之处，并提出解决问题的策略和建议。

项目6：幼儿安全教育现状调查

以访谈和问卷的方式对幼儿家长和教师进行调查，了解他们对幼儿安全教育的意义、内容、方法的认识，以及具体实施情况。通过调查总结存在的问题，分析原因并提出解决问题的策略和建议。

项目7：幼儿园节日活动组织情况调查

对某所幼儿园近三年来节日活动的组织状况进行调查，指出存在的问题，分析原因并提出解决问题的策略和建议。

项目8：家园合作现状调查

选择一所幼儿园，对其在家园合作方面的工作现状进行调查，分析指出存在的问题与不足，并提出解决问题的策略和建议。

项目9：幼儿园与社区合作现状调查

选择一所幼儿园，对其在与社区合作方面的工作现状进行调查，分析指出存在的问题与不足，并提出解决问题的策略和建议。

项目10：幼小衔接现状调查

分别到一所有代表性的幼儿园和小学针对幼小衔接工作进行调查。了解幼儿园和小学的管理者和教师对幼小衔接工作的意义、内容、方法、存在的问题等方面的认识，以及各自正在做的具体工作。结合理论知识进行分析,形成调查报告。

在 线 测 试

一、名词解释

学前教育　教育　教育者

二、单项选择题

1. 教育的生物起源论和心理起源论的共同特点是都否认了教育的（　　）。
   A. 自然性　　　B. 生产性　　　C. 社会性　　　D. 阶级性
2. 认为"教育的产生完全来自动物的本能,是种族发展的本能需要",这种是（　　）观点。
   A. 神学起源论　　B. 生物起源论　　C. 心理起源论　　D. 劳动起源论
3. 大猫教小猫捕鼠,大鸭子教小鸭子游水,都是教育的形式。人类产生之后只是继承了动物的教育形式,因而人与动物的教育在本质上并无区别。这种观点属于（　　）。
   A. 教育的神学起源论　　　　B. 教育的生物起源论
   C. 教育的心理起源论　　　　D. 教育的劳动起源论
4. 下列属于马克思主义教育学起源论的是（　　）。
   A. 教育的劳动起源论　　　　B. 教育的生物起源论
   C. 教育的心理起源论　　　　D. 教育的神话起源论
5. "出自造物之手的东西,都是好的;而一到了人的手里,就全变坏了",所以教育应顺应儿童的天性,使其得到自然的发展。这一观点属于（　　）。
   A. 感官教育论　　B. 自然教育论　　C. 环境适宜论　　D. 社会生活论

三、论述题

1. 学前教育的功能有哪些?
2. 请结合自己的实际情况谈谈学习学前教育学的意义。

第一章参考答案

本章拓展阅读

日本 21 世纪的教育目的

1. 宽广的胸怀、健康的体魄、丰富的创造力。教育的中心问题是要对学生进行身心两方面均衡发展的教育。

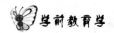

2. 自由、纪律与公共精神。

3. 世界之中的日本人。要站在全人类、全世界的视野，培养能够在艺术、学识、文化、体育、科学技术、经济社会等各个领域为国际社会做出贡献的日本人。

<h3 style="text-align:center">美国 2000 年教育目的</h3>

1. 所有的美国儿童入学时都乐于学习。

2. 中学毕业率至少提高到 90%。

3. 美国学生在 4、8、12 年级毕业时，已证明有能力在英语、数学、自然科学、历史和地理学科内容方面迎接挑战；美国的每所学校要保证儿童学会合理用脑，以使他们为做有责任的公民，在现代经济中谋取有创见性的职业做好准备。

4. 美国学生在自然科学和数学成绩方面居世界首位。

5. 每个成年人都能读书识字，并掌握在全球经济中进行竞争和行使责任的知识和技能。

6. 每所学校都没有毒品和暴力。

（资料来源：王萍，万超. 学前教育学[M]. 长春：东北师范大学出版社，2014.）

学习评价与反思

_____

_____

第二章　学前教育的产生与发展

本章导读

本章主要介绍中外学前教育机构的历史背景和发展历程,以及对应时期中外产生的优秀学前教育思想。在学前教育发展历程中,西方国家与中国产生了优秀的教育思想和方法,学前教育理论和实践工作者通过研究和实践,对一系列学前教育的基本问题有了更深层次的认识和理解,且通过在各类学前教育机构中的不断实践和反思,厘清、构建并发展了学前教育思想与实践探索的路径。

学习目标

1. 全面了解和掌握中外学前教育制度和教育思想历史发展的特点。
2. 清晰认识学前教育发展规律。
3. 总结与借鉴历史经验,提高基础理论水平和实践能力。

学习重点

1. 掌握学前教育发展过程中的重要历史事件和著名教育家的基本理论观点。
2. 学会以宏观和发展的角度把握中外学前教育的演变。

思维导图

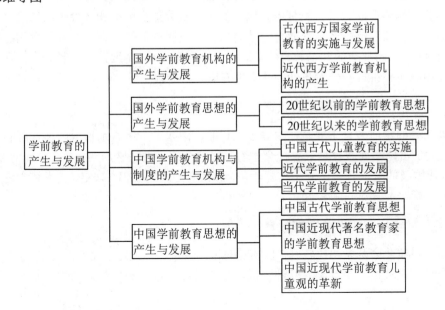

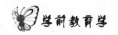

第一节　国外学前教育机构的产生与发展

典型案例

幼儿学校始于1800年罗伯特·欧文（Robert Owen，1771—1858年）在苏格兰新兰纳克棉纺厂的试验。第一所幼儿学校于1816年正式建立。欧文的幼儿学校首先由曾受欧文教导的维尔德斯平（Samuel Wilderspin，1792—1866年）加以推广，他于1820年在伦敦创办了一所幼儿学校。维尔德斯平反对灌输知识，提出"开发教育方法"，即激发好奇心、通过感觉教学、从已知到未知，让孩子们独立思考，把教育和娱乐相结合，设计了"阶梯教室""教学柱""教学架"等教具。

（资料来源：http: //zhishu.ouchn.cn/mod/book/view.php?id=128534&chapterid=6188）

案例点评

幼儿学校是世界上最早的学前教育机构，在维尔德斯平等人的推动下，由欧文肇端的幼儿学校，在欧美得到传播。由欧文开创、维尔德斯平等人加以发展的幼儿学校及其理论，在19世纪上半叶的欧美各国成为一大流派。

一、古代西方国家学前教育的实施与发展

（一）原始社会的儿童共育

一方面，原始社会的儿童教育采取了公养、公育方式（儿童共育），具有民主平等的性质，没有阶级的差别，人人都有平等的受教育权利；另一方面，原始社会的教育活动融合在生产劳动和社会生活之中，没有专门的教育场所和专职的教育人员。这一时期，没有学前教育和学校教育的区分，统称为儿童教育。老人和妇女是儿童教育的主要承担者，没有专门的教育机构和专职教师。教育内容原始简单，随着生产劳动和社会生活的变化而逐渐扩大和增多，主要包括生产劳动教育、社会知识和道德规范的教育、军事体育训练、宗教和艺术教育等。原始社会的儿童教育的手段和方法非常简单，主要通过年长者示范和讲解、儿童观察和模仿来进行，针对年幼的儿童也开展一些游戏。

（二）奴隶社会的学前家庭教育

奴隶社会的学前教育主要是在家庭中进行的，由奴隶主贵族亲自或聘请家庭教师对子女进行教育。宫廷学前教育是奴隶社会学前家庭教育的一种特殊形式。早在公元前2500年左右，古代埃及的统治者就建立了宫廷学校，邀请有经验的僧侣、官吏、文人和学者任教，有时国王（法老）还亲自传授知识。

（三）封建社会的学前家庭教育

欧洲的封建社会开始得比较晚，持续时间也比较短，大约为公元5世纪至14世纪上半叶，这个时期也被称为中世纪。欧洲中世纪的学前教育包括基督教会的学前教育和世俗封

建主的学前教育两种类型。

基督教的学前教育主要通过基督徒对子女进行宗教意识的熏陶和幼儿跟随家长参加众多的圣事礼仪和节日活动来实施。儿童一出生就要参加由神父主持的"洗礼"或"浸礼"，从小被培养成笃信上帝、服从教会的"圣童"，为以后成为真正的基督徒奠定坚实的基础。而世俗封建主的学前教育则按照等级分为宫廷学校的学前教育和骑士的学前教育。宫廷学校的学前教育是为王室儿童开设的学校，教导从幼儿到青年的王室子弟。骑士是欧洲封建贵族中最低的一类贵族。按照封建统治者武力镇压民众、扩张和保护封建庄园的需要，骑士教育在欧洲非常流行。骑士教育是集封建思想意识的熏陶和军事体育训练于一体的教育，其养成要经过 3 个阶段，0~7 岁是第一个阶段，父母是教师，教育在家庭中进行，主要的任务是熏陶宗教意识，培养道德品质和身体养护。

7 岁以后封建主将自己的长子送入高一级封建主的官邸中接受教育。国王和大臣的儿子则在自己的宫廷中接受教育，有的也送到下级封臣家中去接受教育。儿童在高一级封建主家跟随贵妇和贵族学习生活 14 年，又分为两段。七八岁至十四五岁为礼文教育阶段。这时期，儿童跟随贵妇做侍童，在侍奉主人和主妇中，学习上流社会的各种礼节和处世之道，有时也学习吟诗、唱歌、弹奏乐器，用以歌颂主人的军功和主妇的贤德与美貌，目的在于养成对领主的服从和敬仰。主人往往委派他人对侍童进行骑马、游泳、角力等训练。从十四五岁开始进入侍从教育阶段。开始跟随主人学习"骑士七技"，即骑马、游泳、投枪、击剑、打猎、弈棋和吟诗。同时他要为主人司理衣物，为主人保管和擦拭武器、盔甲。在战时，随主人出征，在实战中学习作战本领。主人临危时，侍从要帮助他脱险。侍从还要为主人铺床、收拾卧具、准备膳食、看顾马匹等。平时闲下来还要陪主妇弈棋、散步。在这阶段的后期，未来的骑士还要接受所谓的"恋爱教育"。他们可选择一位年龄稍长的妇女，用吟诗、跳舞等形式向她表示爱慕，不论婚否，都须诚心相爱。侍从教育在 21 岁时结束，须举行隆重的授职典礼，然后授以骑士称号。典礼包括斋戒、祈祷、牧师祝福等宗教仪式，再宣誓，最后接受骑士的象征——剑与盾。从这时起意味着他步入成人时期，被贵族社会所接受，并开始为其领主服务。

二、近代西方学前教育机构的产生

17 世纪 60 年代英国资产阶级革命的胜利，标志着世界近代史的开端。而随着资本主义制度在英国、法国、德国、俄国、美国和日本等国家的建立，教育制度也逐渐发展出了学前教育。在这一阶段，近代西方学前教育机构出现，并得到实践与发展。

（一）英国学前教育机构的产生与发展

1. 欧文的幼儿学校

罗伯特·欧文是 19 世纪英国空想社会主义思想家和教育家，他于 1816 年创办的新兰纳克幼儿学校，是世界上最早的学前教育机构。

欧文在 1806 年接管了苏格兰新兰纳克纺织厂，因为工厂的经济原因，工人及其子弟的道德和教育水平极其低劣。因此，他认为需要通过环境的改变来改变人的性格，于是他进行了一系列的改革试验。除了改变工人的劳动时间、工资和住宅等之外，他还重视工人及其子女的教育问题，希望通过改变教育来培养他们的性格，再由此促进周围环境的改变，以形成合理的社会制度。

在此期间，欧文对幼儿教育十分重视，认为儿童从幼时起，就该受到合理的教育，使其初步形成合理的性格。因此，他为 2～5 岁的孩子设立游戏场，为 5～10 岁的孩子提供免费入学条件，为 10 岁以上的孩子、青工设立业余学习班，为成年人举办实用知识讲座。1816 年，欧文将上述各种教育形式加以合并，建立了统一的教育机构，命名为"新兰纳克性格陶冶馆"，也称为"性格形成学院"。幼儿学校是其中的一个部门，招收纺织厂女工的 1～6 岁的孩子，分为两个部分，1～3 岁的孩子和 3～6 岁的孩子。但实际上，幼儿学校是以 3～6 岁孩子的保育和教育为中心的，1816 年共招收了 3～6 岁的孩子 200 多名。幼儿学校开展智育、道德教育、音乐、舞蹈和军事训练等教育，也被公认为是世界上第一所学前教育机构。

恩格斯曾说："欧文在新兰纳克发明了并且第一次在这里创办了幼儿园。孩子们两岁起就进幼儿园，他们在那里生活得非常愉快，父母简直很难把他们领回去。"欧文明确主张幼儿学校的教育目的就是为形成儿童合理的性格奠定基础。在教育方法方面，欧文主张教师以人道的态度对待儿童，反对辱骂和责罚儿童，倡导游戏和实物教学。

欧文由性格形成的观点出发，把学前教育作为国民教育重要的一部分，认为学前教育是为社会改良而服务的，幼儿学校的兴办就是这种思想的实践具体化。他尝试把工人阶级的幼儿放到最好的教育环境里，通过集体合作的游戏、实物教学、教师的人道主义态度等教育形式和手段，来促使幼儿合理性格的形成。因此，欧文的幼儿学校在世界学前教育史上占有重要的地位，为近代学前教育机构的发展开了先河。幼儿学校的这种学前教育形式也被传播到英国和欧洲等地，成为劳动人民开展学前教育的重要机构形式。但是，由于欧文将发展教育的希望寄托在统治者身上，并试图仅仅通过教育来改造社会，因此他的思想和实践具有一定的局限性。

2. 维尔德斯平的幼儿学校

维尔德斯平是英国 19 世纪幼儿学校的积极创办者，一生致力于宣传普及幼儿学校，发展学前教育事业。1820 年，维尔德斯平在伦敦斯平脱地区开设了一所幼儿学校，以贫民、工人阶级的幼儿为教育对象，目的主要是为了保障其安全和健康。在办学过程中，维尔德斯平形成了一套具有特色的教育内容和教育方法。

从 1825 年开始，维尔德斯平受"伦敦幼儿学校协会"的委托，到英国各地进行普及幼儿学校的活动。他一生协助建立、组织和管理了多种学前教育机构（包括幼儿学校），由此创立了一套在当时来说是比较完备的幼儿学校教育体系，为促进幼儿学校的发展做出了重要贡献。

维尔德斯平非常重视幼儿学校的智育。他认为，智育应当是幼儿学校教育的一个重要内容。他为幼儿规定的智育内容主要有：国语、算术、自然、社会、音乐等。这些智育内容实际上同初等学校的教育内容没有什么不同。维尔德斯平之所以这样重视幼儿的智育，主要原因有两个：一是为了满足幼儿家长的要求，他们要求维尔德斯平的学校教授"三艺"（即读、写、算的知识和技能）；二是由于当时贫民、工人阶级儿童的受教育年龄被规定在 8 岁以内，过了这个年龄就被迫从事劳动，而无法再继续学习。维尔德斯平在这样的历史背景下制定的幼儿学校教育内容，存在着超越儿童实际接受能力和发展水平的问题。因此，当时就有人批评他的学校具有主知主义性质，没有充分考虑幼儿的兴趣和能力水平，教给儿童的知识大多是脱离实际生活的。

在智育方法上，维尔德斯平反对传统的灌输知识的做法，他主张注意培养儿童形成独立思考和独立活动的能力。由此，他提出一种新的教学方法，即"开发教育方法"。这种方法具体包括以下5个方面：一是散发好奇心；二是通过感觉教学；三是从已知到未知；四是独立思考；五是把教学和娱乐相结合。维尔德斯平还设计了"游戏场""阶梯教室""旋转秋千""教学柱""置换架"等教具，使"开发教育方法"得以实施。同时，还研究编写了发展课本作为教材。这些教具对幼儿智力开发的意义和作用是不可否认的，维尔德斯平所设计的智育内容、智育方法和教具影响非常广泛，被很多国家的学前教育机构效仿。

维尔德斯平幼儿学校在道德教育方面的主要任务就是防止不良行为的产生，排除虚伪、下流、贪欲、残酷、粗暴等不道德行为，培养爱和同情他人、服从父母、守秩序、正直、勤勉、节制、尊重人等良好品质。在道德教育的原则上，维尔德斯平主张要爱儿童。在道德教育的方法上，他提出要以奖代惩，即使是不得不惩罚的时候，也不要带着怒气，而要带着悲伤和遗憾的感情。

维尔德斯平幼儿学校继承了欧文幼儿学校在德育、体育和游戏等方面的特色，同时它又十分注重书本知识的学习，注重教具的使用，提出开发教育的方法，并极力主张教师要研究儿童。但是，维尔德斯平幼儿学校过于注重智育内容，在教学中重视记忆而忽略了儿童的理解能力，因而加重了儿童的学习负担，这是违背幼儿身心发展规律的。值得肯定的是，维尔德斯平一生致力于贫民学前教育，为幼儿学校在英国的普及做了巨大贡献，英国的幼儿学校运动是通过他的实践和宣传而开展起来的。

3. 英国保育学校的创办与发展

19世纪末20世纪初，以招收贫民和工人的幼儿为对象的教育设施"免费幼儿园"在英国诞生，它的诞生在一定程度上受福禄贝尔幼儿园在英国的普及的影响，同时它也是幼儿学校和幼儿园两种制度统一的一种尝试。1919年以后，免费幼儿园被改称为"保育学校"。从20世纪上半叶开始，英国学前教育机构的发展以保育学校的创立、发展为主要内容。这一时期，政府颁布的1918年的《费舍教育法》和1933年的《哈多报告》是与学前教育机构发展，特别是与保育学校有关的两个重要文件。

英国在1870年颁布的《初等教育法》和随后颁布的若干法令，确立了对幼儿从5岁开始进行免费义务教育的制度。但5岁以下幼儿的保教问题依然存在，为解决这一社会问题，一种新颖的幼儿保教机构——保育学校（Nursery School）应运而生。麦克米伦姐妹是英国保育学校的创办人。玛格丽特从蒙台梭利的环境论得到启发，并予以仿效，在自己开办的机构中精心设计环境，制作教具，为幼儿提供良好的学习与发展条件。此外，她也倡导感觉训练、运动、神经的控制训练，以及通过家政活动让孩子得到"实际生活训练"。

1908年，麦克米伦姐妹在博乌开设了实验诊疗所，1913年正式命名为"野外保育学校"（Open Air Nursery School），该学校主要招收5岁以下贫民和工人的幼儿，教育目标主要是为幼儿提供适宜的环境，以增进其健康。办学特点是：注重幼儿的手工教育、言语教育、感觉训练、家政活动和自由游戏；注意采光、通风及环境的布置。麦克米伦姐妹创办的保育学校得到社会的认可，自此保育学校在英国不断涌现。1919年，英国得到确认的保育学校有13所。同年，英国的幼儿园改称为保育学校，同时，保育学校得到国库的资助。1923年，以玛格丽特·麦克米伦为首的英国保育学校联盟成立，致力于推广保育学校和培训保育学校教师的工作。

此外，在英国保育学校不断发展的同时，有关理论也不断充实。其中，格雷斯·欧文（Grace Owen）及苏珊·艾萨克斯（Susan Issacs）对此做出了突出贡献。格雷斯·欧文在1920年出版的《保育学校教育》一书中提出：保育学校应视为"家庭的补充或延伸"；不应对幼儿进行读、写、算的正规教学或各种形式的测验，应尊重儿童自然本能，努力增进其各类经验；多组织集体活动，以培养幼儿的协作精神。苏珊·艾萨克斯为幼儿心理学家，在《幼儿的智力发展》（1930年）及《幼儿社会性的发展》（1933年）等著作中，主张幼儿期的教育和纪律应是宽容的，强调应尊重个体差异，此外还倡导蒙台梭利教具及教学法。

英国保育学校的理论经过麦氏姐妹、欧文及艾萨克斯等人的努力，到20世纪30年代，已初步形成了保育学校这一学前教育机构体系。

（二）法国学前教育机构的产生与发展

1789年法国爆发资产阶级革命，推翻了封建制度。奥柏林的"编织学校"是法国近代学前教育的开端，此后出现的数目众多的托儿所主要是受到英国幼儿学校的影响。从19世纪30年代开始，法国政府逐步将学前教育纳入中央集权的教育行政管理体制，把托儿所作为公共教育体系中的一个组成部分，这也是世界教育史上国家办学前教育的开端。

1. 奥柏林的编织学校

奥柏林（J. F. Oberlin，1749—1826年）是法国新教派的一名牧师，他于1776年创设了编织学校，编织学校也被看作近代学前教育设施的萌芽。

奥柏林在任牧师期间，进行了各种经济的、社会的以及教育方面的改革活动。1776年，奥柏林创设了编织学校，这是一个在农忙季节以3岁以上的幼儿和年幼学童为收留对象的保育场所。学校有两名指导教师，一名做手工技术指导，另一名做文化、游戏方面的指导，另挑选一些年龄较大的女孩作为"助教"，一周开放两次。编织学校的教学内容包括标准法语、宗教赞美歌、格言和童话故事、植物采集与观察绘画、地理以及儿童游戏等。另外学校还对学童进行缝、纺织、编织方法的传授，教授历史、农村经济常识等方面的知识。奥柏林认为，这些学习应该是完全游戏式的，或者是娱乐性的。

实际上，奥柏林的编织学校和当时普遍存在的"教会学校"有相同的性质，都是一种慈善机构。但由于他把这个学校作为发展经济以及增进居民福利的手段，从而使得编织学校具有了不同于教会学校的重要地位和创新价值。

2. 柯夏的托儿所

柯夏的托儿所，其前身是1826年法国上流社会妇女帕斯特莱（Mimede Pastoret，1766—1843年）依托慈善组织在巴黎创办的托儿所。它是法国第一所收容幼儿的托儿机构。

帕斯特莱夫人创办的妇女会托儿所得到了当时巴黎第12区区长柯夏（J. Cochin，1789—1841年）的支持和帮助。柯夏曾亲自到英国的幼儿学校进行了一年的考察和研究，之后便协助妇女会于1828年模仿英国的幼儿学校新建了一个托儿所。同年，柯夏自己也开办了一个"模范托儿所"。不久，这个托儿所还附带开设了培养托儿所教员的课程。这样，1828年巴黎便有了三所托儿所。此后，巴黎的托儿所便逐渐发展起来。

柯夏对法国托儿所的创立还具有理论指导作用，他在自己所著的《托儿所纲要》（1853年）里说明了设立托儿所的理由，分析了托儿所存在的意义。他认为托儿所首先是最有效的公共贫民救济设施，其次是教育设施。柯夏托儿所的教育内容包括宗教、读、写、算、几何、地理、历史、博物、图画、体育等，这同当时初等学校的教育内容是完全一样的，只是在教育程度上有所差别，在方法上以实物教学为主。

3. 法国19世纪末的母育学校

母育学校的名称最早是由当时的法国教育部长卡尔在1840年提出来的，他要求把"托儿所"改称为"母育学校"。但直到1870年，法国才正式启用这一名称。因此，母育学校成为法国学前教育机构的基本形式。1881年8月，政府文件对母育学校做了规定，母育学校招收2～6岁的幼儿，根据幼儿年龄与智力的发展程度编成两个小组，2～4岁一组，5～6岁一组。母育学校形成了男女幼儿混合编制的班级，与托儿所开创时候的情况是不同的。

母育学校的保育内容包括：初步的道德教育；日常生活中的实用知识；歌唱、绘画、书法、初步阅读、语言练习、儿童故事、博物和地理；手工作业的训练；按年龄阶段进行的身体锻炼。由此可以看出，母育学校的教育偏重智育；清除了宗教教育内容，进行资产阶级道德教育；注重幼儿对于日常生活实用知识的学习；根据幼儿身心发展水平进行教育；采取直观教学法，注意幼儿的游戏活动；等等。

（三）德国学前教育机构的产生与发展

19世纪20年代以后，德意志的一些邦国受到英国学前教育的影响，开始学习英国幼儿学校的办学经验，发展学前教育。1840年，福禄贝尔幼儿园的产生，极大地推动了德意志地区学前教育的发展，从而使德国的学前教育走在了世界前列，成为其他国家学习的榜样。

1. 巴乌利美保育所

在英国幼儿学校对德国产生影响之前，德国已有了自己的学前教育设施，其中比较著名的就是被称为"巴乌利美设施"的保育所。它是由巴乌利美侯爵夫人（Pauline，1769—1820年）于1802年设立的，是一个救济贫民，帮助参与劳动的母亲抚育孩子的场所。这也是德国历史上最早的幼儿保育和教育设施。

巴乌利美保育所属于季节性招生，招收对象是1～4岁半的农村孩子。办学时间从初夏开始，到晚秋结束。每天的保育时间从早上6点到晚上8点，主要由12名贵妇人来轮班监督保育所的工作，在她们手下还有一些从孤儿院和职业介绍学校招来的12～16岁的女孩子，她们以保姆的身份参与照顾幼儿的活动。巴乌利美保育所的保育方式是：让孩子们每天都在游戏中度过，对孩子们进行监督，但不给他们任何束缚。另外，巴乌利美保育所还教授幼儿正确的德语，教他们正确地称呼身边的事物，进行守规矩、守秩序、协调、亲切、勤劳等有关社会道德方面的训练和生活规律方面的教养。但是巴乌利美保育所的重点是保护孩子们的健康，教育只处于附带和从属地位。

2. 福禄贝尔幼儿园

在福禄贝尔幼儿园成立之前，德国各邦，如拜恩政府制定的托儿所的相关政策、弗利托娜幼儿学校运动的发展，以及各种组织和学前教育实践都对德国的学前教育机构产生了影响。但1840年，福禄贝尔幼儿园的成立和发展，成为当时德国学前教育以及现代社会中流传最广、影响最大的学前教育机构。

弗里德里奇·福禄贝尔（Fredrich Froebel，1782—1852年）于1837年在勃兰根堡开办了一所学龄前儿童教育机构——儿童活动学校,并于 1840 年将它正式命名为"幼儿园"。福禄贝尔幼儿园的教育内容主要包括 3 个方面:第一,为幼儿园儿童编制多种游戏活动,其中最主要的一种是运用他所设计的玩具——"恩物"进行的游戏,以此发展儿童的认识能力和创造性,并训练手部的活动;第二,为儿童安排多种作业活动,以进行初步的教学,作业内容包括叠纸、折纸、图画、拼图、串珠、积木等,另外还有一些如初步的自我服务、照料植物的劳动作业;第三,重视幼儿的语言发展,通过唱歌、讲故事、朗诵等活动,培养儿童的语言能力。福禄贝尔的学前教育思想体系在世界许多国家都有着广泛影响。

福禄贝尔所创立的幼儿园教育体系,使学前教育成为教育领域中的一个重要分支和独立的部门,标志着学前教育机构的作用开始由"看管"转向"教育"。

(四)美国学前教育机构的产生与发展

1. 私立幼儿园和第一所英语幼儿园的建立

美国的学前教育起步比较晚,一开始主要是受到欧洲学前教育发展的影响。美国最早的幼儿园是由德国移民玛格丽特·舒尔茨(Margarate Schurz,1832—1876 年)于 1855 年在威斯康星州的瓦特镇创办的,是一所专门为德国移民的子女开办的德语幼儿园。舒尔茨夫人在德国曾受到福碌贝尔思想的影响,她创办幼儿园后采用了同样的教育方法,指导孩子们进行游戏、唱歌和作业。但由于当时福禄贝尔的学前教育思想还未引起美国人们足够的重视,因此早期出现的这些民间私立的小规模的幼儿园只限于局部地区发展。

美国妇女伊丽莎白·皮博迪(Elizabeth Peabody,1840—1894 年)于 1860 年创办了美国第一所英语幼儿园,对美国学前教育的早期发展做出了杰出贡献,她使学前教育在美国得到了普及和发展。1859 年,舒尔茨夫人在访问波士顿时,向伊丽莎白·皮博迪介绍了福禄贝尔幼儿园的相关思想,因此,皮博迪于 1860 年在自己的私人住宅开办了私立幼儿园。可见,伊丽莎白·皮博迪在创办幼儿园的过程中,在很大程度上受到舒尔茨夫人和福禄贝尔教育思想的影响。以后,皮博迪又和妹妹玛利·曼于 1863 年出版了《幼儿园指南》一书,书中着重阐述了幼儿园和小学的区别。之后,她在自己的幼儿园中创办了美国第一所幼儿园保育人员培训所,为美国初期学前教育的发展做出了巨大贡献。

2. 慈善幼儿园和公立幼儿园的出现和发展

美国在 19 世纪后期(1870 年以后)出现了慈善幼儿园,大部分是教会和社会慈善团体开办的,招收对象主要是贫穷家庭的儿童。最早建立幼儿园的教会是 1877 年俄亥俄州托利多的托雷尼特教会。免收学费的慈善幼儿园发展得很快,至 19 世纪末,几乎所有美国的大中城市都办起了慈善幼儿园。慈善幼儿园不仅成为教会进行宗教教育和传教活动的场所,政府也把幼儿园教育当作一种贫民救济事业来看待,因此给予鼓励和支持。在教会幼儿园兴起的同时,社会慈善团体也纷纷开办幼儿园,其中有 1877 年在纽约市开设的"慈善幼儿园"、1893 年在芝加哥市开办的"邻人之家"等。这些幼儿园都具有慈善机构的性质,其目的是为了促进社会改良和改善贫民子女的生活状况。

从 19 世纪 20 年代开始,美国掀起了一场大规模的公立学校运动,涉及学前教育领域,建立起一大批由政府开办、公款维持的公立学校。1873 年,密苏里州的圣路易市建立了美国第一所公立幼儿园,这实际上是在一所公立小学里附设的幼儿园,它的创建者是当时圣路易市教育局长威廉·哈里斯(William Harris,1835—1909 年)。哈里斯受到福禄贝尔的教育思想和伊丽莎白·皮博迪的影响,在公立幼儿园的建立过程中,他聘请了一位曾在德国视察过许多幼儿园的学前教育工作者苏珊·伯罗(Susan Blow,1843—1916年)女士来担任这所幼儿园的第一任教师。他们的合作使这所幼儿园在教育方法上影响了美国的学前教育,从而促进了公立幼儿园的迅速普及和推广。

19世纪后期,从幼儿教育协会的一系列推动措施、保育学校运动、日托所运动的发展开始,到20世纪五六十年代开端计划(或提前开端计划)和幼儿智力开发运动的发展,都推进了美国学前教育机构的发展。

(五)日本学前教育机构的产生与发展

1. 国立幼儿园的建立

日本学前教育机构是在明治维新运动以后产生的。1871年,日本设立文部省,负责全国的教育改革。1872年,由文部省颁布《学制令》,规定了近代日本教育的领导体制和学校制度,其中对日本学前教育机构的设立也做了明确的规定,要求开设幼稚学校招收6岁以下的男童和女童,实施入小学之前的教育。这是日本有关学前教育机构方面的最早规定。

1876年,依据文部省文部大辅田中不二麿(1845—1909年)提出的建议,日本政府创办了日本第一所公共学前教育机构——东京女千师范学校附属幼儿园,它是日本学前教育史上的第一所国立幼儿园。但它并不是为广大民众的子女所设的幼儿园。它拥有精美的园舍环境,设备完善,但要交纳昂贵的入园费,这就使普通人家的子女望而却步。入园的幼儿大多是富豪显贵人家的子女。这种只为少数特权阶级的子女服务的教育机构,在当时日本经济尚不发达、生产力水平还较低的情况下,自然是难以普及的。文部省于1882年采取增设幼儿园的积极措施,提出了新的办园意见,明确规定:文部省所属的幼儿园,办园的一切费用完全由政府承担,各地方幼儿园也是如此。这类幼儿园被称为简易幼儿园,设备、园舍等设施简陋,收费低廉,对儿童实行不分年龄阶段的集体保育,适宜在乡村和边远地区普及。

2. 私立托儿所的建立

随着资本主义工业生产的发展,简易幼儿园仍不能解决所有孩子的入园要求。因此,1890年由民间人士赤泽钟美(1864—1937年)夫妇于新潟市创立了日本学前教育史上的第一所托儿所。这所托儿所与幼儿园不同,不是国立的,而是由私人出于慈善动机开办的私立机构。它是专门为贫民的子女开设的,主要作用是看管孩子。

3. 托儿所的发展

随着自由保育思想对日本的影响,日本政府的决策也在影响托儿所的发展。日本的第一所托儿所于1893年由私人建立。在1912年,内务省就号召民间社团及慈善人士支持或承担贫民幼儿的保育事业。但由于政府不投入资金,贫民幼儿保育事业进展迟缓。这一状况引起了各方普遍的关注,要求大力开办托儿所的呼声四起。在此情况下,投入经费扶持托儿所成为当局缓和社会矛盾的一条策略。于是托儿所在日本各地迅速发展,托儿所的职能开始只是保护母亲和儿童,后来开始强调注重精神的教化。托儿所收费低廉,在幼儿园更多为富裕阶层子女服务的同时,托儿所(有的称保育所)承担起收容贫民幼儿的任务。

1947年3月，日本国会通过战后最重要的教育立法——《教育基本法》和《学校教育法》，随后在 1956 年对《保育大纲》进行修订，在此基础上推出《幼儿园教育大纲》。20世纪 60 年代以来的日本学前教育振兴计划以及一系列的政府措施，在一定程度上对新建或改建幼儿园设施起到了推动作用，使日本学前教育水平得到大力发展。

（六）俄国与苏联的学前教育机构的产生与发展

1. 别茨考伊与儿童慈善教育机构

18 世纪后半期，即从俄国女皇叶卡捷林娜二世（1762—1796 年在位）统治开始，俄国陆续出现了一些儿童慈善教育机构，主要是解决弃婴和孤儿的收容问题。伊万诺维奇·别茨考伊（1704—1795 年）于 1763 年向女皇叶卡捷林娜二世上呈奏折，要求在莫斯科开办"教养院"，收容弃婴孤儿，同时他还要求为贫民开办一所产科医院，附设于教养院内。别茨考伊的请求获得了女皇的批准，他被委托负责此事。1763 年，俄国的第一所教养院和产科医院在莫斯科成立，别茨考伊任教养院院长。此教养院收容 2～14 岁的弃婴和孤儿，分成 3 个年龄阶段实施教育：2～7 岁的幼儿主要是参加适龄的游戏和劳动；7～11 岁的儿童主要是学习识字和计算；11～14 岁的青少年主要是学习算术、地理、教义问答和图画等。

在别茨考伊的教养院之后，19 世纪上半期，由进步人士组成的各种慈善团体，在俄国相继开办了一些"收容所"和"孤儿院"。后来，沙皇政府把这些儿童慈善教育机构都收归政府管辖。

2. 幼儿园的建立与发展

19 世纪中期，福禄贝尔幼儿园运动也影响了俄国。1860 年，俄国建立了第一所幼儿园。1866 年在彼得堡发行了俄国最早的学前教育杂志——《幼儿园》，此后，还出版了以宣传福禄贝尔的学前教育思想体系为主的教育杂志——《家庭和学校》。

1872 年，在彼得堡福禄贝尔协会的领导下，建立了专门培训学前教育人员的私立学校——"福禄贝尔学院"。1908 年，在基辅福禄贝尔协会的领导下，又开办了三年制的学前教育专科学校，这所学校在十月革命后改为"人民师范大学"，它以培养高级幼儿教师为目的，是当时俄国规模最大的一所学前教育师范学校。

3. 学前教育设施"托儿所-幼儿园"的发展

在第二次世界大战后，苏联学前教育制度的建设成就主要特色是将托儿所和幼儿园合并成统一的学前教育制度"托儿所-幼儿园"。1959 年 5 月 21 日，苏共中央和苏联部长会议公布了《关于改革学前教育制度的决定》，指出改革的重点是宣布在全苏联建立将托儿所和幼儿园合并的统一学前教育机构，并将其正式命名为"托儿所-幼儿园"；该决定还将"托儿所-幼儿园"的管理和监督权统一于各共和国的教育部。同时，规定各共和国卫生部负责"托儿所-幼儿园"中儿童的保健工作。规定苏联凡是有条件的地方，均须在 1960 年 1 月 1 日以前完成幼儿园和托儿所的合并工作。自 1959 年的相关决定公布以后，苏联新设的学前教育设施基本上都是"托儿所-幼儿园"。

为适应新设的学前教育设施"托儿所-幼儿园"，苏联还制定了《托儿所-幼儿园统一教学大纲》，这是世界上第一部综合性质的儿童学前教育大纲。

第二节　国外学前教育思想的产生与发展

典型案例

《爱弥儿》一书以富家孤儿爱弥儿为主人公，论述了男子的教育改革，批判英国旧教育的荒谬腐朽，并提出新教育的原则和理想。同时，借助爱弥儿未来妻子苏菲的教育，论证了女子教育的革新。在这部著作中，卢梭把自己描写成一个理想的教师，又把爱弥儿描写为理想的学生，叙述了爱弥儿从出生到20岁的成长和受教育过程，从中阐述了他的"自然教育"思想。

（资料来源：https://baike.baidu.com/item/%E7%88%B1%E5%BC%A5%E5%84%BF/72845?fr=aladdin）

案例点评

卢梭的学前教育思想对后世许多教育家、学前教育的实践者都产生了启发和深远的影响。该书在西方教育史上首次系统地提出了新的儿童教育观，从而在教育史上掀起了一场"哥白尼式的革命"。

一、20世纪以前的学前教育思想

（一）古希腊、古罗马时期的学前教育思想

古希腊、古罗马时期的学前教育思想主要为德、智、体并重。人们认识到学前教育的重要性，教育也被赋予了培养良好公民的重任，并注意从德、智、体多方面对儿童进行培养。

1. 柏拉图的学前教育思想

古希腊是西方文明的发源地，哲学家和教育家柏拉图（Pato，前427—前347年）是西方学前教育思想的重要奠基人。反映柏拉图学前教育思想的代表作有《理想国》《法律篇》。在《理想国》中，柏拉图第一次提出了学前公共教育的思想。他认为上帝分别用金子、银子和铜铁造出了哲学家、军人、劳动者，理想社会是由哲学王进行统治，教育是实现理想国的重要手段和工具。教育是国家的职责，因此他构想了一个从优生到成人的理想教育体系。此外，他重视优生，认为执政者应选择最优秀的人繁衍后代，国家只允许健壮的男女结婚。胎儿出生后由政府官员进行检验审查，只允许养育健壮的新生儿，不良孱弱的婴儿则要抛弃。从学前期起，由国家对儿童进行公共教育。儿童出生即交给国家特设的育儿院养育，由经过挑选的女仆照顾。

柏拉图将7岁以前划分为学前教育阶段，并主张及早施教，以此帮助儿童形成良好的习惯。他认为，应将3～6岁的幼儿送到附设于神庙的国家儿童场，在国家委派的优秀女公民监督下实行和谐发展的教育，具体的教育内容包括讲故事、寓言、诗歌、音乐、美术和体育锻炼等。同时，柏拉图认为3～6岁的幼儿本性喜欢做游戏，游戏不仅是玩耍和娱乐，而且是一种道德教育的过程，应该选派有经验的人去组织和管理。游戏活动尽量做到符合儿童的年龄特点，简单易行，同时要有一定的规则和秩序，防止出现违反纪律的现象，通过游戏来培养儿童勇敢、聪慧、严肃和守法的性格。

2. 亚里士多德的学前教育思想

亚里士多德（Aristotle，前384—前322年）是柏拉图的学生，也是古希腊著名的哲学家和教育家，他在代表作《政治学》和《伦理学》中阐述了他的学前教育思想。亚里士多德认为教育要适应自然，要根据儿童身心发展阶段划分教育阶段，幼儿阶段的活动应以游戏和其他娱乐方式为主。

亚里士多德认为教育的目的不仅是为国家培养人才，而且应使年轻一代得到和谐发展，为将来美好的生活做准备。教育应与人的自然发展相适应，根据儿童的年龄发展，他把年轻一代的教育划分成3个阶段：0～7岁为第一阶段；7～14岁为第二阶段；14～21岁为第三阶段。亚里士多德重视胎教，认为孕妇怀孕的时候要注意身体，适当运动，注意营养，并到神庙中礼拜生育之神保持情绪愉快。0～5岁的婴幼儿的教育应顺其自然，以孩子的身体发育为主，辅以良好的营养和适当的锻炼。此外，他反对儿童进行课业学习或劳作，主张通过游戏和故事等方式开展学习，但故事的内容应由负责教育工作的官员进行精心选择。

3. 昆体良的学前教育思想

昆体良（Quintilianus，约35—约95年）是古罗马著名的雄辩家和教育家，代表作为《雄辩术原理》。昆体良的学前教育思想主张及早施教，运用提问和诱导的方法促进儿童认识字母，学会书写和阅读。

昆体良从培养和造就雄辩家出发，提出了他的学前教育思想。他认为雄辩家的教育应该从婴儿出生开始，并且教师要利用游戏开展教育。昆体良反对体罚，父母要成为孩子的榜样，要慎重为儿童选择看护者和教师等。

在欧洲，古希腊和古罗马的学前教育思想到中世纪以后没有得到继承和发展。中世纪的欧洲受基督教的影响，学前教育思想的发展比较缓慢和落后，一些不正确的儿童教育观流行，给学前儿童教育带来不良影响。例如，中世纪基督教宣传的儿童观——性恶论。其中，基督教神学理论家奥古斯丁（A. Augustinus，354—430年）极力宣传《圣经》中的"创世说"和"赎罪论"，鼓吹儿童是带着"原罪"来到人世的，故生来性恶。新生婴儿生下来就怀有忌妒、贪婪之心，因此必须经历苦难生活的磨炼，不断赎罪，才能净化灵魂。为此，人们应当听从教会的训诫，常年敬畏上帝，实行禁欲。从幼年起，儿童就要抑制嬉笑欢闹、游戏娱乐的欲望，并采取严厉的措施来制止这类表现。儿童从小就要盲从、盲信《圣经》，不允许有任何独立意识。

中世纪的欧洲流行的另一种不正确的儿童观还有预成论。预成论认为当妇女受孕时，一个极小的、完全成形的人就被植于精子或卵子中，人在创造的一瞬间就形成了。在社会上，儿童被看作小大人，一旦他们能够行走和说话，就可以加入成人社会，玩同样的游戏，穿同样的服饰，要求有与成年人同样的行为举止。受预成论影响，人们忽视了儿童身心发展的具体特点，要求儿童统一而行。

古代的学前教育思想在很大程度上仍停留在哲学思辨和经验总结的基础上，一些不正确的学前思想广泛传播，给学前儿童教育实践带来不良的影响。直到近代社会，随着教育学、经济学的发展，才得到改观。

（二）文艺复兴运动后的学前教育思想

文艺复兴运动后的学前教育思想可以总结为"人性可教"。儿童观的演变过程为：从原罪论到"小大人"，再到夸美纽斯认为的儿童是"无价之宝"，洛克倡导的"白板说"，最后到福禄贝尔提出要顺应自然、尊重儿童。

1. 夸美纽斯的学前教育思想

夸美纽斯（J. A. Comenius，1592—1670 年）是 17 世纪捷克的资产阶级民主主义教育家，近代教育的奠基人物，他在 1623 年创作的《大教学论》标志着教育学的独立，其主要著作有《大教学论》《母育学校》等。夸美纽斯反对中世纪欧洲的原罪说，认为儿童是上帝的种子，是"无价之宝"。

夸美纽斯认为，人的发展一切都有赖于开端。在《大教学论》中，夸美纽斯根据教育要适应自然的原则，将人从出生到 24 岁的教育分成 4 个时期。《母育学校》针对 0～6 岁儿童教育的实施所编写，是世界教育史上第一本学前教育专著。书中提到教育要适应自然，课程要依循自然的秩序，教育实施要遵循儿童的认知特点，对儿童传授知识须依靠感官进行。此外，他的另一本著作《世界图解》，以图画教材的形式帮助儿童进行学习。

2. 洛克的学前教育思想

约翰·洛克（John Locke，1632—1704 年）是 17 世纪英国著名的哲学家、政治家和教育家。洛克的教育思想集中表现在著作《教育漫话》里，认为"人类之所以千差万别，便是教育之故"。洛克认为人的观念并不是与生俱来的，观念出现前，人心只是一块"白板"，是没有任何特征的一张白纸。他认为全部观念都来自于后天的经验，由此他提出观念不是先天的，儿童在本质上就有别于成人，儿童观念的形成和完善的过程就是受教育的过程，因此教育在形成人的过程中起着非常重要的作用。

洛克提出教育的目的就是培养绅士，培养的绅士应当是有德行、有智慧、懂礼节、有学问的人。洛克主张采取家庭教育的形式，而不赞成学校教育。他认为，绅士教育的教育内容应分为德、智、体 3 个部分。因而，洛克成为西方教育史上第一个提出并详细论述儿童体育问题的教育家。在道德教育的实施方面，洛克提出了要及早教育，尽量避免惩罚措施。此外，智育没有德育重要，智育是为培养好的德行服务的，智育的主要任务是教授给儿童各种文化知识和技艺，促使其智力得到发展，成为有文化、有修养的绅士。不过，受历史的局限，洛克的教育思想是代表资产阶级利益的，具有明显的资产阶级功利色彩。

（三）启蒙思想影响下的学前教育思想

启蒙思想影响下的学前教育思想可总结为尊崇自然。如卢梭倡导的"把儿童看作儿童"的儿童观，裴斯泰洛齐认为对社会上最底层劳苦大众的儿童应给予"教育爱"等。

1. 卢梭的学前教育思想

卢梭（Jean Jacques Roussea，1712—1778 年）是 18 世纪法国杰出的启蒙思想家和教育家。他的代表作《爱弥儿》在近代教育史上有着十分重要的地位。卢梭将"自然"称为"原始的倾向"或"内在的自然"，指出教育要适应人的内在自然发展的要求，促进人身心的自然发展。

卢梭认为，儿童不是小大人或者各种原罪的体现者，人生而有自由、理性、良心，具有善良的天性。他认为，儿童期的存在是自然规律，因而提出了"自然教育理论"。人的教

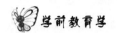

育来自 3 个方面：自然的教育、人的教育和事物的教育。教育的目的是培养自然人，因此教育要遵循自然，顺应人的天性。他提出大自然希望儿童在成人之前就要像儿童的样子，成人应"把儿童看作儿童"。他反对成人不顾儿童的特点，按照传统偏见强制儿童接受违反自然的教育方式。

卢梭根据儿童成长的不同阶段论述了各个时期教育内容的重点。他认为婴儿期（0~2岁）的教育主要以身体的养护和锻炼为主，要为孩子提供适宜的健康生长的环境，自然饮食，衣着宽松。儿童期（3~12岁）孩子的身体活动能力和语言能力都发达了，感觉能力也开始发展，但仍处于理性睡眠期，因而在发展孩子体力的同时主要应进行感觉教育。首先应该发展孩子的触觉，其次是视觉和听觉。

此外，卢梭的自然教育理论是当时最具进步意义和影响力的学前教育理论，对欧美近、现代教育理论的发展产生了重要影响。很多教育家都从他的自然教育理论中得到启发，在此基础上形成了自己的教育观点，如裴斯泰洛齐、福禄贝尔、杜威等。但是，卢梭的教育理论也有其局限性，如片面强调教育要顺应自然，把儿童的天性过分理想化，在教育的年龄分期方面缺乏科学依据，没有认识到教育会受社会、政治、经济等方面因素的制约和影响，等等。

2. 裴斯泰洛齐的学前教育思想

裴斯泰洛齐（Johan Heinrich Pestalozzi，1746—1827 年）是 18 世纪末、19 世纪初瑞士著名的资产阶级民主教育家，一生致力于贫民教育。

裴斯泰洛齐认为儿童生来就潜藏着具有要求发展倾向的天赋和能力，并且儿童的天赋和能力能够在教育的影响下得以发展。教育要顺应自然，按照儿童的天性及其发展顺序来进行教育。在和谐发展的教育中，道德教育是整个教育体系的关键，是家庭和学校教育的主要内容。而道德教育的本质核心就是爱的教育，因此应重视父母、教师对儿童情感的教育作用。裴斯泰洛齐认为，学前儿童的教育要从德育、智育、体育、美育四个方面进行，便于儿童的各种能力和谐发展，并提出了针对各方面的教育内容和方法。

要素教育理论是裴斯泰洛齐"教育心理学化"思想在教育内容选择上的具体体现。教育须从人类知识最简单的要素开始，用所有事物最基本的形式给儿童以深刻的印象。例如在德育中，最简单的要素是儿童对母亲的爱，儿童在产生对母亲的爱以后，会逐渐将爱扩大到其他家庭成员，随着生活范围的扩大，儿童会将爱扩大到周围的人，再扩大到对所有人、全人类，并由此意识到自己是人类社会的一员。

同时，裴斯泰洛齐是教育史上首位明确提出"教育心理学化"的教育家。教育心理学化，即教育活动应该按照符合心理学的发展方式来培养人的行为能力，并通过心理训练来发展认知能力。教育心理学化要求教育目的的选择应基于儿童本性发展的自然法则，使人的内在能力得到培养和发展。在教学方法上，提倡直观教学法，给学生呈现直观、清晰的印象，并将感觉印象最基本的属性教给儿童。

3. 福禄贝尔的学前教育思想

福禄贝尔是德国著名的教育家、近代学前教育理论奠基人，他的学前教育思想受宗教神学和德国古典哲学的影响，同时在幼儿园教育内容和方法方面受到裴斯泰洛齐的影响。他的代表作有《人的教育》《幼儿园教育学》等。福禄贝尔认为儿童的发展具有阶段性和连续性。

福禄贝尔提出了神本源的教育目的观。他认为，教育的目的就在于唤醒人的内在精神本性。教育要顺应儿童自然的发展，他反对干涉、压制儿童，也反对给予儿童过多帮助。教育要遵循儿童的自然本性，一切专断的、指示性的、绝对的和干预性的训练、教育和教学必然起着毁灭的、阻碍的、破坏的作用。

福禄贝尔把人类初期的发展划分为 4 个时期：婴儿期、幼儿期、少年期和青年期，其中前两个时期探讨的是学前教育。婴儿期主要进行"保育"，重点在照顾婴儿，保护其身体健康。3 岁以后的幼儿是真正教育的开始，因此要成立专门机构——幼儿园，来帮助家庭教育。福禄贝尔幼儿园教育的主要内容为自然科学及数学教育、语言教育、艺术教育、宗教教育等，其中宗教教育是核心内容。而幼儿园教育方法主要通过游戏和作业来进行，游戏是幼儿生活的重要组成部分，是幼儿自我表现的最高形式。幼儿期的游戏是内在本质的自发表现，是整个未来生活的胚芽。为了促进儿童的游戏，福禄贝尔为儿童设计了系列的"恩物"，他也是历史上第一个承认游戏的教育价值并把它引入教育过程的教育家。而作业采用木、竹、纸、沙土等制作某种物体，其种类有绘画、纸工、串联小珠、泥塑等。同时，作业还可以扩大到幼儿对各种图形的认识，还能培养幼儿对于美的认识，进行美感教育。

二、20 世纪以来的学前教育思想

20 世纪以来儿童权利运动不断发展，也影响着世界各国学前教育的发展。1924 年，人权组织国际联盟发表了《日内瓦儿童权利宣言》，提出了救济、保护儿童，防止奴役和贩卖儿童的观点。1959 年，联合国通过了《联合国儿童权利宣言》，宣告儿童具有姓名、国籍、游戏、娱乐、教育发展和得到足够营养、医疗保护等权利。1989 年 11 月 20 日第 44 届联合国大会一致通过《儿童权利公约》，它被誉为"为儿童人权拟定种种保证的第一项国际法律文书"。该公约为保护儿童权利和福利订立了 54 项条款，于 1990 年 9 月 2 日生效，所有签约国家都承担了保护儿童的国际义务。

此外，20 世纪以来的学前教育思想也在儿童观、学前课程观等方面逐渐变化，杜威、蒙台梭利提倡儿童发展是儿童自发、主动的身心共同发展，心理学研究中弗洛伊德、皮亚杰、维果斯基的相关理论，也都显示着学前教育观的革新。

1. 杜威的学前教育思想

杜威（J. Dewey，1859—1952 年）是美国哲学家、社会学家和教育家，实用主义教育思想的代表人物。代表作有《我的教育信条》《明日之学校》《民主主义与教育》等。杜威认为教育过程是儿童和教师共同参与的过程，也是儿童和教师真正合作和相互作用的过程。儿童既是起点，又是中心和目的。

杜威提出对教育本质的看法，也是学前教育观的革新：教育即生长，教育即生活，教育即经验的不断改造。杜威认为，教育并非为未来的生活做准备，教育本身就是生活。在重新认识教育本质的基础上，杜威提出了新的教育教学观点：学校即社会、以儿童为中心和做（实践）中学。

同时，杜威对学前教育课程观的发展也有所贡献，他认为课程应关注儿童的生活经验。当从经验的角度来定义课程的时候，课程就与教育活动具有了某种一致性。所谓教育活动设计也就是要进行课程设计，本质上就是对儿童将要获得的经验予以设计。杜威是 20 世新教育运动的重要代表,其建立的实用主义体系对美国和世界的教育发展产生了深远影响。他提出来的以儿童为中心、做中学的思想被广泛运用于现代学前教育中,成为现代学前新教育的一个重要组成部分。

2. 蒙台梭利的学前教育思想

蒙台梭利(Maria montessori,1870—1952年)是意大利现代著名的幼儿教育家,欧洲新教育运动的代表人物。蒙台梭利认为儿童发展是儿童自发、主动的身心共同发展。儿童不仅是作为一种肉体的存在,还是一种精神的存在。蒙台梭利提倡教育应该促进儿童的自由发展,这对学前教育理论的发展具有重大影响。

蒙台梭利1907年在罗马贫民区建立了学前教育机构——儿童之家,并用生理学和心理学的知识及系统观察法和实验法推进学前教育学的发展,著有《蒙台梭利教学法》《蒙台梭利手册》等书。蒙台梭利的教育思想主要有以下几点:① 重视教育环境的作用,认为教师的任务在于提供一个环境;② 注重感官训练,并设计发展感官的教学材料;③ 强调儿童的主体地位和自我教育;④ 强调教师对于儿童发展的重大作用。

在学前教育的原则和方法方面,蒙台梭利强调平衡自由和纪律,认为儿童自由活动必须遵循两大原则:① 儿童的自由以集体利益为限度,不允许干扰和侵犯他人;② 儿童必须按照规定的程序使用教具。另外,蒙台梭利主张利用环境的教育价值,认为合适的教育环境的五大特点是:自由的气氛,结构和秩序,真实和自然,和谐和美感,拥有符合儿童身心发展需要、体现对儿童的教育要求、包含有丰富教育内容的教具材料。

蒙台梭利设计的具体、有效的教学方法对20世纪世界学前教育产生了深远影响。其教育思想被世界各国幼儿教育实践者所推崇。

3. 现代学前儿童心理学研究对学前教育思想的影响

20世纪以来,心理学的研究成为教育研究的重要基础。早期儿童心理学的研究取得了新进展。精神分析学派、行为主义心理学派、人本主义心理学派、认知心理学派等心理学派思想的发展推动了学前教育思想的发展。

分析学派是20世纪最有影响的心理学流派之一,其创始人是奥地利精神科医生弗洛伊德(S. Freud,1856—1939年)。弗洛伊德认为,人格的结构分为本我、自我和超我3部分。艾里克森(E.H. Erikson,1902—1994年)是美国的精神病医生,新精神分析学派的代表。与弗洛伊德不同,艾里克森的人格发展理论不仅考虑生物本能的影响,也考虑了社会、文化因素的影响。艾里克森认为,自我意识的形成和发展可以分成8个阶段,这8个阶段的顺序是由遗传决定的,每一个阶段都有发展的核心任务,如果发展顺利,则形成积极的人格品质,不顺利则产生消极的人格品质。自我意识发展的前3个阶段处于学前儿童阶段:婴儿期(0~1.5岁)是基本的信任感对基本的不信任;儿童早期(1.5~3岁)是自主感对羞耻感与怀疑感;学前期(3岁至六七岁)是主动感对内疚感。精神分析学派总体来看没有形成系统的学前教育思想,但是其强调早期经验对人格发展的重要性,强调教育要促进儿童健全人格的培养。

皮亚杰(Jean Piaget,1896—1980年)是瑞士著名的儿童心理学家,认为儿童的心理发展是在先天因素和后天学习相互作用下不断发展的过程。他把儿童的认知的发展分为4个阶段:感知运动阶段(0~2岁),前运算阶段(2岁至六七岁),具体运算阶段(六七岁至十一二岁),形式运算阶段(十一二岁至十四五岁)。皮亚杰主张教育应重视发挥儿童的主动性，其认知发展理论为学前儿童教育的心理化提供了大量的实验材料和理论指导。

维果斯基（Vygotsky，896—1934年）是苏联著名心理学家。他提出了"最近发展区"的概念。维果斯基认为儿童的发展在教学中存在两种水平，第一种是儿童现有水平，第二种是在有指导的情况下，借助成人的帮助所达到的解决问题的水平，这两种水平间的差异就是"最近发展区"。教学创造着"最近发展区"，儿童第一水平和第二水平间的动力状态由教学决定。他认为教育要抓住"学习的最佳期限"，必须以儿童发展的成熟和发育为前提。维果斯基的心理理论揭示了人类整体与个体心理发展的本质，其教学与发展理论充分重视成人与儿童交往在教学中的意义，是现代流行的"支架教学"的理论基础。

4. 加德纳的学前教育思想

霍华德·加德纳（Howard Gardner，1943—）是现代美国心理学家，也是多元智能理论的首创者。加德纳认为，每一个儿童都是一个潜在的天才，只是经常表现为不同的方式。

加德纳对特定认知领域做了具体的划定和区分，分为8种智能结构，分别是：语言智能、音乐智能、逻辑-数学智能、身体-运动智能、空间智能、自我认识智能、人际关系智能和自然观察智能。多元智能理论的评估原则是侧重每种智能所要解决的问题，评估过程是持续的、动态的，评估主体由学生、家长、教师共同参与。

加德纳多元智能理论的提出对于学前教育的发展具有以下意义：树立新的儿童观，实施"因材施教"个性最优化教育，培养和促进幼儿的创造能力，发展儿童的强项，促进儿童全面发展和学以致用。加德纳的学前教育理论尊重多元与差异的学前教育评价方法，现实中，部分学者基于多元智能理论针对幼儿园和小学低年级设计了《多彩光谱》评价项目。

第三节 中国学前教育机构与制度的产生与发展

典型案例

南京市鼓楼幼儿园的前身是鼓楼幼稚园，由著名教育家陈鹤琴先生于1923年创办。这是中国历史上第一所开展教育科学研究的幼儿园。在陈鹤琴先生的指导下，鼓楼幼稚园取得了令世人瞩目的实验成果，编写出版了《幼稚园单元教学》《儿童游戏》《儿童节奏》等著作。1928年，教育部门根据鼓楼幼稚园的课程实验成果，制定了《幼稚园课程标准》向全国颁发。

（资料来源：https://baike.baidu.com/item/%E5%8D%97%E4%BA%AC%E5%B8%82%E9%BC%93%E6%A5%BC%E5%B9%BC%E5%84%BF%E5%9B%AD/944533?fr=aladdin）

案例点评

南京市鼓楼幼稚园是当时的全国幼稚教育实验中心，陈鹤琴先生的"五指课程"和学前教育思想也在国内外幼教界享有盛誉。这一时期，在各个著名教育学家的推动下，中国学前教育机构如雨后春笋一般出现，带动了全国学前教育事业的发展。

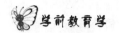

一、中国古代儿童教育的实施

中国古代儿童教育分为4个方面,慈幼观念的演变、胎教、家庭教育和蒙养教育。

(一)慈幼观念的产生和发展

慈幼观念是中国古代儿童教育的组成部分之一。早在原始氏族社会中,儿童就得到了共同抚养和爱护。例如,管仲在齐国推行"九惠之教"的首要两条,也是"老老"与"慈幼"。在春秋末年,越王勾践也采取了鼓励妇女生育、保护幼儿的措施。其中包括:由国家派遣"乳医"帮助妇女分娩;生育3个孩子,由国家派遣乳母照料;生育两个孩子,由国家提供食品。当时的政治家和思想家也都把"慈幼之政"看作推行"仁政"的一个标志。孔子、孟子、韩非均讨论了慈幼的问题。

中国最古老的学校名为"庠",主要是一种养老慈幼的场所。庠既是原始氏族部族储藏剩余猎物和生活物品的场所,又是集体赡养失去劳动力的老人和没有劳动力的儿童的场所。所以,对于年幼者来说,庠有着集体保育的作用。

中国最早的古代专门的慈幼机构是东汉邓太后所创办的邸舍。据《后汉书·皇后纪》记载,邓太后于元初六年(119年)召集宫室之女5岁以上者40余人及邓氏子孙30余人,教学经书,并设置师保,抚循教导。慈幼机构的制度化和普及从北宋开始,一种是慈幼局,主要收养弃儿;第二种是举子仓或予惠仓,由朱熹创办,职能和慈幼局略同。清代最早的慈幼机构是康熙元年(1662年)始建于广渠门内的京师育婴堂。京师育婴堂定有详细的育婴条例,由官方出资和民间捐助。不过,清代的育婴堂有养而无教,仍属于一般的慈善机构。

唐鉴在贵州创办的及幼堂是具有教养合一功能的慈幼教育机构。唐鉴的及幼堂不仅解决幼儿的衣食起居,而且教给他们文化知识和技能,这是我国历史上第一个将幼儿的保育和教育合为一体的慈幼机构。

(二)古代的胎教

中国古代非常重视胎教的作用,胎教就是孕妇怀孕期间,除了重视身体的健康外,还要注重外界环境、情绪、精神等对孕妇的影响,从而间接对胎儿产生作用。中国古代胎教内容较丰富,既要注意精神方面的影响,又要注意饮食卫生的影响。

胎教被看成是能否培养出合格圣明的君主的条件,也被认为是培养理想后代的重要前提,同时也是儿童健康发育的必要条件。孙思邈的《千金方》医书专门列出了"养胎"的内容,详细分析、阐述了胎教的原理,对唐、宋、元、明、清的许多医学家产生了影响。

(三)古代家庭的学前教育

孟子认为家庭教育的最终目的就是齐家治国平天下。《礼记·内则》中对于家庭教育的规划,对后世有很深远的影响。如,宋代学者司马光所著的《涑水家仪》,其全篇内容实际上就是对《礼记·内则》的进一步诠释。《礼记·内则》中对于家庭教育的规划兼顾幼儿的年龄特征,循序渐进,并且将幼儿的初步体能训练和知识学习,与入学后的知识、礼仪教育前后贯通,体现了古代家庭教育与学校教育的一致性和系统性。当然,其中所包含的封建礼教的因素也是十分明显的。

纵观中国几千年的家庭教育，其所包含的内容主要有道德、礼仪、生活能力、文化教育几个方面，而道德教育又是最主要的部分。古代家庭教育强调严格遵从伦理纲常，即父子有亲，君臣有义，夫妇有别，长幼有序，朋友有信。这类道德教育以孝为本，以礼仁为核心，是从小就对幼儿灌输的儒家传统道德观念。自汉代以来，家庭的道德教育通常都以《孝经》《二十四孝图》等宣扬孝道的启蒙读物为主。还有孟子的"立志教育"和其他教育家、思想家提出的廉洁教育、爱国教育等。

（四）古代的蒙养教育

蒙养教育是中国古代儿童教育的重要形式，特指在家庭和社会教育中经过一定的组织过程，利用特定的方法和手段所进行的文化、道德启蒙教育。最早记载蒙养教育的是周代的《周易》。蒙养教育的方法是"以果行育德"，以鲜明高尚的品德情操来"告示"童蒙，培养完善其品德。蒙养教育的目的是"蒙以养正"，即端正品德。

清代学者王钧的《文字蒙求》和崔学古的《幼训》均给出了蒙养教育的简介。王钧认为，儿童识字要根据其身心发展规律从简到难。崔学古提倡为人师表、赏罚分寸和"爱养"的原则，爱护儿童，以慈爱感服学生。专门针对儿童启蒙教育所撰写的蒙学教材，最早是西晋文学家束皙所写的《发蒙记》，《三字经》相传由南宋学者王应麟编写，是博物知识教育的启蒙读物。还可以通过幼儿游戏进行启蒙教育，最早记载幼儿游戏的是《韩非子·外储说左上》，古代游戏的分类有智力游戏、生活游戏和戏弄游戏。还有儿童剧，最早出现在唐初，最初的形式为大面舞。

二、近代学前教育的发展

古代大致以蒙学教育为主要的儿童教育形式，大多数由家庭、民间自发而成。近代中国学前教育是在西方入侵、西学东渐的过程中由国外引入的。在 19 世纪 80 年代，外国教会在中国沿海开办具有近代性质的幼儿教育机构。1903 年，中国颁布实施了第一个近代学制——"癸卯学制"，并学习日本，建立了近代学前教育制度——蒙养院制度，自上而下推行。辛亥革命以后，中华民国建立，南京临时政府在蔡元培的领导下进行教育改革，颁布实施"壬子癸丑学制"，将蒙养院改为蒙养园。1922 年，北洋政府进行学制改革，向美国学习，实行新学制——壬戌学制，将蒙养园改为幼稚园。

（一）清末学前教育制度的确立

从 19 世纪 60 年代到清政府被推翻的 1911 年为止，中国社会先后经历了洋务运动、百日维新和清末"新政"。其中，洋务运动中开办的洋务学堂和留学教育，百日维新中废除八股、改革科举的一系列政令以及清末"新政"中正式废除科举、创建学部、颁行癸卯学制等，都是不同时期中国近代教育改革的主要成果。

清末学前教育的改革，也是在社会各阶层人士积极要求变法的思想推动下进行的。从早期提出"师夷长技以制夷"的魏源，到倡导"中学为体，西学为用"的张之洞，以及后期主张进行更为彻底改革的康有为、梁启超和严复等人，都是这一时期的突出代表。但他们从一开始就遭到守旧势力的多方刁难。守旧势力拒绝任何外国文化，特别是与学前教育

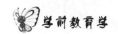

密切相关的女子教育,更是坚决反对,将要求发展女子教育的维新派人士康有为、梁启超等人,斥之为"名教罪人"。直到清末"新政"颁行《奏定蒙养院章程及家庭教育法章程》,仍然以维护名教为借口,反对女子教育,仅仅承认女子教育作为蒙养院教育的附庸,以培养蒙养院的师资为目的,以家庭教育的形式存在。

但是,维新派人士一直坚持开放女学之禁的主张,认为只有如此才能为解决学前教育的师资开辟道路,并将此看作是完善学前教育体制的关键环节。在这方面,康有为、梁启超是其中最突出的代表。康有为(1858—1927年)在1895年联合在京的举人发起"公车上书",一直从事推动维新变法的工作。《大同书》提出儿童完全由社会公育、享受胎教等。梁启超(1873—1929年)的"新民学说"和对女学问题的关注,也是完善学前教育制度的一个重要环节。

清末的教育改革分为两个阶段。清末蒙养制度的建立,就是以《奏定蒙养院章程及家庭教育法章程》的正式颁布为标志的,而蒙养院制度的建立,也是清末学前教育制度在法律形式上的正式确立。其中确定蒙养院专为保育教导3~7岁幼儿,每日不超过4小时,保育内容分为游戏、歌谣、谈话、手技。1903年,张百熙、张之洞会同荣庆等重订学制,制订了《奏定学堂章程》,并于1904年1月正式在全国推行,是为"癸卯学制",这是中国近代第一个正式颁布并实行的学制。

官办的蒙养院以湖北的武昌蒙养院最为著名,湖北在时任湖广总督张之洞的治理之下,对新学的态度较为开放,也是洋务教育后期的重镇。1903年湖北巡抚端方在武昌创建了幼稚园,1904年《奏定蒙养院章程及家庭教育法章程》颁行后,湖北幼稚园改名为武昌蒙养院,这是中国最早的公立学前教育机构。

官办的蒙养院影响较大的还有京师第一蒙养院、湖南蒙养院、杭州女子学堂、江苏旅学第一女学附设幼稚园等。其中,杭州女子学堂始建于1904年,这也是女学之禁之前,国内为数极少的女学之一,也是杭州第一所中国人办的女子学校。此外,私立蒙养院影响较大的有上海的务本女塾附设幼稚园和天津严氏蒙养院。清末蒙养院制度初步体现出:学前教育由家庭向社会化的转变;但仍然以洋务派"中学为体,西学为用"为宗旨,制约了学制改革的成就;清朝统治阶层对于妇女的歧视;脱离中国实际,照搬日本学制和严重依赖外国教习。

伴随着西方列强对中国的侵略的不断扩张,清政府陆续签订了《南京条约》《北京条约》《天津条约》等不平等条约。西方列强不仅在经济上打开了中国市场,还在中国国内进行传教、办学。因此,外国教会在华开始创办学前教育。外国教会从创办女学、女子幼稚师范开始,逐步辐射幼稚园。最早在1825年,以中国女子为对象的女学由英国女传教士格兰脱在新加坡开班。1889年,美国女传教士金振声在苏州慕家花园创办了英华女塾,是一个将女学、幼稚师范、幼稚园合为一体的综合性学前教育机构。教会开办女子学堂和幼稚园的活动,对促进清末学前教育改革有积极意义,但其办学目的仍值得认真思考。

(二)民国时期学前教育的推进

1. 蒙养园制度、壬戌学制与幼稚园制度的确立

辛亥革命以后,我国在教育制度上实行了一系列改革。在学前教育上,民国初年建立了蒙养园制度;随着1922年"壬戌学制"的颁行,又确立了幼稚园制度,学前教育有了较

大发展。南京临时政府于 1912 年 1 月 9 日成立了教育部，著名教育家蔡元培任教育总长，公布新教育宗旨："注重道德教育，以实利教育、军国民教育辅之，更以美感教育完成其道德。"壬子癸丑学制（1912—1913 年）将学前教育机构定名为蒙养园。蒙养园从这些规定看，是学制体系上的教育机构，但不占学制年限，并未单独成为学制系统中的二级，是其他教育机构的附属部分，附属在小学和女子师范学校内。它虽然没有摆脱附属的地位，但已不设于育婴堂、敬节堂内，而被纳入真正的教育机构之中，这正是学前教育地位有所提高的标志。

随后，在五四新文化运动的推动下学前教育进一步改革。1922 年 9 月，教育部召开学制会议。11 月，教育部公布《学校系统改革案》，这就是"新学制"，又称"壬戌学制"，采用美国的"六三三制"。中学受美国教育影响，实行综合中学制和选科制，提出要以儿童身心发展为根据，采取纵横活动主义，教育以儿童为中心，顾及学生个性及智能，等等。在此学制中，学前教育机构被称为"幼稚园"，幼稚园教育在学制当中的建立是学前教育的进一步改革。

2.3 种幼儿园模式并存

民国时期的学前教育机构分为 3 种，即日本式幼稚园、宗教式幼稚园、普通式幼稚园。日本式幼稚园兴于清末民初，主要借鉴于日本当时的学前教育。与其他教育一样，教学内容有游戏、谈话、手工、唱歌、识字、算术、图画、排版、检查身体、习字、积木等，这些都被视为功课，这种教育学龄前儿童的方式忽视了儿童自身的心理特征。

在宗教式幼稚园里，保姆都是教徒。这种幼稚园收费较高，一般家境的孩子无法进入。宗教式幼稚园实行洋化教育，用外国的设备，玩外国玩具，唱外国歌曲，甚至吃点心也要吃外国货。宗教式幼稚园自清末以后在中国发展很快。

普通式幼儿园由中国人自己创办，采用福禄贝尔和蒙台梭利的教育方法，五四运动后多受欧美国家学前教育思想的影响。

3. 北京香山慈幼院

北京香山慈幼院于 1919 年成立，主要收容无家可归或父母无力抚养的儿童，也收容香山附近八旗子弟的贫儿。园址在香山静宜园，熊希龄任校长。这是一个规模较大、结构复杂的教育机构。全院分为 5 个部分。第一部分是婴儿教保园和幼稚园，前者收容 0~4 岁的幼儿，后者收容 5~6 岁的幼儿。第二部分是小学。第三部分是中等教育，后来全校改为幼稚师范，主要培养幼稚园的教师。第四部分是供小学手工艺训练的各种小作坊和小农场。第五部分是职工学校。因收的都是贫儿，学校实行公费。孩子可从教保园升入幼稚园，再升入小学，小学毕业以后，一般以升学为主，女生多半入幼稚师范，男生可考任何中学。考取后，学、杂、宿、膳、服装、书籍费用仍由慈幼院供给。

香山慈幼院对中国学前教育有相当大的影响，抗战爆发后迁到广西，继续坚持办学。香山慈幼院建立了相互衔接的分级学前教育机构，从多种途径培养保教人员，设有专门培训幼稚园教师的幼稚师范学校。1931 年迁至北京城内，由著名的幼儿教育家张雪门进行改革和教学实验。香山慈幼院附设的北平幼稚师范学校培养了很多幼稚园的师资，抗战后搬至桂林，在广西坚持办学 6 年，被迫迁校 3 次，前后招生 6 次，培养了大量学前教育师资。北京香山慈幼院是北方影响最大的一所学前教育机构。

4. 南京鼓楼幼稚园

1923年，陈鹤琴在自己家中办起了南京鼓楼幼稚园，后来成为东南大学教育科的幼儿教育试验园地。1925年，东南大学教育科派毕业生张宗麟等任研究员，与陈鹤琴一起研究幼儿园课程和实验活动。鼓楼幼儿园的实验活动是多方面的，在课程实验上，科目的实验主要有故事、图画、读法、教法等。同时，还主张培养儿童的行为习惯，进行技能训练，以及儿童生活经历的安排。

南京鼓楼幼稚园试验活动的经验使幼稚园教育的程序趋于科学化、规范化。鼓楼幼稚园的试验是全面的，他们总结的经验具有民族性和科学性的特点，在试验的基础上有不少理论上的建树。值得注意的是，他们的试验不是孤立的，往往与其他幼稚园沟通共进。

5. 南京燕子矶幼稚园

20世纪二三十年代我国掀起了不小的平民教育运动和乡村教育运动。创办乡村幼稚园和城市平民幼稚园便是当时教育活动中的一个重要方面。在陶行知、陈鹤琴、张雪门等人的领导下，教育活动一直持续到抗战胜利以后。主要参加人员还有张宗麟、徐世璧、王荆璞、戴自俺、孙铭勋等。

在当时的中国，创办乡村幼儿园是一番崭新的事业，并不被社会所理解。陶行知克服种种困难，筹经费、找园址、借设备、寻人才，至1927年10月，张宗麟、徐世璧下乡，11月11日，中国第一个乡村幼稚园诞生。最初只借用燕子矶小学一间房子，用板壁隔成一大间和一小间。大间作工作室，小间作储藏室。燕子矶幼稚园得到了陈鹤琴的支持，从南京鼓楼幼稚园请来3位艺友（边干边学的幼儿园老师），收了30名农民儿童。该幼儿园草订生活纲要，即分年、月、周、日为幼儿制订活动计划，又名"幼稚生生活历"，分节期、气候、动物、植物、农事、儿童玩耍、风俗、儿童卫生8项内容。幼儿园在农村的环境里，寻找可以利用的自然物作为办园的材料；在教学和管理上，适应农村特点；在幼儿师资训练上进行艺友制的试验。

6. 劳工幼儿园、大场农村托儿所、北平平民幼稚园

陶行知对于幼儿教育的另一方面的推动便是开办了劳工幼儿园。他把注意力集中到女工劳动力的解放和子女的教养问题上。1934年，在陶行知的领导下，成立了上海劳工幼儿园，一律收女工的孩子，一切因陋就简。

大场农村托儿所是农民办的学前教育机构。1947年，国立幼雅师范专科学生要下乡实验乡村幼稚教育，得到陈鹤琴的支持和上海儿童福利促进会的赞助，他们选择上海近邻大场作为基地。该托儿所对儿童的教导原则是儿童本位，做中教学，利用环境和创造环境。

幼儿教育家张雪门主持的北平香山慈幼院幼稚师范学校的学生利用当时北平部分半日制幼稚园的设备、校舍等，创办了好几所平民幼稚园，起到师范生实习和让平民幼儿受到一定教育的双重作用。到抗日战争时期，张雪门将幼稚师范学校先后迁到广西桂林和三江丹洲镇，他与戴自俺等人在丹州、板江等乡村地区，又办了一些乡村幼儿园，继续从事乡村幼儿教育的实验。他们在探索如何为工厂、农村办学前教育方面做出了贡献。此外，还有一些平民或农村幼稚园，如北京郊区清河有个农忙看孩子团，是燕京大学社会系在该镇设的农村社会试验区，目的是替农村劳动者看管小孩。

7. 老解放区的学前教育

为适应当时战争的环境和政治经济特点,老解放区创造了托幼机构多种多样的组织形式。把妇女从家庭中解放出来是老解放区学前教育的中心任务,实行儿童保育是老解放区学前教育的基本方针。

当时,老解放区主要有 5 种形式的学前教育机构。第一种是寄宿制的保育院、托儿所,主要招收前方战士和烈士的子女及后方干部的子女,一切费用国家承担。第二种是单位所属托儿所,一般设在本单位,仅收本单位子女入托,孩子白天入托,晚上接回家,规模较前者小。第三种是变工托儿所、哺乳室,这是根据劳动妇女的需要,母亲们自己组织起来、轮流值班或请老大娘照看幼儿的一种幼教形式。第四种是游击式的托幼机构,它的特点是当局势稳定时,孩子便集中由托儿所或幼稚园培养;敌人扫荡时,保教人员与孩子分散在老百姓家中,由群众掩护。第五种是小学附设的幼稚班,为不满入学年龄的儿童创办,一般属于半年至一年的学前教育。

上述老解放区的幼儿教育机构,有完全公办的,有民办的,有民办公助的;有寄宿的,有日间的,也有季节性质的。可以看出,老解放区学前教育机构的形式因地制宜、因时制宜,灵活多样。

三、当代学前教育的发展

当代中国的学前教育指的是中华人民共和国成立以来的学前教育,属于现代学前教育的范畴。1949 年中华人民共和国成立以来,我国开始了有中国特色的社会主义学前教育的探索。但由于我国尚处于社会主义初级阶段,当代中国学前教育的发展模式仍在探索中。

第一阶段(1949—1957 年):学前教育接收、改造和稳步发展时期。

中华人民共和国成立以后,开始了有中国特色社会主义教育的探索。1949 年 9 月,《中国人民政治协商会议共同纲领》(以下简称《共同纲领》)明确了教育的性质和任务,规定:中华人民共和国的文化教育为新民主主义的,即民族的、科学的、大众的文化教育。根据《共同纲领》的文化政策和方针,中华人民共和国的教育部门首先接管了原国民党统治区的学前教育机构,接收了接受外国津贴的教会办的学前教育机构;其次,从幼教机构的服务方向上、教育内容上进行了初步改革,改造旧有的幼稚园,让其向工农子女开门,为国家建设服务;再次,学习苏联学前教育经验,建立幼儿园制度。1951 年 10 月,中央人民政府政务院颁布《关于改革学制的决定》,开始实施第一个学制。新学制规定实施幼儿教育的组织为幼儿园,幼儿教育成为社会主义教育事业的重要组成部分。1952 年 3 月,我国颁布实施《幼儿园暂行规程》和《幼儿园暂行教学纲要(草案)》,对幼儿园的工作对象、任务、教养目标、教养原则,各年龄班的教学组织经费、设备等做出了明确规定,成为新中国幼儿教育发展的具体纲领。

第二阶段(1957—1960 年):学前教育盲目发展和调整巩固时期。

随着国民经济的恢复和第一个五年经济计划的顺利实施,我国进入全面建设社会主义时期。1958 年 5 月,中国共产党第八次代表大会通过了"鼓足干劲,力争上游,多快好省地建设社会主义"的总路线,继而发动了"大跃进"和农村人民公社运动。受"大跃进"

的思想影响，1958年9月，中共中央、国务院发出《关于教育工作的指示》，提出：全国应在3～5年内使大多数学龄前儿童都能进入托儿所和幼儿园。在政治的推动下，学前教育"大跃进"。但是这种超常规的发展是盲目的，没有社会经济的支持，新建立的幼儿园普遍条件简陋，师资缺乏，教学质量低劣。1959年下半年开始，我国经济进入到极端困难时期，无法支持如此庞大的学前教育规模。中共中央提出了"调整、巩固、充实、提高"的方针。

第三阶段（1966—1976年）：学前教育遭到全面破坏时期。

1966—1976年，学前教育方针被否定和歪曲，学前教育遭到全面破坏。广大幼教工作者在工作中长期积累形成的幼教管理制度被视为"管、卡、压的手段"，遭到批判；教师和保育员的合理分工，因被扣上"资产阶级法权"的帽子而被取消，园内各类工作由全体教职工轮流担任；又红又专的园长和教师成了"走资派"和"反动学术权威"遭到打击，政治和专业条件并不强的工作人员获得幼儿园的领导权。培养幼儿园师资的幼儿师范学校纷纷停办，中断了幼儿园十多年的师资来源，各级幼教行政单位被撤销，一些幼儿园被解散，一些幼儿园的房屋、场地被挤占。

后来，随着"工业学大庆"和"农业学大寨"运动的开展和计划生育工作的开展，各地的幼儿园才逐渐恢复。

第四阶段（1976年至今）：学前教育的拨乱反正和改革振兴时期。

1978年12月，党的十一届三中全会召开，国家进入了有中国特色社会主义建设时期，学前教育事业也进入新的发展阶段。1978年，教育部恢复了对学前教育的行政领导。在拨乱反正、重新恢复学前教育的基础上，我国学前教育积极对外开放，逐步深化教育改革，学前教育在改革中前进。1985年5月，《中共中央关于教育体制改革的决定》颁布，明确把发展基础教育的责任交给地方。1989年8月，国务院批准了中华人民共和国成立后的第一个幼儿教育行政法规——《幼儿园管理条例》，对幼儿园的基本条件、行政管理保教工作等做了规定。同年6月，国家教委发布《幼儿园工作规程（试行）》，对我国幼儿园的教育和管理改革起到了重要的推动作用。20世纪90年代，我国的学前教育改革逐步深化。1990年，李鹏总理签署了世界儿童问题首脑会议通过的《儿童生存、保护和发展世界宣言》；1991年，全国人民代表大会常务委员会批准我国政府参加签署联合国制订的《儿童权利公约》；1991年9月颁布了《中华人民共和国未成年人保护法》；1992年2月公布国务院妇女儿童工作协调委员会编制的《九十年代中国儿童发展规划纲要》；1995年3月颁布了《中华人民共和国教育法》；1996年，《幼儿园工作规程》正式实行。我国的学前教育随着我国经济社会的发展和基础教育改革的不断推进和发展进一步走向法制化。1999年，中共中央国务院发布了《关于深化教育改革全面推进素质教育的决定》；为推进幼儿园的素质教育，2001年教育部发布了《幼儿园教育指导纲要（试行）》；2010年党中央、国务院颁布《国家中长期教育改革和发展规划纲要（2010—2020年）》；随后，2010年11月国务院印发了《国务院关于当前发展学前教育的若干意见》，出台了一系列加快发展学前教育的重大举措，各地以县为单位实施学前教育3年行动计划；2012年10月教育部发布《3～6岁儿童学习与发展指南》，2016年发布《幼儿园工作规程》等政府文件，学前教育改革发展得到迅速推进。

第四节 中国学前教育思想的产生与发展

典型案例

王守仁在《训蒙大意示教读刘伯颂等》中说:"大抵童子之情,乐嬉游而惮拘检,如草木之始萌芽,舒畅之则条达,催挠之则衰萎。今教童子,必使其趋向鼓舞,心中喜悦,则其进自不能已。譬之时雨春风霑被卉木,莫不萌动发越,自然月久。"他认为:教育应根据儿童生理、心理特点,从积极方面入手,顺导儿童性情,促其自然发展。

(资料来源:唐淑,钟昭华.中国学前教育史[M].北京:人民教育出版社,1993.)

案例点评

正如王守仁所说,任何人的认识水平都有一个由婴儿到成人的发展过程。儿童正处于"精气日足,筋力日强,聪明日开"的时期,对儿童的教育也要"随人分限所及",即循序渐进,因材施教。

一、中国古代学前教育思想

随着古代学前教育实践的发展,以古代胎教及儿童养护理论为基础,关于学前儿童的教育思想也逐渐萌生和发展起来,但是总体看,古代的学前教育思想还很零散、不系统,主要包含在一些政治、哲学等著作当中。古代学前教育的价值可总结为"塑人性之端,奠国家之基",如孔子所说"性相近,习相远""少成若天性,习贯如自然",贾谊所说"心未滥而先谕教,则化易成也""自为赤子,而教固已行矣"。首先,学前教育是保证家庭和睦、促进子孙成才的有利条件,如张履祥所述"一善在身,幼而行之,长而不之舍也,善将自其身,以及诸人,以及其子孙";其次,学前教育是治理国家的重要途径,如《学记》中提到"君子如欲化民成俗,其必由学乎""建国君民,教学为先"。

(一)颜之推的儿童教育思想

颜之推(531—约595年),我国南北朝时期著名的家庭教育思想家,他撰写了《颜氏家训》,这是我国历史上最早、最完整的家庭教育著作。该著作对学前家庭教育进行了比较全面系统的阐述。

颜之推认为家庭教育十分重要,幼年时期家庭教育的好坏,关系到一个人甚至一个家庭的兴衰成败。颜之推主张在实施学前家庭教育的时候应注意:家庭教育要及早进行,最好是实行胎教,如果没有条件实行胎教,也要在婴儿的时候就加以严格教诲,这样才能取得良好的早期教育的效果,正如他所述:"人生小幼,精神专利,长成已后,思虑散逸,固须早教,勿失机也。"

同时,在教育孩子的过程中,父母要将对孩子的爱与严格的教育结合起来,严慈兼施。"骨肉之爱,不可以简。简则慈孝不接,狎则怠慢生焉。""父母威严而有慈,则子女畏慎而生孝矣。"父母要爱护子女,但是不能因此放纵孩子的不良行为,否则就会助长他们骄慢的习气，导致教育的失败。在严格的教育当中，体罚是有最有效的手段；在家庭教育中，父母对孩子要均爱，切忌偏宠，否则不仅不会给偏宠的孩子带来好处，反而会给他们和整个家庭带来灾祸；在教育子女的过程中，要注意环境对孩子的潜移默化的影响，要为孩子慎重选择老师和朋友并以身为范，给孩子以良好的影响；学前家庭教育内容应以道德教育为核心，并积极开展正确的语言教育。

（二）朱熹的儿童教育思想

朱熹（1130—1200年），宋代著名的思想家教育家。朱熹是我国古代教育史上比较注重胎教、重视乳母对婴儿的保育作用的教育家。同时，强调幼儿模仿力强，辨别能力差，环境对他们的影响很大。以此，应"善从师，慎择友"。

在教育儿童的方法上，朱熹在《童蒙须知》中提到"始于衣服冠履，次及语言步趋，次及洒扫涓洁，次及读书写文字，及有杂细事宜，皆所当知"。朱熹提倡教育儿童应由浅入深进行启发诱导。不同阶段幼儿的学习有高下、深浅、先后、缓急之别，应启发他们思考，使他们发现问题，并帮助他们解决问题。

（三）王守仁的儿童教育思想

王守仁（1472—1529年），主观唯心论者，他的哲学体系可以用"致良知"概括，分为心即理说、知行合一论、万物一体论3个方面。

他的博习致用的知识教育，除了强调儿童行为习惯的养成外，还提出人们应依据儿童的特点利用各种素材促进儿童的发展，主张儿童应博习各类知识，并重视学用结合。

他主张儿童教育必须循序渐进，因材施教。学前教育的原则与方法应注重启发儿童的学习兴趣，主张陶冶教育。在儿童教育中，"灌溉之功，皆是随其分限所及"，要顺导性情，鼓舞兴趣，量资循序，因材施教。另外，儿童的学习应是多方面的，教育内容广泛才能促进儿童发展。

二、中国近现代著名教育家的学前教育思想

（一）蔡元培的学前教育思想

蔡元培（1868—1940年）是我国近现代杰出的民主革命家、教育家。民国初建，蔡元培就撰写了《对于教育方针之意见》，他提出并阐述民国教育的方针是"军国民主义、实利主义、德育主义""世界观、美育主义"，五方面的教育缺一不可。

蔡元培在任大学院院长时，又进一步提出使教育"科学化、劳动化、艺术化"的方针，要求学生养成劳动习惯。蔡元培的德、智、体、美、劳五育并举的教育方针，否定了中国封建的、半殖民地半封建的旧教育宗旨，是历史的进步，成为民国初年国家颁行教育方针的理论基础和指导思想，培养儿童成为德、智、体、美和谐发展的人才也从此起步。同时，他倡导要根据儿童的需求和不同的个性特点去施教。

蔡元培对美育有深刻的研究，是美感教育的倡导者和实行家，加之鲁迅等不少进步教育家的提倡和参与，我国美育被推向了新的阶段。提倡对儿童实施美育教育，要引起儿童对美的兴趣，不能违背儿童天性。

(二)陶行知的学前教育思想

陶行知(1891—1946年)为探索开辟中国新教育之路,先后经历了倡导普及教育、推行国难教育、实施战时教育、提倡民主教育的艰难时期。1927年,陶行知创办南京实验乡村师范学校,后改称为晓庄学校,它是包括小学师范院、幼稚师范院、8所晓庄小学、5所中心幼稚园、3所民办学校和2所中心茶园的一个综合教育园区。

陶行知创立的生活教育理论的主要内容是:生活即教育,社会即学校,教学做合一。对于学前儿童教育,他指出幼稚教育的普及要经历3个步骤:改变我们的态度;改变幼稚园的办法;改变训练教师的制度。他提出承认幼年生活教育之重要,是普及幼稚园的出发点。同时,他认为儿童有很强的创造力,要认识儿童的创造力,解放儿童的创造力和培养儿童的创造力。

(三)张雪门的学前教育思想

张雪门(1891—1973年)是我国现代著名的幼儿教育专家。早在20世纪30年代,他就与我国的另一位著名学前教育专家陈鹤琴先生有"南陈北张"之称。他把自己满腔的热情全都献给了儿童和幼儿教育事业,毕生致力于这一领域的理论研究和实践工作,在幼师教育、幼稚园课程建设等方面形成了自己独到的见解和理论体系。他的行为课程作为一个时代的典型的课程模式,具有重要的历史价值和现实意义。

19世纪以后,西方科学心理学、教育学都达到了发展的繁荣阶段,在帝国主义的炮声打开中国国门的同时,西方先进的思想、价值观念在中国也得到了广泛的传播。在心理学方面,张雪门选择性地吸收了杜威的实用主义观点,强调生活化课程对个体发展的影响,注重操作的重要意义,并将这些观点运用到幼儿园课程中,创造了行为课程理论,强调教师应为幼儿创设丰富、积极的环境,激发幼儿探索的主动性。活动是实施幼儿园课程的主要手段。在教育理论方面,张雪门受到福禄贝尔、蒙台梭利的影响。福禄贝尔提出"发展性原则"和"教育适应自然的原则",认为人的发展过程是从一个阶段向另一个阶段连续不断上升的过程,主张教育要随幼儿的自然天性,要连续、协调地促进幼儿各方面的发展。

张雪门出版了《增订幼稚园行为课程》一书,首次明确阐明什么是行为课程。他说:"生活就是教育,五六岁的孩子们在幼稚园生活的实践,就是行为课程。"他认为这种课程"完全根据于生活,它从生活而来,从生活而开展,也从生活而结束,不像一般的完全限于教材的活动"。课程既是经验的选品,同时又要符合儿童身心发展的需求,生活成为两者之间的结合点,但必须是儿童眼前的、属于他们自己的生活,而不是未来的生活。幼儿园行为课程的目标是满足儿童心身的需求、养成"扩充经验"的方法与习惯、培养其生活的能力。课程教材取决于自然,强调做学教合一。课程的来源必须符合儿童与生活环境的接触和个体的需求,所以可知,教材选择标准和行为课程形成的依据,是具有相关性且具有时代背景的。

(四)陈鹤琴的学前教育思想

陈鹤琴(1892—1982年)的学前教育思想对现今中国幼儿园课程、学前教育的发展有着深远的影响。1920年,他以长子陈一鸣为对象,运用观察和实验的方法研究儿童心理发展。他认为研究儿童心理,除了要掌握儿童一般的心理特点外,还要清楚地认识到儿童发

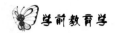

展的几个阶段。他将学龄期的儿童分为4个阶段：新生婴儿期、乳儿时期、步儿时期和幼儿时期。同时，他还注重家庭教育，1925年陈鹤琴发表的《家庭教育》是其强调家庭教育重要性的代表作。

1933年，他创办了南京鼓楼幼儿园，他的教育观认为要科学地教育儿童，首先要解决的是如何看待儿童。他认为我们应当尊重儿童的人格，爱护他们的天真。

陈鹤琴的学前教育课程思想倡导课程应为教育目标服务，课程内容的选择应注重儿童的生活环境，以大自然、大社会为中心。课程结构以"五指活动"为基本成分，课程实施应采用"整个教学法"、游戏式和小团体式。陈鹤琴以人的5个连为一体的手指做比喻，创造性地提出了课程结构的"五指活动"理论。他认为，五指活动包括以下5个方面：一是健康活动，包括饮食、睡眠、早操、游戏、户外活动、散步等；二是社会活动，包括朝夕会、周会、纪念日、集会、每天的谈话、政治常识等；三是科学活动，包括栽培植物、饲养动物、研究自然、认识环境等；四是艺术活动，包括音乐（唱歌、节奏、欣赏）、图画、手工等；五是语文活动，包括故事、儿歌、谜语、读法等。

"活教育"理论是陈鹤琴教育思想的核心。他提出一切为儿童，一切为教育。教育的目的论为"做人，做中国人，做现代中国人"，教学方法论是"做中学、做中教、做中求进步"，课程论为"大自然、大社会，都是活教材"。活教育的教学原则是陈鹤琴根据儿童心理特点和多年的实践总结出来的，对当前我国幼儿园课程理论的实践和探究仍然具有很深远的影响。

（五）张宗麟的学前教育思想

张宗麟（1898—1976年）在幼稚教育、乡村教育、师范教育、教育管理方面等都有所建树。

张宗麟经过对当时幼儿教育的调查和亲身教育实践，深刻认识并总结了当时幼儿教育存在的不足：全盘西化的倾向、幼稚教育为富人服务、束缚儿童等。因此，他提出幼稚园课程的内涵：必须以儿童全面发展为目的，课程内容要艺术化，课程要多注意幼儿在活动中获得知识和身体健康，注意个别活动，等等。

张宗麟的社会化课程论也提出幼稚园的一切活动，由广义来说，都是"社会"。幼稚园的各种活动都应当是倾向于社会的，因为教育的灵魂在于养成适合于某种社会生活的人。幼稚园的课程应该是社会化的课程，以儿童活动为依据，可以分为开始的活动、身体上的活动、家庭的活动、社会的活动及技巧的活动。课程实施应注意培养儿童互助与合作的精神、爱和怜的情感以及顾及别人的思想。

三、中国近现代学前教育儿童观的革新

（一）尊重与解放儿童

鲁迅描述了中国旧式儿童观："小的时候，不把他当人，大了以后，也做不了人。"在鲁迅看来，父母应"健全的产生""尽力的教育""完全的解放"。因此，要具体做到：理解孩子，孩子并不是缩小的成人；科学地指导孩子；解放孩子，激发他们的自主能力和独立性。

陶行知提出了对儿童的六大解放：解放儿童的头脑，促其思考；解放儿童的双手，通

过实践获得知识;解放儿童的眼睛,培养儿童的观察力;解放儿童的嘴巴,提倡言论自由和提问自由;解放儿童的空间,使他们接触自然和社会;解放儿童的时间,让他们得到自由学习。

儿童不是小人,其心理与成人不同,具有自身独特的身心发展的特点。由此,陈鹤琴总结了儿童的身心特点:好动、好模仿、好奇、好游戏、易受暗示、喜欢成功、合群以及喜欢野外生活。综上,应"尊敬儿童人格,爱护他烂漫天真",尊重与解放儿童。

(二)幼稚教育观向儿童发展与民族振兴转变

基于内忧外患的时代背景,以儿童为本位的民国时期幼稚教育观,在抗战时期转变成为民族振兴而发展学前教育。因此,张雪门提出"教育是改造中国的关键,优秀民族基于幼稚教育",陈鹤琴提出"做人,做中国人,做现代中国人"和"爱国家,爱真理,爱人类"。

(三)学前教育机构化、平民化和中国化思路

儿童公育思想影响着学前教育逐渐平民化。康有为在我国学前教育史上首次提出了一整套儿童公育的思想,设想了从胎教到幼儿教育的完整学前公共教育体系。蔡元培基于儿童公育的社会需求提出了中国幼稚教育发展的新设想——应实行从胎教院到乳儿院到蒙养院的完整学前公共教育体系。

在学前教育逐渐平民化和中国化的过程中,陶行知指出国内幼稚园的三大病:外国病、花钱病、富贵病,要建设中国的、省钱的、平民的幼稚园。张宗麟则批评当时幼稚园"一切设备教法抄袭西洋成法""不切中华民族性,不合中国国情",明确提出把幼稚教育运动转向劳苦大众的队伍,平民子女也应受到教育。这些教育家的理论建树和改革实践,都推动了现当代学前教育的发展与改革。

在 线 测 试

一、名词解释

艺友制　《世界图解》　《颜氏家训》

二、单项选择题

1. 在历史上第一次把学前教育纳入其具有民主色彩的单轨学制的教育家是（　　）。
　　A. 福禄贝尔　　　B. 柏拉图　　　　C. 夸美纽斯　　　D. 昆体良

2. 古代罗马的幼儿教育一般由母亲负责,但是某些有见地的男子也会亲自承担起教子职责。例如,加图为教子所编写的著作不仅在当时家喻户晓,还对中世纪乃至近代的儿童教育产生了重要影响。加图的这部著作是（　　）。
　　A.《理想国》　　B.《雄辩术原理》　　C. 六艺　　　D.《道德格言》

3. 在西方教育史上,第一次为6岁以下儿童的智育提出一个广泛而详细的教学大纲的教育家是（　　）。
　　A. 福禄贝尔　　　B. 柏拉图　　　　C. 夸美纽斯　　　D. 昆体良

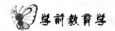

4. 在法国近代学前教育史上，统一了各种幼教机构的名称，将母育学校纳入公共教育系统的法案是（　　）。

  A. 拿破仑法案　　　　　　　　B. 基佐法案
  C. 1881年费里法案　　　　　　D. 1887年法国教育部指令

5. 在福禄贝尔开发的幼儿园教材中，他将自己创制的供儿童使用的教学用品称作（　　）。

  A. 教具　　　B. 玩具　　　C. 恩物　　　D. 实物

6. 20世纪初以来，对法国母育学校教学方法改革产生了较大影响的是法国的幼儿教育家库奇内的（　　）。

  A. 活动教学法　　B. 分组教学法　　C. 游戏教学法　　D. 艺术教学法

7. 在西方学前教育史上第一次较为系统地阐述了学前儿童的教育问题的是（　　）。

  A. 福禄贝尔　　B. 柏拉图　　C. 夸美纽斯　　D. 昆体良

三、论述题

1. 我国原始社会儿童教育的主要特征有哪些？
2. 简述蒙台梭利学说中儿童心理发展的具体特点。
3. 中国近代第一个学前教育法规是什么？
4. 儿童中心论的实质是什么？
5. 陈鹤琴提出的"活教育"的基本原则是什么？

真 题 训 练

一、选择题

1. 提出"父母是孩子的第一任教师"主张的教育家是（　　）。【2011下】
  A. 蒙台梭利　　B. 福禄贝尔　　C. 陈鹤琴　　D. 陶行知

2. 被称为"教育史上的哥白尼"和"现代教育之父"的教育家是（　　）。【2012上】
  A. 杜威　　B. 蒙台梭利　　C. 福禄贝尔　　D. 夸美纽斯

3. 陈鹤琴提出的五指活动指的是（　　）。【2012上】
  A. 儿童健康活动、儿童社会活动、儿童科学活动、儿童艺术活动、儿童文学活动
  B. 儿童语言活动、儿童社会活动、儿童科学活动、儿童美术活动、儿童音乐活动
  C. 儿童常识活动、儿童社会活动、儿童科学活动、儿童艺术活动、儿童文学活动
  D. 儿童体育活动、儿童语言活动、儿童科学活动、儿童艺术活动、儿童文学活动

4. 创建"活教育"体系的教育家是（　　）。【2012下】
  A. 蒙台梭利　　B. 杜威　　C. 福禄贝尔　　D. 陈鹤琴

5. 提出"教育即生活"的教育家是（　　）。【2013上】
  A. 卢梭　　B. 蒙台梭利　　C. 福禄贝尔　　D. 杜威

6. 杜威认为，学校生活的组织中心是（　　）。【2014下】
  A. 教材　　B. 家长　　C. 教师　　D. 儿童

7. 陶行知的生活教育理论注重"教学做"合一，强调（   ）。【2014 上】
   A. 做是中心　　B. 学是中心　　C. 教与学是中心　D. 教是中心
8. 陶行知提出的"六大解放"指向的是（   ）。【2015 下】
   A. 解放儿童的观察力　　　　　　B. 解放儿童的体力
   C. 解放儿童的智力　　　　　　　D. 解放儿童的创造力
9. 从科学知识取向转向儿童经验取向的代表性教育著作是（   ）。【2015 上】
   A.《理想国》　　B.《爱弥儿》　　C.《大教学论》　　D.《林哈德与葛笃德》
10. 对杜威"教育即生长"的正确理解是（   ）。【2017 上】
    A. 教育以儿童的本能和能力为依据
    B. 儿童的生长以教育目标为依据
    C. 教育以促进教师的专业成长为基础
    D. 教育应促进儿童的身体发育
11. 陶行知创立的培养幼教师资的方法是（   ）。【2018 上】
    A. 讲授制　　　B. 五指活动　　　C. 感官教育　　　D. 艺友制

二、论述题

谈谈你对杜威关于教育本质的理解。【2011 下】

第二章参考答案

本章拓展阅读

改革开放四十年：中国学前教育的发展变迁

一、从"教师中心"到"以幼儿为本"

理顺学前教育发展的体制机制问题，明确政府发展学前教育的主体责任，是改革开放40年间学前教育事业发展取得的重大成果。可以与这一成果相提并论的，是自20世纪80年代以来发生在我国幼儿园内部的、以儿童观教育观的改变为先导的幼儿园教育实践改革。

任何教育改革实质上都是一种"价值先行"的自觉的文化选择。在一定意义上可以说，教育改革的本质就是培育和实践一系列的新的教育观念的过程。改革开放40年以来，随着《幼儿园工作规程》《幼儿园教育指导纲要》《3~6岁儿童学习与发展指南》的先后颁布，幼儿园教育要"以幼儿发展为本""尊重幼儿的人格和权利，尊重幼儿身心发展的规律和学习特点，以游戏为基本活动，保教并重，关注个别差异，促进每个幼儿富有个性的发展"等新的儿童观教育观逐渐深入人心，成为我国幼儿园教育实践的基本价值取向。

在新的儿童观教育观的影响下，幼儿园教育实践的面貌发生了从"教师中心、学科中心、课堂中心"到"以幼儿为本、以游戏为基本活动、寓教育于幼儿园的环境和一日活动

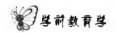

之中"的巨大变化。在广大学前教育工作者坚持不懈的理论和实践探索中，适合幼儿身心发展规律和特点的、具有中国特色的幼儿园游戏教学模式在形成和发展。

二、从"保姆""阿姨"到"专业化的"教师

百年大计，教育为本。教育大计，教师为本。教师是教育发展的第一资源，幼儿教师是提高学前教育质量的关键。发展学前教育，满足人民群众对于学前教育的期望，必须打造一支高素质的幼儿教师队伍。

改革开放40年，幼儿教师的地位和对幼儿教师的要求也发生了巨大的变化。一直到20世纪80年代，幼儿教师还被称为"阿姨"。改革开放以后，随着大量接受过专业训练的年轻教师进入幼儿园，"阿姨"这个称呼不再被接受，幼儿教师开始像中小学教师一样拥有专业职称。幼儿园教师队伍从数量到质量都在不断扩大和提高，1981年全国仅有41万名幼儿教师，2016年幼儿教师队伍规模已经超过223万。对幼儿教师的学历要求也在不断提高，当前幼儿园教师学历已经以大专、本科为主，研究生学历的幼儿教师在幼儿园也不鲜见。

为促进幼儿园教师专业发展，建设高素质幼儿园教师队伍，2012年教育部颁布出台了《幼儿园教师专业标准（试行）》，明确指出"幼儿园教师是履行幼儿园教育工作职责的专业人员，需要经过严格的培养与培训，具有良好的职业道德，掌握系统的专业知识和专业技能"。《幼儿园教师专业标准（试行）》从专业理念与师德、专业知识、专业能力3个维度14个领域对幼儿教师的专业发展提出了62条标准，体现了现代学前教育对合格幼儿园教师专业素质的基本要求，是幼儿园教师培养、准入、培训、考核等工作的重要依据。2018年，中共中央、国务院印发了《关于全面深化新时代教师队伍建设改革的意见》，为建设新时代高素质的幼儿教师队伍提供了行动指南。

改革开放40年，尤其是党的十八大以来，中国的学前教育取得了举世瞩目的成就。但是，成绩仍然与问题并存。当前，我国学前教育公共服务的普惠性程度不高，普惠性资源普遍不足；老少边穷岛地区普惠性学前教育资源严重不足，入园率普遍在50%以下；幼儿园教育质量存在较大的城乡差距、区域差距、园际差距；幼儿教师队伍数量不足，素质不高，待遇较低。要解决这些问题，必须高举改革开放的旗帜，进一步全面深化学前教育领域的改革。

党的十九大把教育放在优先发展的战略地位，明确提出要"办好学前教育""幼有所育、学有所教""努力让每个孩子都能享有公平而有质量的教育"。幼有所育已经成为党和政府高度关注的重要民生事项。在以习近平同志为核心的党中央的领导下，学前教育工作者不断探索创新、砥砺前行，必定会创造我国学前教育事业发展更加美好的未来。

（资料来源：刘焱．改革开放四十年：中国学前教育的发展变迁[EB/OL]．（2018-06-27）[2020-05-09]．http：//www.rmzxb.com.cn/c/2018-06-27/2096027.shtml．）

学习评价与反思

第三章　学前教育与社会发展

本章导读

儿童不是生活在真空中，而是存在于社会中。学前教育是一种社会活动，它与众多的社会因素有着直接与间接的关系，学前教育的发展受到社会众多因素的影响和制约，包括经济、政治、文化、人口、科技等社会因素。那么这些因素与学前教育的产生、发展有什么样的关系，它们之间又是如何互相产生作用的？我们将在本章一一阐述。

学习目标

1. 了解社会经济、政治、文化、人口、科技的内涵。
2. 理解学前教育与经济、政治、文化、人口等社会因素的关系，知道它们之间是相互影响、相互制约的关系。
3. 运用学前教育与社会因素之间的关系，分析当前学前教育的热点问题。

学习重点

理解学前教育与经济、政治、文化、人口等社会因素的关系，知道它们之间是相互影响、相互制约的关系。

思维导图

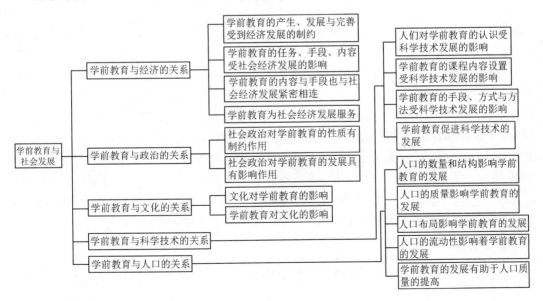

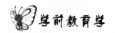

第一节 学前教育与经济的关系

典型案例

全球跟踪研究显示，儿童早期发展阶段每投入 1 美元，将获得 4.1～9.2 美元的回报；在美国，这一回报在 7～16 美元。投资儿童发展比投资青年和成人教育培训更有效，学校教育阶段和成人继续教育阶段的投资回报比分别只有 2∶1 和 3∶1。2000 年诺贝尔经济学奖得主詹姆斯·赫克曼（James J. Heckman）在论文"婴幼儿投入产出比调研"（The Productivity Argument for Investing in Young Children）中指出，社会对儿童，尤其是弱势儿童（孤儿、单亲、贫困等家庭的孩子）的前期投入和受助儿童长大成人后产生的社会效益比例可以达到 1∶17，甚至更高。

（资料来源：卢迈，方晋，杜智鑫，等.中国西部学前教育发展情况报告[J].华东师范大学学报（教育科学版），2020（01）：97-125.）

案例点评

儿童早期发展对学业、就业、收入、健康及社会福利开支等具有重要作用，对全球特别是发展中国家积累人力资本具有重要作用，进而影响国家经济发展。所以，加大对儿童早期发展的投入有利于促进经济发展。

布朗芬布伦纳的生态系统理论指出，个体的发展嵌套于一系列环境系统之中，各个系统之间是相互联系、相互影响的。学前教育是系统中的一环，必定与政治、经济、文化、人口、科学技术等社会要素之间存在着千丝万缕的联系，各要素之间也存在着千丝万缕的关系。

一、学前教育的产生、发展与完善受到经济发展的制约

学前教育的产生、发展与完善都与社会经济的发展密切相关，并为社会经济发展所制约。

在近代资本主义大工业生产以前，社会生产力水平很低，学前儿童是在生活中、劳动中接受教育的。资本主义大工业兴起之后，才有了建立学前教育机构的社会需要。从我国的学前教育发展历程看，在 20 世纪上半叶，社会经济发展缓慢，我国幼儿园的发展也较为缓慢，同时，幼儿园最初的建立与发展是从经济发展较为发达的沿海地区开始的。中华人民共和国成立后，随着我国经济的恢复和发展，学前教育机构迅速发展。以北京为例，从 1949 年北京解放时起到 1957 年第一个五年计划完成为止，北京市的幼儿园从 15 所发展到了 854 所，入园幼儿从 2 000 名增加到 6.5 万名，几年中入园的幼儿增加了 31 倍。到 1959 年，全市的幼儿园发展到了 5 825 所，入园幼儿人数达到 37 万多。

相关链接

教育部发布的《国家中长期教育改革发展规划纲要（2010—2020 年）》中期评估报告

显示，我国学前教育3年毛入园率从2009年的50.9%增加到2014年的70.5%；幼儿园数量截至2014年已达20.99万所，较2009年增长51.9%；学前教育经费则从2009年的244.79亿元猛增至2014年的2 048.76亿元；幼儿园教职工数也在5年间翻了一倍，达到314.2万人。

（资料来源：王卉，许红.新中国成立初期北京市托儿所、幼儿园的改革与发展[J].北京党史，2011（2）：47-49.）

二、学前教育的任务、手段、内容受社会经济发展的影响

回顾历史，纵观总的发展趋势，学前教育的任务在不断地变化和发展，共经历了4个阶段的变化。

（1）初创时期——主要为工作的母亲照顾儿童，只负担儿童生活与安全方面的照顾。

（2）19世纪下半叶至20世纪上半叶——不仅仅是看护儿童，还对儿童实施促进其身心发展的教育。

（3）20世纪60年代至70年代——以发展儿童智力为中心的学前教育。

（4）20世纪80年代后——以儿童为中心，主张促进儿童身心全面发展。

导致学前教育任务发生变化的主要因素之一是社会经济的发展。社会经济发展的水平不同，对儿童提出的要求就不同，教育的任务也不相同。同时，社会经济的发展也为实现学前教育的任务提供了一定的物质基础。以英国为例，随着社会经济的发展，20世纪以来英国的学前教育任务也经历了一系列的变化：1918年学前教育的主要任务是保证学前儿童的保育、营养和照管；1939年开始注重儿童情感及创造力的培养；1969年又侧重于发展儿童的智力。19世纪50年代，美国最早的儿童教育机构是为贫困家庭的子女提供服务的，设备简陋，只负责照看儿童。随着社会经济的发展，家长对学前教育的要求逐步提高。从20世纪60年代开始，美国实行"早期开端方案"，专门对处境不利的儿童进行补偿教育，促进处境不利的儿童在身体、社会性、情感、智力等多方面的发展。可见，学前教育的任务、手段、内容受社会经济发展的影响。

相关链接

1981年颁布的《幼儿园教育纲要》（试行草案）

我国的旧纲要提出以下4条总的教育任务。

（1）保证幼儿必需的营养，做好卫生保健工作，培养幼儿良好的生活卫生习惯和独立生活的能力，发展他们的基本动作，培养幼儿对体育活动的兴趣，提高机体的功能，增强体质，以保护和促进幼儿的健康。

（2）教给幼儿周围生活的粗浅的知识和技能，注重发展幼儿的注意力、观察力、记忆力、思维力、想象力以及语言表达力，培养他们对学习的兴趣、求知欲望和良好的学习习惯。

（3）向幼儿进行五爱教育（爱祖国、爱人民、爱劳动、爱科学、爱护公共财物），培养他们团结、友爱、诚实、勇敢、克服困难、有礼貌、守纪律等优良品德、文明行为和活泼开朗的性格。

（4）教给幼儿音乐、舞蹈、美术、文学等粗浅的知识和技能，培养幼儿对它们的兴趣，初步发展他们对周围生活、大自然、文学艺术中美的感受力、表现力和创造力等。

2001年颁布《幼儿园教育指导纲要（试行）》

第一部分 总则

（1）为贯彻《中华人民共和国教育法》《幼儿园管理条例》和《幼儿园工作规程》，指导幼儿园深入实施素质教育，特制定本纲要。

（2）幼儿园教育是基础教育的重要组成部分，是我国学校教育和终身教育的奠基阶段。城乡各类幼儿园都应从实际出发，因地制宜地实施素质教育，为幼儿一生的发展打好基础。

（3）幼儿园应与家庭、社区密切合作，与小学相互衔接，综合利用各种教育资源，共同为幼儿的发展创造良好的条件。

（4）幼儿园应为幼儿提供健康、丰富的生活和活动环境，满足他们多方面发展的需要，使他们在快乐的童年生活中获得有益于身心发展的经验。

（5）幼儿园教育应尊重幼儿的人格和权利，尊重幼儿身心发展的规律和学习特点，以游戏为基本活动，保教并重，关注个别差异，促进每个幼儿富有个性的发展。

第二部分 教育内容与要求

幼儿园的教育内容是全面的、启蒙性的，可以相对划分为健康、语言、社会、科学、艺术5个领域，也可做其他不同的划分。各领域的内容相互渗透，从不同的角度促进幼儿情感、态度、能力、知识、技能等方面的发展。

（资料来源：陈伊丽. 关于幼儿园教育纲要的比较和思考[J]. 学前教育研究，2002（3）：31-33.）

三、学前教育的内容与手段也与社会经济发展紧密相连

社会经济的发展为人类创造了巨大的物质财富，为丰富和更新学前教育的内容和手段提供了条件和物质保障。100多年前的福禄贝尔为幼儿园制定了教育内容，设计了幼儿园的专用教具、玩具。从蒙台梭利为儿童设计的教、玩具开始，随着社会经济的不断发展，人们对学前教育的认识不断加深，学前教育的内容和手段也发生了非常大的变化。在教育内容方面，把认识社会环境、自然环境的内容与要求纳入了学前教育的内容中，注重培养儿童认识周围世界的兴趣，同时注重儿童的智力开发与能力、社会交往能力的培养。在教育手段方面，儿童学习和游戏的内容与形式较之以前更为丰富、多样，不仅利用儿童的日常生活环节开展教育，组织各种观察、操作以及实验活动，并且利用录音、投影、电视、计算机等现代的教育手段，不断提高教育质量，而教育手段的提高，依赖于社会经济的迅速发展。

四、学前教育为社会经济发展服务

学前教育是整个国民教育的基础，为促进社会经济发展服务。一方面，入学前的教育能够提高人口素质，也就是从培养人才的角度、提高劳动力素质的角度促进经济的发展；

另一方面，学前教育的普及能够减轻家长养育子女的负担，也能解决家长们投入工作的后顾之忧，从而更好地服务于经济发展。

众多研究表明，学前教育的发展对社会经济的发展具有重要的促进作用。在美国、英国、韩国、墨西哥等国家，政府通过投入大量资金实施以儿童为切入点的国家项目，收获了巨大的经济效益。芝加哥大学教授赫尔曼提出，投资学前教育比其他各阶段教育的投资都拥有更大的经济回报，人生各阶段的教育投资每年成本收益比率为 6.3%，而学前教育的回报率为 13.0%；芝加哥儿童家长项目表示每投入 1 美元，将会有 7.14 美元的收益；在"佩里学前教育计划"中，每投入 1 美元，27 岁时就会有 5.15～8.74 美元的收益，40 岁时会带来 17.1 美元的回报。我国学者宋乃庆、郑文虎、江长州从 1997—2016 年我国各省市（自治区）的面板数据中选取国内生产总值（GDP）、全社会固定资产投资、学前教育投入以及就业人口等相关指标数据，来测算学前教育投入对我国经济增长的贡献率，研究发现，我国学前教育投入对经济增长具有积极的促进作用。

第二节 学前教育与政治的关系

典型案例

2012 年 3 月，贵州省松桃县"山村幼儿园计划"启动实施，设立了 100 所山村幼儿园，通过 2 年的实践，在松桃全县推广，建设了 494 所幼儿园，学前 3 年毛入园率达到了 92.2%。2014 年，铜仁市全市推广松桃经验，建设了 2005 个山村幼儿园，近 5 万儿童受益，铜仁市学前三年毛入园率达到了 91.7%。

（资料来源：卢迈，方晋，杜智鑫，等. 中国西部学前教育发展情况报告[J]. 华东师范大学学报（教育科学版），2020（1）：97-126.）

案例点评

只有政府权力机关及职能部门对学前教育高度重视，切实颁布、实施一系列的法案、条例等，做到对学前教育政策倾斜，才能够为学前教育的发展保驾护航。以上案例充分说明，一个地区或部门的权力机构和领导人的态度、意志对该地区学前教育发展与改进起着决定性作用。

政治主要指国家性质、各阶级和阶层在政治生活中的地位、国家管理的原则和组织形式等。学前教育的性质受社会政治的影响，并为政治所决定。总体来说，政治影响整个国家的教育目的、教育制度、教育财政等，进而影响学前教育。

政治体系主要由两部分构成：一是指理念、意识，其中包括政治观念、政治态度、政治信念、政治标准等；二是指权力机构，其中包括政治权力、政治制度、政权机关、政党等。这些构成因素都会对学前教育及其发展产生不同程度的影响与制约作用。

一、社会政治对学前教育的性质有制约作用

在不同形态的社会中，由于社会的政治不同，学前教育的性质也会随之改变。中国

是社会主义国家,《中共中央 国务院关于学前教育深化改革规范发展的若干意见》开篇明义,指出"学前教育是重要的社会公益事业",这为确立学前教育公益属性奠定了合法性基础。

学前教育的准公共产品与信任品属性及其信息的不完全与不对称、市场结构的层级分化等决定了单纯依靠市场不可能实现学前教育资源的最优分配,更不能保障学前教育公平地实现,由此政府干预必不可少。

学前教育是为社会培养人的教育,对哪个阶级和阶层的子女进行教育、进行什么样的教育,这些关于学前教育的目的、受众、方针政策、法令规章、教育制度等主要是由社会的政治所决定的。统治阶级代表本阶级的政治利益和经济利益,制订本社会的教育目的或干预教育目的的制订。社会政治对学前教育的制约作用主要体现在以下几个方面。

(1) 统治阶级具有立法权,可以利用其拥有的立法权颁布一系列的教育政策、教育法规等,能够保证学前教育的目的通过合法途径实现。

(2) 统治阶级能够利用其拥有的组织、人事权利控制教育者的行为导向,使学前教育的结果符合教育目的。

(3) 统治阶级能够通过行政部门控制公职人员的选拔与录用,影响学前教育有关从业人员的选拔与录用。

(4) 统治阶级能够通过经济调节把控教育的方向。

(5) 社会政治制约学前教育目标的制订。

相关链接

《国家中长期教育改革和发展规划纲要(2010—2020年)》关于学前教育发展任务的规定)如下。

基本普及学前教育。学前教育对幼儿身心健康、习惯养成、智力发展具有重要意义。遵循幼儿身心发展规律,坚持科学保教方法,保障幼儿快乐健康成长。积极发展学前教育,到2020年,普及学前一年教育,基本普及学前两年教育,有条件的地区普及学前三年教育。重视0~3岁婴幼儿教育。

明确政府职责。把发展学前教育纳入城镇、社会主义新农村建设规划。建立政府主导、社会参与、公办民办并举的办园体制。大力发展公办幼儿园,积极扶持民办幼儿园。加大政府投入,完善成本合理分担机制,对家庭经济困难幼儿入园给予补助。加强学前教育管理,规范办园行为。制定学前教育办园标准,建立幼儿园准入制度。完善幼儿园收费管理办法。严格执行幼儿教师资格标准,切实加强幼儿教师培养培训,提高幼儿教师队伍整体素质,依法落实幼儿教师地位和待遇。教育行政部门加强对学前教育的宏观指导和管理,相关部门履行各自职责,充分调动各方面力量发展学前教育。

重点发展农村学前教育。努力提高农村学前教育普及程度。着力保证留守儿童入园。采取多种形式扩大农村学前教育资源,改扩建、新建幼儿园,充分利用中小学布局调整富余的校舍和教师举办幼儿园(班)。发挥乡镇中心幼儿园对村幼儿园的示范指导作用。支持贫困地区发展学前教育。

二、社会政治对学前教育的发展具有影响作用

社会的政治形态不仅影响学前教育的性质,也对学前教育的发展具有一定的影响作用。

(1)政府权力机关及职能部门对学前教育的重视与领导,是学前教育发展的决定条件。

如果一个地区或部门的权力机构和领导人认识到学前教育的重要性并大力支持发展学前教育的话,则该地区的学前教育将会有与众不同的发展。

(2)政治对教育财政的影响也会影响学前教育的发展。

财政拨款、教育经费投入等对学前教育的发展具有直接影响。学前教育的发展是否具有稳定性和财政投入的充足性有显著的关系。政府作为教育资金的主要供给者,其对于教育的重视和支持力度影响着教育的发展速度与水平。

相关链接

OECD 国家学前教育投入总量的比较

(1)OECD 国家学前教育机构经费占 GDP 的平均比例已达 0.8%,中国远低于该比例。

2013 年学前教育经费支出占 GDP 的比例超过 1% 的有 8 个国家,分别是挪威、瑞典、冰岛、丹麦、斯洛文尼亚、智利、芬兰、以色列,其中挪威达到了 2.0%,瑞典达到 1.9%;占比在 0.6% 到 1% 的国家有 11 个,分别是新西兰、德国、西班牙、波兰(这 3 个国家已经达到 0.8%)、法国、比利时、匈牙利、墨西哥、葡萄牙、卢森堡、奥地利。较之 OECD 各成员国学前教育投入占 GDP 的比重,我国 2013 年学前教育经费投入仅占 GDP 的 0.14%。

(2)OECD 国家财政性学前教育经费占财政性教育经费的平均比例高达 9.33%,中国远低于该比例。

OECD 成员国总体来说在学前教育方面的投入是很大的,其平均水平一直呈现增加的趋势,从 2010 年的 8.44% 增长到 2012 年的 9.33%。2012 年超过平均水平的有 13 个国家。中国财政性学前教育经费投入占财政性教育总投入的比重极低,2012 年仅为 2.25%,落后于数据可得的 25 个国家。

(资料来源:柳倩,黄嘉琪.中国与 OECD 国家学前教育投入水平的比较研究[J].教育经济评论,2019,4(3):72-86.)

第三节 学前教育与文化的关系

典型案例

有学者通过对中国、挪威的幼儿园一日生活中游戏实践的比较后发现,两国幼儿园在以下几个方面存在差异:① 两国教师的游戏观不尽相同,即两国教师对游戏功能和属性的

认知、游戏评价的形式、处理游戏和教学的关系等问题上存在差异。② 两国幼儿园的游戏实践存在较大差异，即在幼儿园游戏时间的设置、游戏环境的创设、游戏活动的组织上有明显不同。

（资料来源：马丽婷. 中国与挪威幼儿园一日生活中的游戏实践比较[D].上海：华东师范大学，2014.）

案例点评

学前教育是社会文化的组成部分，是文化大系统中的一个子系统，其产生与发展都与社会文化息息相关，要探析教育的发展及其规律，必须考察其文化背景。在政治、经济、文化等社会因素的影响下，不同国家的幼儿园艺术教育呈现出了不同的特征，不同文化背景下的幼儿园艺术教育的发展更呈现多元化、民族化的趋势。其中，文化的核心——文化价值观对幼儿园教育的影响更是深远。在文化背景的影响下，两国学前教育的差异主要体现在不同文化价值观下的"人才观"和"价值取向"上；在教育内容上的差异主要体现在不同文化价值观下的"知识观"上；而在教育方法上的差异则主要体现在不同文化价值观下的"儿童观"和"教师观"上。

广义的文化指人类在社会历史实践过程中创造的物质财富与精神财富的总和。也就是说，人类改造自然和社会过程中所创造的一切，都属于文化的范畴。狭义的文化，是指社会的意识形态，即精神财富，如文学、艺术、教育、科学等，同时也包括社会制度和组织机构。

文化与社会共同存在，文化存在于社会之中。学前教育是社会文化的组成部分，其产生与发展都与社会文化息息相关。要考察学前教育的发展与规律，必须把握文化对学前教育的影响作用，否则难以全面认识学前教育及其发展规律。

一、文化对学前教育的影响

文化影响学前教育的价值取向、内容选择。

文化具有连续性和传承性。纵观我国学前教育的历史进程，可以看到不同社会历史条件下，学前教育价值取向不同。但是，总体来说，在我国几千年的历史中，教育一直强调知识的价值取向。

中华民族关于学前教育的理论由来已久。古人已经非常重视学前教育，强调教育子女要从小抓起。早在殷周时期我国就萌发了学前教育思想。其后历代的思想家、教育家都曾或多或少地论及学前教育问题。从我国学前教育价值取向发展的历史轨迹可以看出，尽管在我国不同历史时期学前教育的价值取向有不同的倾向，但比较多地停留在儿童的个体价值与社会价值、学科知识价值与儿童身心发展价值的讨论焦点上，而且表现出二元对立的特点。当前我国学前教育"小学化""学科化"倾向明显，主要原因是学前教育受功利主义和唯理性主义价值观影响较大，致使教育的外在目的遮蔽了内在目的。教育更多关心的是儿童的升学、考试的分数，关心的是体系化的知识和教学的效率。反思这一现象，除了没有真正认识儿童的本性，没有真正理解教育的本真外，还可能与我国当前社会的文化现实、生活现实、教育现实有直接的关系。虽然我国在基础教育阶段推行素质教育已经有很多年，但社会资源与教育资源的稀缺仍然使得升学成为大多数儿童与家庭实现社会升迁的唯一道路,这对农村孩子来说尤其如此。中国传统教育四书五经式的说教形态由此奇迹般地转换为今天"以知识为中心"的形态。

相关链接

《幼儿园教育指导纲要(试行)》(摘选)

第一部分　总则

四、幼儿园应为幼儿提供健康、丰富的生活和活动环境,满足他们多方面发展的需要,使他们在快乐童年生活中获得有益于身心发展的经验。

五、幼儿园教育应尊重幼儿的人格和权利,尊重幼儿身心发展的规律和学习特点,以游戏为基本活动,保教并重,关注个别差异,促进每个幼儿富有个性的发展。

第二部分　教育内容与要求

幼儿园的教育内容是全面的、启蒙性的,可以相对划分为健康、语言、社会、科学、艺术五个领域,也可作其他不同的划分。各领域的内容相互渗透,从不同的角度促进幼儿情感、态度、能力、知识、技能等方面的发展。

知识拓展

教育价值取向的演变

原始社会生产力极其低下,没有正式的学前教育机构,对幼儿的教育多是口耳相传,在实践中进行,教育内容与幼儿日后将要进行的生产、生活相关。可以说,教育价值取向主要是传授与生产、生活有关的知识、技能或习俗、礼仪,为以后生产和生活做准备。

奴隶社会,学校产生了,学前教育相应出现。阶级的产生,使学前教育价值具有了阶级性,统治阶级掌握着教育大权。宫廷的学前教育主要为培养王子和各诸侯公子将来继承父业(统治地位及财富),实施较全面的教育。

近代,蒙养院在民国成立之后,确立了保育满 3 岁至入国民学校年龄之幼儿的宗旨,目标是令幼儿身心健全发达,得善良之习惯,以辅助家庭教育。

五四运动前后,人们为了探讨中国教育出路,把形形色色的西方教育理论、学说、思想引进来,一时间出现了一股股教育热潮。卢梭、斯宾塞、康德、洛克、赫尔巴特、裴斯泰洛齐、福禄贝尔、蒙台梭利、爱伦凯、杜威、桑代克等人的思想充斥中国,形成了平民教育、实业教育、科学教育、国民教育、美感教育和实用主义教育等思潮。其核心是教育救国和尊重儿童个性才能并予以发展。学前教育开始重视儿童个性培养的价值。

(资料来源:石筠韬.我国学前教育价值取向探微[J].学前教育研究,1997(6):9-11.)

二、学前教育对文化的影响

(1)学前教育对文化具有深远影响,有利于文化传承,促进文化交流。文化是人类创造的物质财富与精神财富的综合,是人类创造的社会性信息。通过教育的方式,能够将人

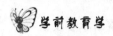

类的文化延续下来，实现代际间的传承。教育能够将知识、文化等传递给年轻一代。学前教育在教育的过程中起到奠基作用。

（2）中国的学前教育发展是在不停的文化交流中逐渐发展起来的。学前教育的近代化，是与几千年来自给自足的封建农业经济基础和封建专制制度相适应的传统学前家庭教育，逐步向与大工业生产和资本主义发展相适应的近代学前公共教育转化演变的历史过程。从学前教育制度在这片土地上落地生根的时候起，学前教育界就一直致力于将来自异域他邦的理论和观念本土化，因而也是在进行文化交流。

从 1903 年学习日本学制，颁布《奏定蒙养院及家庭教育章程》，建立癸卯学制，到陈鹤琴、陶行知、张雪门等本土化借鉴杜威的实用主义，再到中华人民共和国成立之初我国引进苏联的课程体系，一直到现在我国充分与国际学前教育界开展学术交流，整个过程说明我国的学前教育发展史就是文化交流史。

（3）学前教育还能够对文化进行选择并创新。学前教育在发展过程中，需要根据人的身心发展需要和社会发展规律进行文化选择，同时在文化选择的过程中要遵循科学性原则、时代性原则、民族性原则。

学前教育科学研究的创新是文化创新的组成部分。一方面，以儿童为中心的学前教育能够为儿童主动性、创造性的培养打下基础；另一方面，从事学前教育的科研人员到广大一线教师的科学研究工作、实践工作，都为学前教育的理论创新、教育实践创新奠定了基础。

第四节　学前教育与科学技术的关系

典型案例

"互联网+"时代促使微课、翻转课堂一跃成为幼儿园教育的新常态，彻底转变了过去满堂灌的教育模式。例如，幼儿园教师可以利用微课制作软件（Camtasia Studio）和三维立体翻页展示软件（3D PageFlip）制作主题为"书润童心"的声画阅读微视频，然后发送到幼儿园云教育平台，或者是微信公众号平台，一改传统纸质阅读模式，增添幼儿阅读乐趣。

（资料来源：李献媛. "互联网+"背景下幼儿园网络资源的开发利用研究[D]. 济南：山东师范大学，2017.）

案例点评

"互联网+"背景下，我国迎来了教育 4.0 时代，信息技术与教育教学的关系更加密切，在幼儿园保育和教育等方面也开始了学前教育信息化发展的研究。幼儿园网络资源是一个丰富的信息宝库，对幼儿园的各方面都产生了重要的影响。在学前教育中，运用信息技术和多媒体技术开发利用幼儿园网络资源、实现幼儿园教育和管理的现代化，已成为幼儿园现代化发展的一大趋势。作为幼儿园教育资源的一部分，同时也是幼儿园课程资源的原材料，幼儿园网络资源的开发利用对幼儿园保教、幼儿教师发展、幼儿园管理、家园合作等方面具有独特的价值，但它也存在一些问题需要我们进行思考和解决。

在人类进化的历史长河中,"技术"扮演着重要的角色,在改造人类的生产力及文明传承方面做出了卓越的贡献。人们通常用某些文明历史中最为重要的技术标志某个特定的历史时期,比如石器时代、青铜器时代、铁器时代、蒸汽时代、电气时代、信息时代等。科学技术除了对人类的生活方式、生产方式、工作方式、娱乐方式产生重要的影响之外,对教育领域也产生了变革性的影响。

一、人们对学前教育的认识受科学技术发展的影响

科学技术的进步和发展促进了学科的发展,尤其是生物学、心理学、社会学、教育学及脑科学的发展,人们开展研究的手段、设备也有了长足的进步,因此,人们对学前教育的研究愈发科学,对学前教育的作用也有了进一步的认识。

从劳伦兹提出"印刻"现象后,蒙台梭利把"关键期"的概念引入了学前教育领域。随后,精神分析理论被提出,弗洛伊德对早期儿童的发展阶段进行研究并做了论述。人们对学前儿童的认识加深了。也正是如此,全世界对于学前教育的研究开始增多,随着研究的不断深入,人们对关于学前教育的认识愈加深刻。

现代科学的进步使人们在对自身的研究上更为深入,也为学前教育的理论研究提供了技术保障,尤其是对脑科学的研究与重新认识。脑科学是研究人脑的结构与功能的综合性科学。脑的形态、结构直接决定大脑机能的发展。研究发现,0~3 岁儿童神经结的形成非常快。3 岁儿童神经结的数量是他们成年期的两倍。数以兆计的神经键为了争夺有限的空间位置而展开竞争,因为此时儿童的大脑还没有长到足够大。3 岁儿童的大脑比儿科专家的大脑要活跃两倍。在儿童的成长过程中,多余的神经结会解体消亡。在整个发展进程中,大脑不断产生新的神经键,强化已有的神经键,并去掉那些不常使用的神经键。在 3 岁以前,神经键的生产占优势;3~10 岁,生产和消除相对平衡;进入青春期,对多余神经键的消除占优势。

脑科学还是一门年轻的科学,无论是研究方法、研究技术,还是它自身的理论体系与观点,都还处于正在建立并需要不断完善的过程中,因此它以往的成果经常会被新成果修正甚至否定。例如,早期关于脑细胞数量和脑细胞神经纤维(突触)生长的研究,认为人类个体出生时脑细胞的数量是最多的,出生后脑细胞的数量会逐渐减少。脑细胞之所以减少是因为儿童出生后脑细胞就不再分裂了,但有不少脑细胞为了给新生长的脑神经纤维提供空间而死亡了。人们由此推理婴幼儿时期应该是人一生中学习的最佳期,所以要让儿童接受早期教育训练,否则会错过儿童认知能力(智力)发展的关键期。但是新近的脑科学研究发现,人类的大脑神经细胞一生都在分裂繁衍,也就是说人出生后,脑细胞的生长一直没停过。这一新的研究结论不仅催生了终身学习、终身发展的新理念,也自然修正了儿童早期才是学习和发展最为迅速的最佳时期之说法。

由此,正是因为脑科学、心理学等学前教育领域的科学研究的不断深入,才使人们对学前教育的重要性及科学性认识不断提高和深化。

二、学前教育的课程内容设置受科学技术发展的影响

科学技术的发展影响着现代学前课程内容的设置,具体表现为:科学的进步与发展带

来了学前教育课程的新内容，学前教育的课程在一定程度上会涉及科学技术的最新发展。如在幼儿园教育中加入信息素养类、3D 打印等内容，以帮助学前儿童了解和接触科技的最新动态。

三、学前教育的手段、方式与方法受科学技术发展的影响

科学技术的发展也带来了学前教育手段与方法的变革与创新。以信息技术手段引入学前教育领域为例，信息技术在幼儿园中的应用，丰富了现代幼儿园教育技术的发展，促进了网络课程、混合式课程等新的教学手段的出现。信息技术进入早期教育领域并不是近几年的事情。法国教育学家茨莱斯坦·弗雷奈（Célestin Freinet，1896—1966）是在早期教育中使用信息技术的鼻祖。早在 20 世纪 30 年代，弗雷奈就在课堂教学及教育交流中率先引入了学习印刷技术，成为早期教育运用信息技术的前身。20 世纪 80 年代开始，随着计算机进入教育领域，有关早期儿童运用计算机的研究也越来越多，计算机与早期儿童教育之间的关系成为人们关注的热点。

相关科学理论的发展也能够为新的教学方法提供理论基础。现代科学技术的发展，促使人们对学前教育的认识加深，也促使学前儿童的教育方式走向多元化。例如，从以知识为中心走向考虑儿童的全面发展，从单纯的"教学"走向游戏化学习，从分科学习走向领域学习，等等，都是教育方式多元化的体现。

相关链接

信息技术与学前教育

全美幼教协会（National Association for the Education of Young Children，NAEYC）曾在 1996 年提出了一份报告——《技术与 3~8 岁儿童》，报告阐述了全美幼教协会有关信息技术应用于早期教育的基本立场。报告指出：在早期教育中适宜地利用计算机技术，能够促进儿童的认知和社会性发展；并且提倡将适宜的计算机技术整合到常规的学习环境中，使之成为众多支持儿童学习的方式之一。

随着现代信息技术在家庭教育、幼儿园和学校教育等教育各环节的不断渗透，儿童使用信息技术已日趋普遍。无论是美国、英国、澳大利亚，还是印度、新加坡、中国等国家，信息技术都在如火如荼地浸入儿童的教育环境。信息技术为儿童提供了表达自我、理解世界、游戏与交流、探索环境、解决问题的途径和工具。

（资料来源：汪基德，朱书慧，张琼. 学前教育信息化的内涵解读[J]. 电化教育研究，2013，34（7）：27-32.）

四、学前教育促进科学技术的发展

科学技术对学前教育的发展具有促进作用，反过来学前教育也能够促进科学技术的发展。

学前教育是奠基的教育，是儿童全面发展的基础。在学前阶段对儿童进行创造能力的培养、对科学技术兴趣和素养的培养，都能够为他们今后从事科技相关的工作打下基础。

同时，学前教育的研究发展史也是科技进步史。学前教育的研究者及一线教育实践者都承担着不同的科学研究任务，他们在学前教育等方面的科学研究成果也是科技发展的重要组成部分。

第五节 学前教育与人口的关系

典型案例

据相关统计表明，"全面二孩"政策实施后，我国每年将会有300万～500万的出生人口，到2020年，第一批二孩将会入园，2022年达到二孩入园高峰期。本文以预测的出生人口数量为基础，分析了"全面二孩"政策实施后2020—2022年学前教育资源的需求状况，并提出：加快多元化办园，增加幼儿园学位供给；拓宽学前教育师资供给途径，化解师资紧缺矛盾；加大学前教育资金投入，确保硬件设施建设，从容应对二孩入园压力。

（资料来源：史文秀."全面二孩"背景下我国学前教育资源需求及对策[J]. 新西部·中旬刊, 2019（5）: 142-143.）

案例点评

学前教育与人口规模、布局息息相关。学前教育的健康、积极和科学发展有赖于资源的合理配置，学前教育资源配置受到幼儿人口规模及其分布的影响。随着我国人口政策的重大调整，未来新增学前适龄人口很可能将加大学前教育公共服务和资源配置的压力。

人口是指在一定地域和社会范围内人群的总体，即居住在一定地区，并构成某一社会的人所组成的一个复杂的、多样的总体。人口具有一定的数量和质量。人口的基本特征包括人口的数量、结构、质量、布局与流动性等，它与学前教育相互影响、相互制约。

一、人口的数量和结构影响学前教育的发展

一般而言，人口的数量影响学前教育的发展，包括学前教育的质量、分布及规模。

我国经济近几十年来一直呈高速发展状态，物质生活水平提高。总体而言，我国每年新生儿新增数量较多。从国家统计局数据看，2018年中国出生人口1 523万人，人口出生率为10.94‰。同时，人口流动性大大增加，大量人口流入城市。因此，入园需求大大增加。但是，我国当前学前教育的质量、布局、结构等与人民群众日益增长的对高质量、多样化的学前教育需求存在矛盾。

相关链接

《人口与劳动绿皮书：中国人口与劳动问题报告 No.19》

生育政策的转向和生育率的回升

如同许多处于后生育率转变阶段的国家，中国在完成了转变之后也很快走向了很低水平的生育率。长期的低生育率会导致高度的老龄化和人口衰退，从而给社会经济带来多重

挑战，因此世界上几乎所有处于很低和极低生育水平的国家都采取了支持和鼓励生育的政策。对于生育率转变非常迅速的中国而言，如果低生育率不能很快得到扭转，将会面临比其他国家更为严峻的局面。2013年11月，《中共中央关于全面深化改革若干重大问题的决定》提出"启动实施一方是独生子女的夫妇可生育两个孩子的政策"，2015年10月中共中央决定"全面实施一对夫妇可以生育两个孩子政策"。政策实施后，虽然生育率提高的幅度不尽如人意，但也已经显现出生育率对新生育政策的积极反应。国家统计局根据全国人口变动抽样调查数据的推算分析表明，2016年二孩出生数量大幅上升，明显高于"十二五"时期平均水平，2017年二孩数量进一步上升至883万人，比2016年增加了162万人；二孩占全部出生人口的比重达到51.2%，比2016年提高了11个百分点。在全部出生婴儿中，二孩的比例明显提高，并且超过了50%。根据世界银行估计，中国的总和生育率从1996年开始一直低于1.6，直到2013年回升到1.6，2016年为1.62。如果这个趋势能够得到延续，那么中国的生育率就可以回升到一个相对安全的水平。

二、人口的质量影响学前教育的发展

人口质量指的是人口的身体素质、文化修养、道德水平等。人口质量对学前教育的质量起着直接的影响。

随着人们受教育水平的提高，加上社会经济的发展，我国的人口质量稳步提高。改革开放以来，我国人口的健康水平大幅度提高，人均预期寿命在2016年达到76.5岁；人口的教育水平大幅度提升，从1982年到2016年，大学毕业生人数累计达到8 490万，研究生毕业人数累计达到594.1万。随着人口质量的提高，人们的儿童观、教育观发生了较大的改变，对待儿童的方式会更为科学。另外，整体人口受教育水平的提高也促使学前教育从业者的受教育水平得到提高。因此，他们的教育方式、教育质量也会更科学。同时，社会上学前教育的组织与管理水平也会大大提高。

三、人口布局影响学前教育的发展

不同地区的人口分布不一样。人口布局指的是人口在地理位置上的分布情况。目前我国东部、西部的学前教育发展不均衡，城乡的学前教育发展也不均衡。

东部学前教育质量优于中西部。由于自然地理条件差异及受其影响所形成的土地利用差异和人口承载力差异，中国人口在宏观上自古就存在着稠密区和稀疏区的空间分异。胡焕庸的"爱辉—腾冲一线"将中国版图分为东南、西北两个半壁，东南半壁土地面积只占全国的36%，人口却占到全国的96%，是人口稠密区；西北半壁土地面积占全国的64%，而人口仅占全国的4%，是人口稀疏区。人口密集的东部地区经济发展水平较高，人们对学前教育的重视程度更高，对学前教育的投入也更高。总体而言，区域间学前教育经费投入总量差距巨大，呈东部高，中、西部低的态势，从而也导致了学前教育质量的区域差异。同时，东部地区的幼儿入园率也较高。

2009—2015年我国各省份生均预算内学前教育经费如图3-1所示。

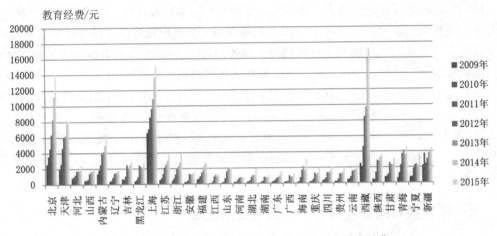

图 3-1 2009—2015 年各省份生均预算内学前教育经费

（资料来源：孙佳慧，夏茂林. 我国学前教育经费投入区域差距的实证分析及政策建议[J]. 教育财会研究，2018，29（5）：79-85.）

与此同时，我国城乡之间的学前教育发展也存在着巨大差异。城镇化水平影响着学前教育的发展。由于农村地区经济发展水平低，人口质量较差，因此农村学前教育的办学质量、师资水平等都处于落后地位。罗妹、李克建的研究指出，随着城镇化水平的降低，从城区、县城、乡镇中心到村，幼儿园教育质量呈现梯度下降趋势，无论是总体质量，还是各个方面的质量均存在显著差距，其中城区的城镇化程度最高，其幼儿园教育质量总体来说最好；村的城镇化程度最低，其幼儿园教育质量总体来说最低。由此可见，城乡之间的学前教育发展存在巨大差异。

四、人口的流动性影响着学前教育的发展

社会上的人口处在不断的流动当中，从局部地区来说，农村的人口流入城市，西部地区的人口流向东部地区，从宏观上看，还有经济不发达地区人口向发达地区的流动。人口的流动带来了学前教育的规模、区域间学前教育的差异、目标的制定等问题。

由于城乡、地区间发展失衡，我国农村学前教育问题依然存在。并且，伴随着流动人口的日益增多，流动人口子女的学前教育问题日益突出。随着社会经济的发展，我国流动人口规模不断增加。国家统计局最新数据显示，2019 年，全国各大城市人口流动量较大，其中常住流动人口中，北京、上海、广州、深圳依旧位居前列，其中以上海最为突出，为972.69 万人，排名第一，广州 967.33 万人，排名第二，深圳 818.11 万人，排名第三，之后依次是北京、苏州、天津、杭州、成都、宁波、东莞。以上城市占据名单前十名。大规模的流动人口无疑是流入地和流出地的学前教育的巨大挑战。位于经济社会发展水平两端的省份和城市都处于流动儿童学前教育的低水平失衡状态，供给不足是经济相对落后省市的关键性障碍；农村流动人口子女学前教育存在经费匮乏、儿童设施师资不足、家庭教养方式不科学、责任模糊化、亲子关系淡漠、幼小衔接困难等问题；与义务教育阶段较高的入学率相比，学前教育阶段适龄流动儿童入园率非常低。因此，流动儿童的学前教育问题日益突出，亟待解决。

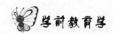

同时,农村地区作为劳动力的输出地,留守儿童的学前教育发展滞后,问题严重。"留守儿童"是指农村流动人口(其中 80%左右是农民工)在户籍地以外谋生时把其未成年的子女留置在户籍地而产生的一个特殊的社会群体,具体是指因父母双方或一方长期在外(半年以上)而留守在农村的少年儿童。据国家相关部门调查:截至 2016 年年底,全国农村留守儿童数量为 902 万人,超过 90%分布在中西部省份,其中,由(外)祖父母监护的有 805 万人,占 89.3%;由亲戚朋友监护的有 30 万人,占 3.3%;一方外出务工,另一方无监护能力的 31 万人,占 3.4%。有 36 万农村留守儿童无人监护,占 4%。农村留守儿童的学前教育质量与其他群体存在一定差距,体现在家庭教育缺失、财政投入较少、教育资源差距较大、师资力量薄弱、社会关注程度较低、安全问题常现、心理发展不健全等方面。

五、学前教育的发展有助于人口质量的提高

百年大计,教育为本。学前教育作为教育的基础,关系到儿童健康、社会性、情感和认知等领域的长期发展,是个体一生发展的奠基阶段,它对基础教育的发展,对人口素质的提高都有积极的促进作用。首先,学前教育的发展能够促进学前儿童的发展,从而提高人口素质。赫克曼(James Heckman)教授曾指出:"儿童在某一阶段获得的能力不仅影响他在该阶段的总体发展,更会影响他在下一年龄阶段的学习和发展。"维里和唐纳德(Verry & Donald)也认为,幼儿教育可以促进幼儿大脑和社会性的发展,能有效提高幼儿未来的阅读水平和生产能力,从而提高其收入水平。同时,学前教育的发展还有助于提高学前儿童家长的素质,包括帮助家长形成科学的教养观念,掌握科学的教育方法,从而提升家长素质。

在 线 测 试

一、名词解释

政治体系　文化　人口质量

二、选择题

1. 通过教育过程把受教育者培养成什么样质量和规格的人,即(　　)。
   A. 教育目的　　　　　　　　B. 教育目标
   C. 教育方针　　　　　　　　D. 教育政策
2. 学前教育目标的核心是(　　)。
   A. 社会发展　　　　　　　　B. 学科发展
   C. 经济发展　　　　　　　　D. 学前儿童发展
3. 关于我国学前教育,描述错误的是(　　)。
   A. 学前教育是启蒙教育　　　B. 学前教育是义务教育
   C. 学前教育是基础教育　　　D. 学前教育是全面发展的教育

三、论述题

1. 简述学前教育与人口的关系。
2. 决定学前教育的社会性质的因素有哪些？

真 题 训 练

一、选择题

《国家中长期教育改革与发展规划纲要（2010—2020 年）》提出了学前教育发展的政府职责。关于政府职责的说法，下列选项中不正确的是（　　）。【2018 年 3 月】

　　A. 制定审核幼儿园章程　　　　B. 建立幼儿园准入制度
　　C. 制定学前教育的办园标准　　D. 完善幼儿园收费管理办法

二、论述题

阅读下面材料，回答问题。

实习生小赵发现，在教学活动中，教师总是请某几个幼儿发言，有些幼儿茫然端坐，从不举手。她疑惑地询问一个不举手的幼儿，得到的回答是："反正举了手老师也不会请我。"【2012 年 11 月】

问题：请从学前教育原则和教育公平的视角论述上述现象。

第三章参考答案

本章拓展阅读

童年的消逝与现代文化的危机

——新媒介环境下当代童年文化问题的再反思（节选）

1982 年，美国学者尼尔·波兹曼出版了《童年的消逝》一书。对于许多读者来说，该书提供了一次关于现代童年历史的生动而又富于创见的梳理，同时也提出了一个具有足够震撼力的观点：从现代社会开始确立起来的童年概念，在今天已经濒临消亡。《童年的消逝》一书由简洁的两大部分构成，前半部分是"童年的发明"，后半部分是"童年的消逝"。这一从童年的诞生到消逝的历史，充满了一个时代行将结束的挽歌色调。

波兹曼的"童年消逝说"由 3 个关键概念构成，它们分别指向他在《童年的消逝》以及另两部代表性学术著作《娱乐至死》和《技术垄断》中着意批判到的 3 种文化问题；这三者之间密切关联，彼此衔接，构成一个以童年范畴为基本立足点的文化批判体系。

第一是"读写能力"的概念，它针对的是现代新媒介的视像语法危机所导致的童年问

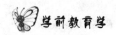

题。在波兹曼看来，建立在印刷技术的发明普及基础上的读写能力的发展，是现代童年概念诞生的一个基本的媒介和文化语境。而今天，随着以电视为代表的视像媒介逐渐取代印刷媒介的统治地位，由一个需要一定长度的书面知识习得过程围起来的童年概念，也开始变得模糊起来。因为视像媒介主要是以直观的图像而非象征的文字作为言说方式，所以它就不像印刷媒介那样向其读者要求一种只有经过时间的浸淫才能获得的特殊读写能力。读写能力的获得在形式上与童年教育的时间密切相关，在实质上则与童年教育的文化目标内在相关，它在根本上指向由读写文化培育起来的人的一种成熟的思想能力。

第二是"秘密"的概念，它又分为两类。一类是与读写能力的概念紧密关联的那些知识"秘密"。在识字文化的框架里，儿童和成人之间除了生理分野之外，更存在着重要的文化分野，后者不是指两种文化之间简单的面貌差异，而是它们之间内在的价值层递关系。然而，新媒介的视像语法恰恰取消了这一文化分野的必要。以电视为例，基本上，儿童无须通过复杂的学习来理解电视的内容，与此相应地，"无论对头脑还是行为，电视都没有复杂的要求"。这就使得它所呈现的一切内容对儿童来说变得全无"秘密"可言。这样，现代社会努力在成人和儿童之间建立起来的文化差异，也在平面化的视像生活中迅速缩小。

另一类是与一个社会的伦理自省意识相关的那些生活"秘密"，它针对的是呈现出整体娱乐化趋势的当代文化"自由化"趋势所导致的童年危机。这些"秘密"是指被现代社会认定为暂时不适宜于童年接触的文化信息，如色情、暴力等内容。在童年的生活中注意屏蔽这些信息的行为，代表了现代文化在面对儿童群体时的一种伦理自觉。然而，在不断侵占人们日常生活的视像媒介消费（尤其是娱乐消费）中，面对童年，文化的这一伦理标准常常被远远地抛到了身后。视像文化敢于以大众文化的名义当着童年展示一切，实际上，这种展示也成了它借以吸引观众的一个重要噱头，在这样的景观性展示中，对于童年的文化保护责任被丢弃了。应该说，在社会"秘密"的问题上，波兹曼并非如他的有些文字所显示的那样是一位道德清教主义者，但在童年"秘密"的问题上，他以明确无误的立场强调了文化自我伦理约束的必要性。

第三是童年"纯真"的概念。在波兹曼看来，纯真童年的"消逝"是一个轻视读写能力、放弃文化秘密的社会对于儿童生命的直接戕害。他在《童年的消逝》一书的引言中说道："不得不眼睁睁地看着儿童的天真无邪、可塑性和好奇心逐渐退化，然后扭曲成为伪成人的劣等面目，这是令人痛心和尴尬的。"他进而指出了当代文化中日益告别纯真的"成人化"儿童在各种场合留下的庸俗身影。

（资料来源：赵霞. 童年的消逝与现代文化的危机：新媒介环境下当代童年文化问题的再反思[J]. 学术月刊，2014（4）：106-114.）

学习评价与反思

_____

_____

第四章 学前教育与儿童发展

本章导读

幼儿园是儿童发展的重要场所。学前教育作为个体的启蒙教育阶段,促进了幼儿认知、情绪能力、个性、社会性等方面的发展,为后期的发展奠定了基础。同时,学前教育的任务、内容、方法又受到了儿童身心发展的制约。本章主要介绍儿童观和学前教育新观念的发展、儿童发展的影响因素,以及学前教育与儿童发展的相互关系。

学习目标

1. 了解儿童发展的特点及其权益。
2. 理解并掌握儿童观和学前教育的发展。
3. 掌握学前教育与儿童发展的关系。

学习重点

1. 学前儿童的特点及儿童观。
2. 学前教育与儿童发展的关系。

思维导图

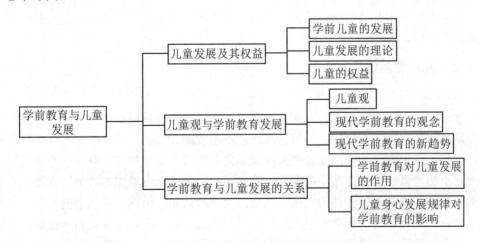

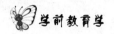

第一节 儿童发展及其权益

典型案例

孟子幼时,家住在一个村庄的边缘,附近是一片墓地。孟子小时候经常去墓地玩,看到人家埋葬死人,他就和一些小朋友学着样子玩抬棺材、挖坑、哭丧的游戏。孟母见此情景很担心,认为这个地方对孩子成长不利,就搬家了。孟家搬到城里一条街上,附近是集市和商店,商人云集,一天到晚吆喝声不停。孟子住到那里后,又和小朋友学起商人做买卖的游戏。孟母感觉这个地方对孩子的成长也不利,于是又搬了家。孟家第三次住的地方是一所学校旁边。到这里来的除了一些学生外,还有一些著名的学者。他们进进出出很有礼貌,早晚还会听到琅琅读书声。孟子住在这里,常到学校旁看学生们游戏,听老师上课和学生朗读,学习来往行人的礼貌动作,孟子也变得爱学习了,并养成了良好的行为习惯。

(资料来源:黄人颂. 学前教育学[M]. 3版. 北京:人民教育出版社,2015.)

案例点评

儿童的发展不仅会受遗传因素的影响,还会受环境和教育的影响。家长和教师应该努力为儿童提供良好的环境,让儿童更好地学习和生活。

一、学前儿童的发展

(一)儿童发展的概念

儿童的发展是指儿童在其成长过程中,伴随着生理的逐渐成熟与社会生活经验增长的相互影响,其心理和生理能力不断提高的变化过程。身体的发展指儿童机体的正常生长和发育。心理的发展指儿童的认识过程、情感、意志和个性的发展。儿童的发展是一个由量变到质变的过程。

(二)儿童发展的基本特点

1. 全面性

儿童发展包含两个方面:一方面,儿童发展是指儿童身体机能的发展。身体机能发展的过程是身体各器官、系统的结构形态和功能不断发展、完善,由低级向高级不断成熟的过程。例如,在形态结构上,儿童的大脑重量自出生后不断增加,大脑皮质不断增厚,皮层的沟回不断增多、加深;在功能上,大脑各区的功能不断发展完善。另一方面,儿童发展是指儿童心理成熟和社会性的发展。例如,儿童的认知、情感、意志力的发展,以及儿童性别角色、亲社会性等社会性的发展。儿童的生理发展和心理发展是相互依赖、密切联系的。儿童年龄越小,身体发展和心理发展的相互影响越大。一方面,儿童生理的发展为其心理发展奠定基础;另一方面,儿童心理的发展又会影响其身体的发展。儿童的生理和心理发展两者是不可或缺的,两者的共同协调发展构成了儿童的全面发展。

2. 阶段性和规律性

儿童的生理和心理发展存在着阶段性和规律性，不同年龄段有不同的发展特点。阶段与阶段之间不仅有量的差异，也有质的差异。例如，幼儿行走动作的发展一般有以下阶段性和规律。7个月左右，尝试爬行，主要依靠膝盖和大腿的移动。8个月左右，能匍匐爬行，腹部贴地，用腹部手臂带动身体和两腿前进，并且能扶着东西站立。10个月左右，能用手和膝盖爬行，身体不着地，手臂和腿交替移动；能扶着东西自己站起。12个月，能扶着行走。15个月，能独立行走。18个月，跑步不稳，容易摔倒。2岁时，能行走自如，能大步稳跑，会踢皮球，能自己上楼下楼，会用单脚站立片刻。3岁时，能单脚站立，会骑三轮脚踏车。再如儿童认知的发展，2岁前的幼儿通过感知觉的动作认识和探索世界，而二至六七岁的儿童则能通过表象思维认识世界。总之，儿童生理和心理的发展都普遍存在着先后的顺序，每个阶段有一定的特点，前一个阶段是后一个阶段的基础，后一个阶段是前一个阶段的延续和必然发展趋势。

3. 个体差异性

儿童生理的发展虽然存在着普遍的规律性，但是在同一个阶段，不同的儿童又存在着发展的差异性。例如，相同的年龄，有一些儿童的语言功能发展得更快、更好，而有一些儿童则发展得较为缓慢。受遗传基因和后天环境的共同影响，每一个儿童的生理和心理发展都有着自己的特点。在同一年龄组的儿童中，绝无发展完全一样的儿童。

（三）学前儿童身心发展的特点

1. 0~3岁幼儿身心发展的特点

在生理方面，0~3岁幼儿的大脑和身体发展迅速。在这个阶段，幼儿大脑以一种惊人的速度迅速生长。婴儿刚出生时，其大脑占成人人脑重量的25%，到两岁时，已占成人人脑重量的75%，而到六七岁时，重量已接近成人。此外，儿童大脑的结构、功能也得到了快速发展。在身体发展方面，0~3岁幼儿的身体大小、比例和骨骼发育迅速，其动作技能伴随着神经系统的发展，能够逐渐掌握自己的身体。

在心理方面，0~3岁幼儿的言语和认知功能发展迅速。在言语能力上，婴儿一开始只会哭，他们的哭声从未分化逐渐变成分化。随后，在与父母亲的不断交流中，幼儿1岁左右开始牙牙学语并学会叫爸爸妈妈，之后逐渐能用简短的语句与他人进行交流。在认知能力上，随着幼儿的活动范围越来越广，接触的事物越来越多，其感知觉和思维得到了快速的发展。一开始，幼儿的思维以直觉行动性思维为主，随后逐渐向直观形象思维发展。在情绪和社会性发展上，幼儿所体验的情绪越来越丰富，其道德感逐渐萌芽，获得社会性的发展。

2. 3~6岁儿童身心发展的特点

在生理方面，儿童的身体动作有了进一步的发展。到了6岁左右，儿童脑的重量已经接近成人，体型也更趋向于成人。伴随着脑的发展，儿童动作的协调性和身体平衡性得到了发展。幼儿手眼协调能力和对小肌肉的控制能力迅速提高，如能够自己穿衣吃饭、用剪刀、涂涂画画、搭积木等。此外，大动作也得到了发展，如能够走、跑、跳、投掷等。随着身体的成熟和活动范围的增大，幼儿开始不断矫正自己的动作，以适应新环境的挑战。

在心理方面，儿童的认知、情感、意志等方面得到了迅速的发展。例如，这个阶段儿童已经能够跟他人进行言语交流，开始出现有意记忆和表象思维等。但是其心理过程还带有明显的具体形象性和不随意性。由于言语能力发展的限制以及知识经验的贫乏，他们仍主要以直观表象的形式认识世界，其思维还带有很强的直观性，对事物进行分析、综合、抽象、概括的能力比较有限。同时，由于知识经验不足和言语能力有限，儿童的思维和行动等的不随意性较强，还不能经常有意识地控制和调节自己的行为。直到五六岁，儿童各种心理过程的随意性和稳定性才得到快速发展。

我国著名的幼儿教育专家陈鹤琴在其出版的《家庭教育》一书中总结了幼儿心理的七大特征：喜欢游戏、喜欢模仿、生来好奇、喜欢成功、喜欢野外生活、喜欢合群、喜欢被称赞。学前教育要以幼儿身心发展的特点为依据，促进幼儿的全面发展。

二、儿童发展的理论

想一想

在儿童发展过程中，是遗传因素的影响更重要还是后天环境和教育的影响更重要？

儿童是如何发展的？受到哪些因素的影响？各种因素是如何相互作用发挥作用的？这些问题一直是心理、教育和哲学界共同关心、长期争论的话题。通常认为，影响儿童发展的因素包括遗传、环境和教育，并以此发展出了很多儿童发展的理论。

（一）遗传决定论

遗传决定论认为人的天赋或本能决定人的发展。古希腊哲学家柏拉图认为，人生来就具有一种基本上在发展过程中展现并成为有意识的先天知识（理念），一切研究、学习都是对先天理念的"回忆"罢了，后天的环境和教育对人的发展不具有影响。遗传决定论的观点认为，个人的性格、能力、兴趣等都是由遗传决定的，是与生俱来的。一个人的发展方向由遗传决定，后天的环境和教育只能起到加速或延缓发展的作用。例如，儿童营养不良会影响身体和智力等的发展。

美国心理学家格赛尔提出的成熟势力说也支持遗传决定论的观点。这一理论认为，儿童的发展存在一个有规律的顺序模式的过程，这个规律和顺序是由物种和生物进化的顺序决定的。所有的儿童都按照这个顺序发展，差异的存在是因为每个儿童的遗传类型不同，环境和教育只是为发展提供适当的时机而已。格赛尔在他著名的双胞胎实验（见图4-1）中，把同卵双胞胎（具有相同的遗传基因）的一个放在自然条件中，而对另一个给予特殊的训练，最后发现这两个同卵双胞胎的能力没有差别。美国心理学家霍尔甚至说："一两的遗传胜过一吨的教育。"此外，弗洛伊德也强调人的本能在人的发展过程中所起的决定作用，他把人的一切行为都归因于人与生俱来的要求、欲望和本能。

格赛尔双生子爬楼梯实验

图 4-1　格赛尔的双胞胎实验

遗传决定论过分夸大了生理成熟的作用，忽视了儿童发展的其他条件，将环境和教育置于一个极不重要的位置，不可避免地犯了以偏概全的错误。

（二）环境决定论

环境决定论与遗传决定论对立，认为后天的环境对人的发展起决定性作用。在我国，孔子最先对先天和后天的关系进行了讨论，他认为人的先天禀赋是差不多的，后天对人的发展起决定性作用，并提出"性相近，习相远"的观点。英国思想家洛克提出的"白板说"也支持环境决定论的观点，该理论认为，人生下来都有同等的潜力，人脑一开始就像一张白纸，"没有特性也没有观念"，可任人描画。人的观念都来自于后天的经验，一部分经验是感觉，另一部分经验是自省。洛克曾说："我们日常生活中所见的人中，他们之所以或好或坏，或有用或无用，十分之九都是由他们的教育所决定的。人类之所以千差万别，便是由于教育之故。"

美国心理学家华生认为，后天的训练可以决定儿童的行为。他曾说："给我 12 个健康而没有缺陷的婴儿，让我在自己特殊的环境里培养他们成长，那么我保证随便挑选哪一个婴儿，我都可以把他训练成为任何一方面的专家。"在华生看来，行为的反应是由刺激所引起的，而刺激均来自客观世界，因此行为应该取决于客观世界而不是遗传。他认为，遗传的作用仅限于生理的构造，生理的功能和未来的形式则取决于环境。

环境决定论片面夸大环境在儿童发展中的作用，将儿童接受环境的影响简单地看作是一个机械的反应，忽略了遗传的作用和人的主观能动性。

（三）遗传-环境交互作用论

遗传-环境交互作用论认为，人的发展取决于遗传和环境的相互作用。该理论最先由美国心理学家安娜斯塔西提出，她认为，儿童的任何发展既有100%遗传的作用，又有100%环境的作用，行为的发展由遗传和环境的交互作用决定。遗传和环境的关系不是彼此独立的，也不是简单的相加作用，而是一种复杂关系。相同的遗传因素在不同的环境下可能会有不同的发展结果，不同的遗传因素在不同的环境下可能会有相同的发展结果，不同的遗传因素在相同或不同的环境下都有可能会导致相同的发展结果。

遗传-环境交互作用论虽然强调了遗传和环境的共同作用，但是并没有说清楚两者是如何进行交互，从而促进行为发展的。

（四）苏联教育学家的观点

对于教育在儿童发展中的作用这一问题，研究者们也进行了不懈的探索。苏联教育学家维果斯基最早对教育与儿童发展的关系进行了探讨和论述。他认为，教育与发展的关系是一种动态制约的关系，儿童的发展是在社会环境和教育的影响下进行的。他提出"最近发展区"的概念，认为教育应该要走在儿童发展之前，教育的作用是创造"最近发展区"，从而推动儿童的发展。维果斯基提出，儿童的发展有两种水平：一种是已经形成的、现有的水平，如果某项任务刚好是处于儿童现有的水平，那么儿童就能独立地完成；另一种是还未完全形成的水平，即最近发展区。教育能让儿童的最近发展区变成现有发展的水平，从而促进儿童的发展。

知识拓展

最近发展区

在维果斯基的社会建构主义理论中，"最近发展区"是最有影响力的概念之一。它可以用来解释社会互动的过程如何帮助儿童内化高级心智功能。在教学情境下，这一问题实质上涉及的是教学与儿童发展之间的关系。具体来说，维果斯基想用"最近发展区"这一概念解释为什么教学能促进儿童的发展，以及要达到促进儿童发展的目的，教学应当具备的条件与要求。

维果斯基认为教学要想对儿童的发展发挥主导和促进作用，就必须走在儿童发展的前面，为此，教师必须首先确立儿童发展的两种水平：一是儿童已经达到的发展水平，二是儿童可能达到的发展水平，即儿童在他人帮助下能够达到的发展水平。维果斯基将儿童两种水平的差距称为儿童的"最近发展区"。它意味着儿童在不久的将来可能达到的发展水平，包含着儿童发展的潜能，可以用来预测儿童发展的趋势。而潜能正是发展的可能性，正是教学可以利用的、来自儿童发展内部的积极力量。如果教学能够按照儿童的"最近发展区"来设计和实施，也就必然能促使儿童获得"原则上为新的东西"，从而使教学既不仅仅跟随儿童已有的发展成果，也不是对儿童的简单机械灌输，而是真正建立起教学——儿童发展之间的桥梁。

（资料来源：最近发展区概念解析及其对幼儿园教学的启示[EB/OL]. （2018-07-24）[2020-05-09]. https://wenku.baidu.com/view/7f831cf903d276a20029bd64783e0912a3167c79.html.）

苏联教育家凯洛夫认为，个体的发展受到来自遗传、环境和教育3方面的影响。其中，遗传作为个体发展的基础，为个体的发展提供了基础和可能性。然而，脱离了环境的影响和作用，个体的发展也会受到影响，如脱离了人类社会环境的小孩与狼生活在一起，变成了狼人，从而缺乏很多重要的人类行为和技能。他认为，学校教育作为一种特殊的人类社会环境，在儿童的发展中起着主导作用。苏联教育家赞可夫对于教育与儿童发展的关系进行了二十几年的系统研究，他对教育与儿童发展的关系做了"外因通过内因而起作用"的辩证唯物主义的解释。他提出，儿童的发展可能由于教育过程的安排不同而不同。然而，教育这一外因是如何通过遗传这一内因起作用的，苏联的教育家们也未能做出详尽的解答。

（五）各种因素在儿童发展过程中的作用

1. 遗传的作用

通过遗传，个体获得了人的生理解剖机制及特点，如体型、皮肤、五官等个人特点及神经系统，特别是获得了大脑的结构和功能的特点。大量的实验研究表明，遗传和生理成熟在儿童发展的过程中发挥着重要作用。首先，遗传为儿童的发展提供了物质条件和基础。一方面，儿童发展以遗传获得的生理解剖结构和特点为前提，比如儿童言语的发展要以大脑相关区域的成熟为基础，另一方面，遗传决定着儿童发展的方向和过程。例如，言语的发展，儿童总是先牙牙学语，学会说简单的词，再学会用简单的句子进行表达，而后学会复杂的句子。其次，个体的遗传基因导致某些个体差异。正常的儿童都具有人类的遗传基因，但由于不同个体的遗传基因在高级神经活动类型、感受器官的结构和机能上存在差异，从而导致幼儿的发展各不相同。例如，有研究者发现，个体在活动量、注意力、易怒性及社交能力等气质特征上，同卵双胞胎的相似性高于异卵双胞胎。此外，生理成熟在一定程度上制约着儿童的心理发展。如果在某种生理结构和机能达到一定成熟程度时，适时地给予适当的刺激，就会使相应的心理活动有效地出现或发展。如果机体尚未成熟，那么，即使给予某种刺激也难以取得预期的结果。

2. 环境的作用

所有生物的生存和发展都离不开环境。儿童自出生起就处于自然环境和社会环境中，并在与环境的相互作用中得到发展。环境为儿童的发展提供了多种可能性。不同的儿童生活在不同的环境中，这些环境为儿童提供的条件的质量不同，因此对儿童发展的影响也不同。我国著名教育学家陈鹤琴先生曾说："小孩子生下来大都是好的，到了后来，或者变好，或者变坏，这和环境有很大关系。环境好，小孩子就容易变好；环境差，小孩子就容易变坏。"无论是儿童身体的发展还是心理的发展，都会受到环境的影响。如果儿童生活在一个良好的环境，得到充足的营养和照顾，那么其身体就能获得正常的发育。儿童的心理发展特征和品质是在与周围人的交往中形成的，环境会影响儿童言语、社会性、道德等方面的发展。例如，如果儿童生活在一个吵吵闹闹、剑拔弩张的家庭生活环境中，那么其性格很有可能会发展成易暴躁、易怒。

3. 教育的作用

教育是根据一定的社会要求，通过一定的途径，有目的有计划地引导儿童进行各种活动。相比于遗传和环境，教育在儿童身心发展过程中起着独特的作用。遗传素质是儿童心理发展的物质前提，但是在环境的影响下，这种客观的物质前提能够变为现实，这个现实又将成为发展的前提和可能。遗传物质长期在环境变化的影响下也会发生变化，这就是遗传变异。教育是制约儿童发展水平和方向的最重要的客观因素，通过教育活动影响儿童的身心发展，可以使优良的遗传素质得以发展。此外，教育还能对环境进行选择和取舍，发挥和利用环境中的有利因素，减少或消除不良因素，使儿童按照一定的社会要求进行发展。德国的研究者对孤儿院 7～30 个月的儿童进行追踪研究，他们将儿童分成两组，实验组的儿童改变抚养方式，送到收容所进行教育，由年龄较大的女孩进行照料，并教这些儿童讲话、与他们做游戏，随后送入托儿所；而控制组的儿童一直留在孤儿院进行教养。4 年后，实验组儿童的智商都得到了提高，大部分儿童都读完了中学，还有部分儿童进入了大学；

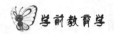

而控制组儿童的智商几乎没有得到较大提高,大部分儿童的智商不超过小学三年级。

4. 个体主观能动性的作用

个体主观能动性是儿童身心发展的动力,而人的主观能动性是通过人的活动表现出来的,人的潜能和素质的发挥也是人在活动中实现的。离开人的活动,遗传、环境和教育所赋予的一切发展条件,都不可能成为人的发展现实。所以,从个体发展的各种可能性变成现实这一意义来说,个体的活动是个体发展的决定性因素。

三、儿童的权益

一直以来,世界各国都非常重视保护儿童的权益,为了将保护儿童权利落到实处,进行了很多努力。1959年,联合国第十四届大会通过了历史上第一个关于保护儿童权利的社会性公约——《儿童权利宣言》,指出儿童应受到特别保护,并应通过法律和其他方法获得各种机会与便利,使其能在健康、正常的状态下,享有自由与尊严,得到身体、心智、道德、精神和社会等方面的发展。1989年,联合国第四十四届大会进一步通过了《儿童权利公约》(以下简称《公约》)。《公约》指出:18岁以下的任何人,不仅仅是被保护的对象,还是积极和创造性的权利主体,拥有包括生存、发展和充分参与社会、文化、教育生活以及他们个人成长与福利所必需的其他活动的权利。父母对儿童的养育和发展负有首要责任。联合国儿童权利委员会副主席汉姆伯格对此进行了解释:"过去人们关于儿童的基本观点是使脆弱的儿童免受伤害,人们还没有普遍认识到儿童有自己的能力、观点和想法,应该像所有人一样受到尊重。"《公约》提出了四大原则和四大权利。四大原则包括:① 儿童最大利益原则,任何事情凡是涉及儿童的,必须以儿童权利为重;② 尊重儿童尊严原则,尊重儿童生存和发展的权利;③ 无歧视原则,不管儿童的社会文化背景、出身高低、贫富、男女、正常儿童或残疾儿童,都应该得到平等对待,不受歧视和忽视;④ 尊重儿童观点的原则,任何事情只要涉及儿童,就应当听取儿童的意见。四大权利包括:① 生存权利,儿童有权接受可达最高标准的医疗服务;② 保护权利,防止儿童受到歧视、虐待以及疏忽照顾。③ 发展权利,每位儿童都有权接受一切形式的教育,以此培育儿童的身体、心理、精神、道德及社会发展。④ 参与权利,儿童有参与社会生活的权利,并有权对影响他们的任何事情发表意见。1990年通过的《儿童生存、保护和发展世界宣言》也呼吁全世界尊重儿童的权利和福利。

我国作为《儿童权利公约》的缔约国之一,积极参与到联合国维护儿童权利的各项活动中来(见图4-2),在履行《公约》的同时,在相关法规中也对儿童的权利及其保护做出了明确的规定。例如,《中华人民共和国宪法》第四十九条规定:"父母有抚养教育未成年子女的义务。"《中华人民共和国义务教育法》第四条规定:"凡具有中华人民共和国国籍的适龄儿童、少年,不分性别、民族、种族、家庭财产状况、宗教信仰等,依法享有平等接受义务教育的权利,并履行接受义务教育的义务。"根据《儿童权利公约》和《中华人民共和国未成年人保护法》,我国儿童应享有受教育权、生命权、身体权、健康权、身体自由权和内心自由权、肖像权、名誉权、隐私权、财产管理权、财产保护权、独立财产权、照顾权、民事活动代理权、休息娱乐权、获得良好的校园环境权等。每个儿童都是独立的生命实体,具有独立的人格,儿童与成人在人格上是平等的。教育应该是儿童与成人之间的对话,我们必须把儿童看作是具有独立价值的生命存在,学会尊重儿童,保障他们的一切权益。

图 4-2　我国参加联合国《儿童权利公约》纪念活动

第二节　儿童观与学前教育发展

典型案例

　　某天,幼儿园请摄影师给小朋友们拍照,林老师看见正在吃着糖葫芦的佳佳笑得特别开心,就想让摄影师把这一幕记录下来。可当镜头对准佳佳时,她的笑容立马没了。林老师夸佳佳的笑容很美并鼓励她对着镜头笑,但是佳佳一直低着头。后来林老师直接说:"你不笑一下的话,老师就不喜欢你了!"佳佳很勉强地笑了一下后马上委屈地哭了。

案例点评

　　学前儿童是独立的个体,有自己的权益,无论是老师还是家长,在平时教育及交往时都要尊重儿童的意愿和想法。

一、儿童观

(一)什么是儿童观

　　儿童观是指成人对儿童的认识和看法的总和。儿童观与教育观一样,是社会的意识形态,涉及儿童的特点、权益与地位、对儿童特质和能力的认识程度、教育与儿童发展之间的关系等问题。儿童观的形成受社会政治经济、科技发展水平、文化传统和习俗等因素的制约和影响。随着社会历史的发展,儿童观也在不断发生变化。儿童观不同,教育儿童的内容、方式和任务也就不同。

(二)儿童观的发展

1. 古代的儿童观

　　在生产力低下的原始社会,教育还未从生活和劳动中分离出来。儿童自出生起,主要是在日常的生活和劳动中接受自发的教育。此时,儿童的教育没有系统性和组织性,无论是在西方还是东方,人们对儿童的教育和管教都非常严格,甚至对儿童进行压制。在这个时期，人们还未认识到儿童所具有的特质以及儿童期在人的发展过程中所具有的重大意义。人们认为儿童只是"缩小版"的大人，其他方面与大人并无区别。

随着生产力的发展，人们的体力劳动和脑力劳动开始分离，教育也从生活和劳动中分离出来。人们对儿童和教育的重视程度逐渐增加，但是由于政治经济、科技文化水平的限制，人们对儿童和教育的认识还非常有限。当时的儿童观可以总结为以下几点。

（1）以成人为本位，儿童没有权利。这个时期的社会是以成人为本位的社会，所有的社会活动均围绕成人展开。儿童与成人是依附与被依附的关系，儿童被看作是成人的附属品，被要求听从成人的命令和安排。此时的儿童也没有作为人的基本权益，甚至连基本的生存权都得不到保障。

（2）儿童是家族的延续，是国家的未来和希望。此时的儿童不仅被当作家族的延续，还被看作是国家的财富和未来。人们开始重视儿童及其教育，但目的是为了家族和国家，而不是为了儿童自身的发展。

（3）儿童具有教育的可塑性。随着人们对儿童的重视，人们开始发现儿童在很多方面与成人存在着差异。虽然此时人们把儿童看作是"无知无能"的，但是具有可塑性，可以通过教育对他们进行培养和训练。

2. 近代的儿童观

随着封建制度的解体，政治经济、社会文化等方面都发生了很大的进步，人们对儿童也有了新的认识。近代的儿童观可以总结为以下几点。

（1）开始意识到儿童是作为独立的个体存在的，而且具有价值和权益。

文艺复兴运动提出，人们要热爱儿童、尊重儿童。卢梭认为，应该把儿童看作独立的个人，他们有自己的看法、思想、感情以及各种需求，他们的权益应该得到满足。

（2）儿童具有发展的潜能。此时，人们不再认为儿童是"无知无能"的，而是将儿童看作是具有巨大发展潜能的个体。通过教育，可以让儿童的潜能得以发挥。教育的出发点和目的逐渐变成儿童本身，儿童逐渐成为教育的中心。

3. 现代的儿童观

随着社会的不断进步，儿童及儿童的权益越来越受到社会的重视和尊重，人们对儿童的认识更加深入和科学化。现代的儿童观可以总结为以下几点。

（1）每个儿童都是独立的个体。每个儿童与成人一样都是社会的公民，具有独立社会地位，其各项权益受法律的保护。《儿童权利公约》赋予了儿童生存权、发展权、受保护权和参与权。儿童的权利应受到保障，成人不应该歧视或随意处置儿童，也不应该忽视他们独立的人格和权利。

（2）儿童是发展的人。学前儿童的身心具有巨大的发展潜能。大量研究表明，新生儿甚至在胎儿时期就有了感知觉、记忆、情感等方面的反应，因此从新生儿时期开始，儿童就具有很大的发展潜能。学前期是儿童身体、心理发展的关键时期，儿童身心很多方面的发展在这个阶段最为迅速。成人应该承认儿童所具有的各种发展的需要和潜能，在适当的环境和教育条件下，应该最大限度地发展儿童各方面的潜能。

（3）每个儿童都是独特的个体。由于儿童发展的水平和速度不同，因此儿童在发展中共性和个性并存，没有完全一样的儿童。对儿童进行教育时，要认识并尊重他们的个性和差异，做到因材施教，让他们自由、充分地发展。

(4)儿童具有发展的主观能动性。人既是认识的主体,又是实践的主体。不仅是成人,儿童也具有主观能动性。儿童的发展不仅受客观因素,如遗传、环境、教育等的影响,还取决于自身的主观能动性。儿童并不是消极被动地接受外界刺激,而是主动地对外界刺激进行选择。在儿童身心发展的过程中,其自身发挥着积极主动的作用。

二、现代学前教育的观念

20世纪80年代以来,随着人们对儿童越来越重视,学前教育也得到了很大的发展。现代学前教育开始走向成熟的繁荣,在此过程中,涌现出了许多新的发展观念。比较有影响的新观念可以概括为以下几点。

(一)儿童发展开始成为教育的目标

长久以来,人们对学前教育的目标进行制定时,往往是着眼于社会和学科教育的需求,很少从儿童的角度,考虑其自身发展的需要。随着学前教育研究者们的不断探索,人们发现学前儿童的身心发展具有巨大的潜能,学前期是儿童身心发展的关键期。因此,学前教育工作者们提出,学前教育应以儿童的发展为教育目标。在制定儿童发展的目标时,不仅要考虑社会对儿童的要求,还要考虑和尊重儿童自身发展的需要,促进儿童的全面发展。苏联在《幼儿园教育、教学示范大纲》中提出:"要培养出个性全面协调发展、能符合新社会的发展要求、有创造性,并且具有一系列对今后整个生活有重大意义的优良品质的儿童。"学前教育应该促进儿童身心的健康发展,使他们将来可以顺利地走入社会,成为有利于社会的成员。

(二)学前教育要因材施教

当前,我国学前教育也将儿童的全面发展作为根本目标。然而,由于当前教育发展水平和社会发展水平的局限性,这种全面发展教育还难以实现,是一种理想的状态。因此,学前教育者们逐渐意识到,全面教育的"全面"应该是指根据儿童的个人潜能、个体特点,在德、智、体、美、劳等方面有所侧重地全面发展,要因人而异、因材施教地全面发展,而不应该机械地对全体儿童提出统一的全面发展的要求,忽视个体的差异性。

(三)儿童是教育的主体

在对学前儿童进行教育时,教师的主导作用要和发挥儿童的主动性、独立性、创造性相结合,而不是由教师主导一切,让儿童完全进行接受学习。

三、现代学前教育的新趋势

20世纪80年代以来,学前教育进入了一个繁荣发展的时期。无论是基本理论、课程模式、教育方法,还是机构类型,都得到了迅速的发展,呈现出多元化、多样化的特点。

(一)基本理论的多样化

改革开放以来,我国的学前教育吸收了很多国外先进的基础理论,并根据国情,不断完善自身的基本理论体系。

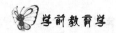

我国学前教育基础理论的建设，借鉴了很多蒙台梭利的教育理念。蒙台梭利认为，要教育儿童，首先要认识儿童、了解儿童。只有充分了解儿童发展的特点，才能更好地对儿童进行教育。在教育的形式上，蒙台梭利提倡自由教育，强调儿童自导自选的学习和自动的教育。她认为，儿童的发展是儿童自己活动的结果，我们的教育应该尽可能地创造自由的条件让儿童进行活动，而不是以知识的灌输为主。我们应该尊重儿童的个性，以动作和感知觉训练对儿童进行教育。

皮亚杰的认知发展理论对我国学前教育也产生了深远的影响。皮亚杰的理论提出，学前教育应以儿童的兴趣和需要为前提，以活动为主要形式展开，强调游戏的重要性。学前儿童教育要重视和尊重儿童发展的连续性和阶段性，合理安排教育的内容。

（二）学前教育课程模式的多元化

学前教育课程发展进程可划分为三大阶段。第一阶段，20 世纪 80 年代，我国学前教育课程改革的自发探索阶段。在该阶段之初，以沿用、发展苏联式课程为主。随后，针对分科课程的不足，我国开始了以探索"主题综合课程"为主的初步课改试验。第二阶段，20 世纪 90 年代，我国学前教育课程改革的大规模推进阶段。在 1989 年颁布的《幼儿园工作规程（试行）》的指导下，"五大领域课程""情感课程""创造教育课程""农村一年制学前班课程"等课程热潮在祖国多个城市迅速掀起，逐渐在我国形成了多样化的学前教育课程模式。第三阶段，2001 年至今，学前教育课程改革的深化阶段。在 2001 年颁布的《幼儿园教育指导纲要（试行）》的指导下，学前教育课程工作在追求课程综合的道路上，开展系列课改实验，如"渗透式领域课程""生态式融合课程""生活化游戏化课程""多元整合课程""田野课程"等，使得我国学前课程尽显多元化、个性化之态。

（三）学前教育机构类型的多样化和社区化

随着社会的不断发展，我国学前教育机构的类型越来越多样化。除了托儿所、幼儿园这种比较常规的机构外，还发展出了儿童乐园、玩具图书馆、流动图书馆、游戏小组、家庭托儿中心等各种新兴的、多元的机构类型。此外，我国学前教育逐步走向社区化，不仅有利于教育资源的利用，还有利于学前教育的推广与普及。

知识拓展

社区教育对幼儿的重要性

幼儿园、家庭和社区是幼儿教育的重要组成部分。广大考生对幼儿园和家庭在幼儿教育中的重要性往往有比较深刻的认识，但对于社区教育的认识可能比较欠缺。《幼儿园工作规程》指出：幼儿园应当加强与社区的联系和合作，面向社区宣传科学育儿知识，开展灵活多样的公益性早期教育服务，争取社区对幼儿园的多方面支持。社区是幼儿园的重要教育资源，幼儿园应充分考虑社区大环境的作用，争取社区支持，为幼儿的健康成长提高更广阔的空间。具体来说，社区教育对幼儿成长的意义有以下几点。

第一，有利于儿童整体发展。儿童是完整的人，需要全面的关怀。家庭是儿童成长最初的也是最基本的社会生态环境，对儿童一生的发展有深远的影响；幼儿园是儿童接受教育时间最长的场所，是儿童获得各方面能力的主要地方；社区对儿童的作用和影响更为广泛，是儿童社会化最直接的阵地。因此，幼儿园、社区、家庭的融洽和合作有利于形成教育合力，促进幼儿的身心健康和全面发展。

第二，有利于促进幼儿教育的多样化。社区教育可以充分利用社区资源，将社区内潜在的各种人力、物力和财力资源，自然与人文资源有效地进行开发和利用，建立健全社区幼儿教育服务的规划、组织、标准等机制，形成全方位、开放的教育系统，促进教育的多样化与社会化，惠及更多的家庭与儿童。

第三，有利于幼儿教育从封闭走向开放。社区环境具有一定的开放性，能为广大儿童提供多种接触社会、与人交往的机会，从而培养儿童良好的社会适应能力。

总之，幼儿教育要正向多元化、开放型发展。幼儿教育不等于单纯的幼儿园教育，家庭、社区、幼儿园三大环境对幼儿的成长都有影响，只有多方相互配合，形成合力，才能使幼儿园的保教质量进一步提高。

（资料来源：社区教育对幼儿的重要性[EB/OL].（2018-05-07）.[2020-05-09]. http://www.zgjsks.com/html/2018/tongyong_0507/299218.html.）

第三节 学前教育与儿童发展的关系

典型案例

南南刚上幼儿园中班，妈妈就让他每天回家后学习加减法和拼音，但是南南学得非常吃力，对学习越来越没有兴趣，每天都害怕妈妈交给自己新的任务，产生了自卑感和挫败感。

案例点评

南南的妈妈在选择南南的学习内容时没有考虑南南的身心发展水平。在对幼儿进行教育时，应该根据其身心发展规律及年龄特点选择合适的内容、任务和目标，从而更好地促进幼儿的发展。

学前教育和儿童发展是相互作用、彼此影响的。一方面，学前教育影响儿童身心各方面的发展；另一方面，学前教育的目标、任务、内容等又受制于儿童身心发展的规律。

一、学前教育对儿童发展的作用

（一）学前教育对儿童认知发展的影响

很多研究都表明，学前儿童具有巨大的学习和发展潜能。学前期是个体心理多方面发展的关键期。在这个关键期内，个体对某些知识经验的学习或行为的形成比较容易，一旦错过了这个关键期，后面再进行学习和培养就会比较困难。学前期是儿童智力品质形成和发展的关键期。研究表明，2~3岁是个体言语能力发展的关键期；4~6岁是儿童对图像的视觉辨认、形状知觉形成的最佳时期；5~6岁是儿童词汇能力发展的关键期。美国心理学家布鲁姆曾根据研究的结果提出早期教养经验与幼儿智力发展关系的科学假设：一个人智力的发展，50%是在 4 岁以前完成的，30%是在 4~8 岁这 4 年的时间里完成的，另外 20%则是在 8~17 岁这 9 年的时间里完成的。由此可见，学前教育阶段是儿童智力发展的关键期。适当的教育能促进儿童智力认知等方面的发展。此外，学前期还是个体好奇心、想象力、创造性等非智力品质发展的重要时期。通过学前教育，可以有组织、有目的地对幼儿的智力和非智力品质进行开发和培养，为儿童今后的学习和生活奠定良好的基础。如表 4-1 所示为皮亚杰认知发展理论。

皮亚杰认知发展理论

表 4-1 皮亚杰认知发展理论

大致年龄	阶段	特征	发展现象
两岁以前	感知运动	通过感知和行动体验世界	物质恒存概念 陌生人焦虑 假扮玩耍
二至七岁	前运算（准运算）	以文字和图像表征事物	自我中心 语言发展
七至十一二岁	具体运算	有逻辑地思考具体事件；抓住具体的类比的含义	数学转换能力
十一二岁以上	形式运算	思考抽象情形，处理抽象思维	抽象逻辑 进行成熟的道德论证的潜能

（二）学前教育对儿童社会性发展的影响

人的社会化过程是从出生之后就开始的，在良好的家庭教育和幼儿园教育下，儿童的社会化逐步发展，对社会规范的了解逐渐加深，人际交往和社会适应能力逐渐增强。不管生活在哪个社会里，儿童的个性总会朝着特定的社会要求发展。对于学前儿童而言，幼儿园教育是影响其社会性发展的最主要的因素。幼儿园作为一种专门进行教育活动、培养儿童的机构，是按照社会要求有计划、有组织、有目的地对幼儿进行培养的，对幼儿社会化的影响是有目的的、系统的、长期的。学前教育对幼儿社会化的影响主要以课程活动为载体，由具有专业知识、技能的教师实施。幼儿教师根据一定的社会要求，向学前儿童传授人类社会长期积累下来的知识经验、社会规范，帮助他们形成正确的行为规范、思想观念，积极的行为和品格，引导学前儿童朝着社会所期望的方向发展，并能更好地与他人交往，适应社会。

（三）学前教育对儿童人格发展的影响

世界上的每一个人都是独一无二的，有自己的人格特点。学前教育涉及智力教学、心理健康教学等不同的内容，具有很强的综合性和实践性，对幼儿的发展有着非常重要的作用。好的性格、人格会影响人的一生。学前儿童年龄较小，各方面的可塑性较强。教师应该重视学前教育，做好相关工作，有效实现幼儿人格的健康发展。

幼儿阶段是幼儿性格养成的关键时期，教师要抓住这个阶段开展各种活动进行培养。例如，通过游戏教学让幼儿在游戏中充分实现个性的发展。教师要灵敏把握学前儿童内心可能发生的变化，注重培养孩子的情感认识，引导学前儿童形成良好的人格和独特的个性。教师在进行教育的过程中，要根据每个儿童的实际情况因材施教，具体问题具体分析，确保每个孩子都获得健全的人格和全面的发展。

（四）学前教育对儿童情绪能力的影响

儿童情绪能力是指个体察觉、理解自己与他人的情绪，并在此基础之上进行适当表达、调节控制，以帮助自己应对挑战、达成目标以及有效参与社会互动。一般来说，学前儿童的情绪调控能力较差，主要表现为易激动性（易于爆发激情）、易感性（情绪容易受周围事物影响）和易表现性（内心体验和外部表现）。

儿童情绪能力的发展不是一个完全自发的过程，它不仅受遗传基因的影响，还受后天环境和学习的影响。对于学前儿童而言，他们在幼儿园里度过了较多的时间，在幼儿园的日常生活中充满了情绪冲突事件，比如与父母分离、和同伴分享玩具等。因此，幼儿园里教师的教育是影响儿童情绪能力非常重要的一个因素。教师不仅是儿童情感需要的安慰者和支持者，也是其情绪能力发展的教育者和指导者。教师对自身情绪的关注、理解、监控等会对学前儿童情绪能力的发展产生影响。教师若不重视自身情绪以及师幼互动的方式，而是通过批评、惩罚以及轻蔑、回避的方式回应儿童，则会对儿童产生不利影响。

二、儿童身心发展规律对学前教育的影响

学前教育和儿童发展是相互依赖、相互影响的关系。一方面，学前教育是促进幼儿发展的重要因素；另一方面，学前教育的目标、内容、方法又受到儿童身心发展规律的制约，学前儿童身心发展的规律为教育提供了科学基础。

（一）学前教育要考虑儿童的身心发展水平

教育对学前儿童的发展具有促进作用。教育为儿童的发展提供了外部条件，要真正实现儿童的发展，必须让外部条件通过儿童内部因素起作用，教育的作用需要通过儿童自主的活动实现。因此，提供给儿童的教育应该是符合其身心发展需求和规律的。符合儿童身心发展水平的教育能有效地促进儿童的身体发展，帮助儿童更好地认识事物、探索世界，形成良好的品质和行为习惯。

学前期儿童的生长发育迅速，中枢神经系统发育快，与周围环境接触的增多促进了儿童动作、语言、思维等方面的发展。此外，这个阶段儿童的大脑功能发育得也很快，智力发展增快，儿童的理解能力逐渐加强，表现出求知欲强、好奇、好问、好模仿的特点。同时，儿童的运动协调能力逐渐完善，可以从事一些手工和劳动，逐渐地可以学习简单的文字、图画和歌谣，能用较为正确的连贯的语言来表达自己的思维和感情。学前教育的任务、内容、方法都要符合儿童的发展水平，只有这样才能提高教育的效率和效果。

（二）学前教育要因材施教

教师在制订教育方案时要考虑儿童一般的发展水平和特征，但是也要考虑班级以及个体的差异。由于个体遗传因素不同，家庭环境和所受教育存在差异，每个儿童在身体发育、能力、性格等方面都会表现出自己的特点。因此，教师在面对具体的班级和儿童时，要根据不同的特点选择不同的教育方式和引导方式，正确处理共性和个性的关系，因材施教，有针对性地对儿童进行教育。

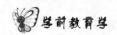

有研究者发现，在幼儿园的同一个班里，虽然儿童的年龄基本相同，但是他们在性格、智力、语言、动作等方面的发展存在较大的个体差异。因此，教师在组织教学活动时，不应机械地对班里的每一位儿童都提相同的要求，而应将集体活动、小组活动和个体辅导结合起来，更好地促进每个儿童潜能和兴趣的发展。

在 线 测 试

一、名词解释

儿童观　环境决定论　遗传决定论

二、选择题

1. 提出"成熟势力说"，认为儿童发展是一个有规律的顺序模式的过程的学者是（　　）。
   A. 柏拉图　　　　　　　　　　　　B. 皮亚杰
   C. 格塞尔　　　　　　　　　　　　D. 洛克
2. 以下哪位研究者不是环境决定论的支持者？（　　）
   A. 华生　　　　　　　　　　　　　B. 格赛尔
   C. 洛克　　　　　　　　　　　　　D. 孔子
3. "玉不琢，不成器"说的是（　　）对心理发展的作用。
   A. 遗传因素　　　　　　　　　　　B. 自然环境
   C. 社会环境和教育　　　　　　　　D. 生理成熟
4. 学前儿童情绪调控能力不包含（　　）。
   A. 易激动性　　　　　　　　　　　B. 易感性
   C. 易表现性　　　　　　　　　　　D. 易变化性
5. 1959年，联合国第十四届大会通过了历史上第一个关于保护儿童权利的社会性公约，即（　　）。
   A.《儿童权利宣言》　　　　　　　　B.《儿童权利公约》
   C.《妇女儿童权益保障法》　　　　　D.《母婴保障法》

三、论述题

1. 简述影响儿童身心发展的因素。
2. 简述不同阶段儿童观的发展。
3. 简述学前教育与儿童发展之间的关系。
4. 改革开放以来，社会上曾风行"零岁方案""神童方案"，一些"望子成龙"的家长强行给自己的子女进行盲目的早期定向培养。有的父母在孩子未出生时就买好了钢琴，企图把宝宝培养成钢琴家，有的家长在孩子一两岁时就强行要他背古诗、练书画等。一些幼儿园迫于家长的压力或经济利益的驱动办起了各式各样的兴趣班、特长班。表现为重知识灌输、轻能力培养，重智力培养、轻人格因素培养等错误倾向。请你分析这种现象存在的原因，并谈谈如何处理好全面发展与因材施教的关系。

真 题 训 练

一、选择题

1. 依据联合国《儿童权利公约》，对儿童的养育和发展负有首要责任的是（　　）。【2018年6月】

    A. 国家　　　　B. 父母　　　　C. 学校　　　　D. 社会

2. 幼儿萌萌午休时不睡觉还发出吵闹的声音，何老师把她关在厕所里，以免影响其他幼儿休息，何老师的做法（　　）。【2018年6月】

    A. 不正确，侵犯幼儿的人身权利和人格尊严

    B. 不正确，侵犯幼儿的思想自由和受教育权

    C. 正确，保证了其他幼儿午休的权利

    D. 正确，有利于引导萌萌养成良好的生活习惯

3. 教师通常在班级设置许多活动区，提供多层次的活动材料让幼儿自选。这遵循的心理发展原则是（　　）。【2019年6月】

    A. 阶段性原则　　B. 社会性原则　　C. 操作性原则　　D. 差异性原则

4. 下列针对幼儿个体差异教育观点，哪种不妥？（　　）【2018年11月】

    A. 应关注和尊重幼儿不同学习方式和认知风格

    B. 应支持幼儿富有个性和创造性的学习与探索

    C. 应确保每位幼儿在同时间达成同样的目标

    D. 应对有特殊需要的幼儿给予特别关注

5. 生活在不同环境中的同卵双胞胎的智商测试分数很接近，这说明（　　）。【2017年6月】

    A. 遗传和后天环境对儿童的影响是平行的

    B. 后天环境对智商的影响较大

    C. 遗传对智商的影响较大

    D. 遗传和后天环境对智商的影响相当

6. 最早提出"以儿童利益为首要考虑"这一原则的文件是（　　）。【2016年11月】

    A.《适合儿童生长的世界》　　　　B.《3～6岁儿童学习发展指南》

    C.《未成年人保护法》　　　　　　D.《儿童权利公约》

二、论述题

什么是幼儿园环境？为什么幼儿园教育中要强调创设良好的幼儿园环境？请联系实际说明。【2017年11月】

第四章参考答案

本章拓展阅读

童年的秘密

《童年的秘密》是意大利著名幼儿教育家玛利亚·蒙台梭利（Maria Montessori,

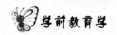

1870—1952年）的一部代表作。它是一部风靡全球的幼儿教育名著，对幼儿之谜进行了十分有益的探索和解答，介绍了她在学前儿童方面的研究和教育工作，阐述了幼儿教育的原则和方法。

童年的秘密是什么？蒙台梭利认为其体现在：儿童是一个"精神（心理）的胚胎"，只有通过人的教育，这种胚胎才能发育成一个健全健康的"精神世界"。儿童心理的发展有各种"敏感期"，包括秩序的敏感期、细节的敏感期、行走的敏感期、手的敏感期、语言的敏感期；而导致儿童心理变异的表现主要是心灵的神游、心理障碍、依附、占有欲、权力欲、自卑感、恐惧和说谎。认真的观察和深入的思考使蒙台梭利得出一个重要的结论：童年时期是人生中的一个重要的时期。除生理的发展外，幼儿心理的发展更需要得到重视。因为幼儿正是通过自己的努力形成了个性，在某种意义上说，他成为他自己的创作者。

"儿童是成人之父"，这是蒙台梭利在《童年的秘密》一书中提出的一个富有哲理的观点。这个观点看起来似乎是有点矛盾的，但实际上很睿智。如果成人忘记自己曾经是一个儿童，那么，他就不能给幼儿提供一个适宜发展的环境，就不会去克服自己与幼儿之间的冲突，幼儿的心理就会产生畸变，并将伴随其终生。

《童年的秘密》是了解儿童发育和成长秘密的最生动的著作。在书中，蒙台梭利详细而生动地描绘了儿童的生理和心理特征，揭开了儿童的成长奥秘。它让世人了解到，儿童具有丰富的潜能，但儿童只有在一个与他的年龄相适应的环境中，他的心理生活才会自然地发展，并展现他内心的秘密。而有些儿童之所以不能正常地发育和成长，主要是因为受到成年人的忽视和压抑。因此，我们要理解、尊重儿童，根据儿童身心发展的规律，为儿童发挥自身的潜能提供帮助。

（资料来源：肖全民. 学前教育原理[M]. 北京：北京师范大学出本社出版，2017：103.）

学习评价与反思

_____

_____

第五章　幼儿园教师

本章导读

"教师"究竟扮演着什么样的角色，也许时至今日都没有一个完美的答案。你可能见过特别擅长讲授知识的老师，用幽默、诙谐、轻松的方式深入浅出地将知识传授给学生，让学生有醍醐灌顶之感；你可能也见过和学生关系亲近，经常从学生角度出发，理解并支持学生，像朋友一样用行动影响学生的教师。

在主流的教育形态里，对老师最重要的要求是教学的能力和高尚的德行；在华德福幼儿园里，有许多赞美孩子、花很多时间陪孩子在自然里嬉戏的教师；在夏山学校，也有很多观察、陪伴、支持学生，帮助学生解决生活问题的幼儿园教师……那教师到底应该扮演什么样的角色呢？

2018年全国学前教育宣传月的主题是"我是幼儿园教师"，在宣传月中，征集了全国各市各县的幼儿教师的教育故事，记录了幼儿教师、幼教工作者们日常工作的点滴，让我们感受到了他们平凡中的坚守与真诚奉献。与爱同行，让我们做陪伴孩子们成长的同行者。

学习目标

1. 了解幼儿园教师角色发展历程，清楚认识现代幼儿园教师的角色内涵。
2. 了解幼儿园教师的职业特点和社会地位，正确把握幼儿园教师的权利和义务。
3. 掌握幼儿园教师所需要的职业品质。
4. 了解幼儿园教师的专业成长阶段并实现专业成长，能够有效处理职业生涯中的常见问题。
5. 通过与幼儿平等的相互沟通交流，构建良好的师幼关系。

学习重点

1. 了解幼儿园教师的专业成长阶段并实现专业成长，能够有效处理职业生涯中的常见问题。
2. 通过与幼儿平等的相互沟通交流，构建良好的师幼关系。

思维导图

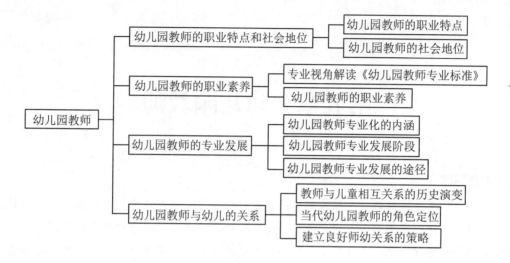

第一节 幼儿园教师的职业特点和社会地位

典型案例

有人说"幼儿园教师是高级保姆，就是带带孩子"；有人说"想要发大财，不要做幼师"。当然，我们也听到师范专业的同学说："我毕业之后想当一个温柔又有爱心的幼儿园老师。"

2018年的学前教育宣传月，教育部组织了"我是幼儿园教师"的征文活动，收到了大量来稿。很多教师讲述了自己平凡又有意义的专业生活和青春故事。例如，注重细节的贵州省的马丽琼老师，发现一个小朋友没有到幼儿园，几经周折追寻具体的原因，结果挽救了因二氧化碳中毒的祖孙三人；接收哈尼族外来务工人员子女的江苏省某幼儿园的蔡冬梅老师，冒着风雪赶往幼儿园，给哈尼族孩子送早点、送衣物，尚不会汉语的孩子终于感动地冒出了一句"妈妈早"；四川省的李珊珊老师，没有豪言壮语，也没有惊天动地的壮举，但为了孩子，她可以和同事坚持说服木器厂将作为垃圾和柴火的木块送给幼儿园，她们不怕刺伤和流血，用双手挖出木块，用背篓背回幼儿园，加工成安全的玩具。

讨论：你认为幼儿园教师是怎样的一个职业？与其他职业相比，这个职业的显著特点是什么？

案例点评

幼儿园教师的奉献支撑了我国的学前教育事业。幼儿园教师是一个光荣而神圣的职业。幼儿园教师是儿童成长发展的重要引路人，对于儿童良好生活态度、学习习惯、行为品质的养成具有重要作用。其次，幼儿园教师的专业性确保了儿童有效的学习。学前教育是一个专业，幼儿园教师是一个拥有专业素养的职业。为儿童创造良好的生活和活动环境，引导儿童在与丰富多彩的环境相互作用的过程中充实生命，获得成长，这是幼儿园教师的重要使命。保障幼儿园教师完成这一使命的关键就是教师的专业性。幼儿园教师的工作成就了幼儿的全面发展。幼儿园教师的工作是艰巨而复杂的。幼儿园教育必须关注儿童健康、语言、社会、科学及艺术各个领域的协调发展。幼儿园教师必须坚持以儿童为本,对儿童的教育必须建立在观察分析儿童的基础之上。幼儿园教育的内容是从儿童出发的,基于儿童的需要和兴趣,基于儿童的现实生活,基于幼儿园特定的资源,制订计划和组织活动,而不是依循固定不变的教材,这是对幼儿园教师的重大挑战,也说明了幼儿园教师工作的复杂性和创新性。

(资料来源:虞永平.幼儿园教师是专业而有尊严的职业.(2018-05-20)[2020-05-09]. https://mp.weixin.qq.com/s/YCdPFUhGfsDjsielOOXMFQ)

一、幼儿园教师的职业特点

"人生百年,立于幼学。"幼儿教师担负着学前儿童启蒙教育、促进幼儿身心全面和谐发展的重任。幼儿教师扮演着幼儿生活中的照料者、学习中的老师、游戏中的伙伴,同时也在幼儿学习中扮演支持者、合作者、引导者的角色。在新时代的背景下,人们对幼儿教师提出了更高的要求,要求教师扮演更加多元的角色。幼儿园教师作为一种专门的职业,有着自身独特的职业性。

(一)幼儿园教师的劳动对象具有主动性和幼稚性

1. 劳动对象的主动性

劳动对象的主动性指幼儿园教师的劳动对象——幼儿具有主观能动性,是一个有意识的人,是一个主动发展而非被动接受的人,这同时也使劳动对象具有复杂性的特点。众所周知,影响和改变人的意识是比较困难的事情,因此,幼儿园教师在影响和改变幼儿之前,要对幼儿进行充分了解,针对每个幼儿的发展水平,激起幼儿主动活动的兴趣,调动幼儿的积极性。这一特性也使我们了解到,幼儿园教师在工作的过程中要积极主动,在与幼儿互信的基础上,向幼儿施加适当的教育影响,并考虑幼儿的反馈,调节自己的教育内容和方法,这样才能使劳动取得较好的效果。

2. 劳动对象的幼稚性

劳动对象的幼稚性是由幼儿的身心发展水平决定的。幼儿教师劳动的对象是三至六七岁的儿童。他们在慢慢长大,刚能独立行动,刚能用语言表达自己的愿望和思想感情,他们的思维还处在具体运算阶段,知识经验还很少,许多事物还是第一次认识,许多行动还是第一次尝试,他们用属于自己的目光来看待周围的一切,充满着天真、幼稚。

(二)劳动任务的全面性和细致性

1. 劳动任务的全面性

幼儿教师劳动任务是根据教育目的和培养目标,向幼儿进行体育、智育、德育、美育几方面的教育,使他们身心健康地成长,为入学打下良好的基础。体育对幼儿特别重要,教师对幼儿的保护以及保育工作和照料幼儿的生活是幼儿教育工作中极为重要的部分,在这一过程中还应对幼儿进行教育,保教结合是幼儿教师教育工作的重点。

2. 劳动任务的细致性

幼儿独立生活能力比较差，教师要细致地照料他们吃、喝、拉、撒、睡等生活的各个方面，幼儿知识、智能，都是在教师的启发诱导下，通过激发他们对周围环境的兴趣和求知欲而发展起来的。幼儿的品德和行为习惯的形成也是在教师的具体示范、反复说明和提醒下逐步培养起来的。幼儿身体的健康情况以及情绪方面的微小变化，也都是在教师细心的观察下才被发现，进而获得及时处理的。因此，幼儿教育工作是一项非常细致的工作。

（三）劳动过程的创造性

1. 教学内容的创造性

教学内容的创造性是由于幼儿的个体差异和劳动条件的差异造成的。幼儿的个体差异指幼儿家庭背景、养育方式、性格、爱好等的差异；劳动条件的差异是指幼儿所处幼儿园的社会环境的变化、自然环境的变化（如四季更替）等；此外，一些突发性事件也会对正常的教学内容造成影响。这些都考验教师的应变能力，使教学内容充满创造性。

2. 劳动手段的创造性

劳动手段是劳动与劳动对象之间的媒介物，是将劳动传导到劳动对象上的物质，是劳动借以实现的物质。也就是说，劳动手段是人们在对劳动对象进行加工制作时所借助的工具、设备等技术手段。

> **想一想**
>
> 幼儿园教师的劳动手段有哪些？具有什么样的特点？

主体性是教师劳动手段的重要特点。与其他劳动不同，这种主体性包含两层意思。

（1）教师劳动的基本手段存在于教师主体本身，即教师的知识和技能以及人格等是教师劳动的重要手段。在这里，教师本身既是劳动者又是劳动手段。在教师的整个劳动过程中，他们的作用常常超过物化手段所起的作用。

（2）教师在使用教材、挂图、模型等这样一些物化的劳动工具时，必须经过一个主体化过程，将凝聚在其中的智能和情感完全转化为教师主体的东西后，再传递给幼儿。

（四）幼儿园教师的角色具有多重性

幼儿园教师的职业角色特点是保育与教育相结合。教师是幼儿生活的照料者、幼儿学习的支持者、幼儿与社会的沟通者。

（五）幼儿园教师的劳动成果具有鲜明的示范性和长效性

幼儿园是幼儿最早接触的家庭以外的社会环境，因此教师是幼儿学习社会行为规范和人际交往、体验社会角色和彼此的情感、初步学习适应社会生活的引路人。

二、幼儿园教师的社会地位

教师的社会地位是指教师职业在社会整体职业体系中所处的位置。华东师范大学的马和民教授指出，教师的社会地位可以分解为4个指标，即收入、权利、声望、专业，它们分别对应了经济地位、政治地位、文化地位和专业地位。

随着教育作用逐渐被人们所重视,尊师重教的风气得到恢复并日渐浓厚。我国 1985 年设立教师节;1993 年 10 月通过了《中华人民共和国教师法》(以下简称《教师法》),为维护教师较高的社会地位提供了法律保证,规定了"各级人民政府应当采取措施,加强教师的思想政治教育和业务培训,改善教师的工作条件和生活条件,保障教师的合法权益,提高教师的社会地位"。《教师法》第一次全面地对教师的权利、义务、资格、任用、待遇、奖励等方面做出了法律上的规定,指出:"全社会都应当尊重教师。"1998 年以后,我国大幅提高教师工资和福利待遇,解决了许多教师的实际问题,使教师真正成为社会上受人尊敬、值得羡慕的职业之一。2010 年以后,国家陆续出台和颁布各种学前教育的政策文件,学前教育得到了空前的重视和发展,然而背后仍隐藏着无法回避的现实问题。

幼教故事

"记得 1992 年初中毕业时,我曾去参加中等幼儿师范学校的考试,不幸的是没考上,所以选择继续上高中。1995 年在选择大学志愿时,因为不想做主科教师,所以选择了陕西师范大学的旅游管理、政治管理及学前教育,没想到第三志愿被录取,进入了幼教领域,大学毕业后到了幼儿园一线工作。

刚进入这个行业,我碰到了很多困难与迷思。20 世纪 90 年代末,全国的公办幼儿园开始进行市场化改革,深圳首当其冲。那时我才毕业仅仅一年,幼儿园财政拨款一下子从全额转为差额,需要我们自筹经费、提高学费,这一度让招生变得非常困难,幼儿园生存异常艰难,连教师工资待遇都无法得到保障。

那段时期,学前教育投入严重不足,我亲眼见证了幼教师资和办园水平的大幅度下滑,幼师地位及从教尊严面临着挑战。那时候特别想逃离这个行业,也考取了小学教师资格……

不过,因为园长老师们对我倾心栽培,最终我还是在学前领域坚持了下来,所以直到现在,尽管幼教形势有所改变,我依然告诉自己,坚定初心与选择,做自己力所能及的事情,为幼儿、为自己,更为这个行业。"(焦艳)

(一)幼儿园教师的经济地位

经济基础决定上层建筑。经济收入的多少或财富的多寡是一个人经济地位的主要衡量标准。纵观学前教育发展历史,尽管 20 世纪 90 年代以来幼儿教师的经济收入有了一定的提高,我国于 1994 年实施的《教师法》明确规定,"教师的平均工资水平应当不低于或者高于国家公务员的平均工资水平,并逐步提高。"但到目前为止,这一法律条文在不少地区并没有落实。国务院常务会议要求必须"限期整改达标",对全面落实《教师法》,保障教师待遇具有重要作用。

国务院总理李克强 2018 年 7 月 30 日主持召开国务院常务会议,会议听取了中小学教师工资待遇落实调研督查情况汇报,强调要强化地方政府责任,确保义务教育教师平均工资收入不低于当地公务员平均工资收入水平。凡未达到上述要求的都要限期整改达标,财力较强的省份尤其要加快进度,各地要定期向教育部、财政部报告落实情况,国务院适时开展督查。会议要求及时足额发放艰苦边远地区津贴、乡村教师生活补助等,提高义务教育学校的中高级教师岗位比例。严格规范教师编制管理,对符合条件的非在编教师要加快入编,并实行同工同酬。这次国务院常务会议提到"限期整改达标","限期"对于解决教

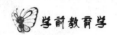

师待遇问题至关重要。所以，幼儿园教师们的待遇受到国家政策的保护，各级政府高度重视，教师们的待遇会不断改善提高。

（二）幼儿园教师的权利地位

幼儿园教师的权利地位主要从政治权利和专业性权利两方面进行论述。从政治权利来看，幼儿园教师参与国家教育政策制定、政治团体活动的机会并不多。当然，与幼儿园教师自身的能力也有一定的关系。2010年以后，幼儿园教师参与制定政策、文件的机会有一定幅度的增加。国家教育行政部门也会邀请少数园长进行访谈、座谈、参加会议等，幼儿园教师参与幼儿教育发展的政治权利的意识也逐渐增强。在专业性权利方面，幼儿园教师在教育教学权、科学研究权、民主管理权、进修培训权、职称评定权等方面受到较大的限制。例如，在教材编写方面更多依靠高校、专家等专门研究人员进行，或者是只有园长等少数人员才能参与；职称评定沿用小学教师的职称系列，但在评选人数和比例方面存在差异；在民主管理和进修培训方面，大多数普通幼儿园教师机会不多，而选择权更多集中在园长手中，大部分民办园幼儿教师、农村幼儿教师根本没有机会外出学习，缺乏相应的制度保障和奖励措施。

相关链接

教师法修订调研座谈会在京召开

近日，《教师法》修订调研座谈会在北京师范大学召开。全国人大教科文卫委员会委员、专家学者、一线教师、教育部相关司局代表，共30余人参加了会议。

本次调研座谈会旨在贯彻全国教育大会精神，落实《中共中央 国务院关于全面深化新时代教师队伍建设改革的意见》要求，根据第十三届全国人大常委会五年立法规划总体安排，加快推进《教师法》修订工作。与会委员、专家、教师代表重点围绕《教师法》修订的目标指向、重点内容、路线计划等关键工作进行了充分研讨，探讨了问题，分享了观点，凝聚了共识，提出了建议，为下一步推进《教师法》修订工作奠定了良好基础。

会议认为，《教师法》颁布25年来对于推动我国教师队伍建设工作起到了极其重要的作用。但是，25年间我国教育发展的形势和教师队伍的状况都发生了巨大的变化，加快推进教育现代化、建设教育强国、办好人民满意的教育都对教师队伍建设提出了新的更高的要求。《教师法》的部分内容已经不能适应教育改革发展和教师队伍建设的实际需要，修订《教师法》迫在眉睫、势在必行、极其重要，必须要高度重视、认真研究、充分论证、加快推进。

会议强调，《教师法》修订要明确根本遵循，以习近平新时代中国特色社会主义思想为指导，贯彻习近平总书记关于教育尤其是教师队伍建设的重要论述，落实党中央和国务院关于全面深化新时代教师队伍建设改革的重大决策部署。《教师法》修订要坚持问题导向，通过深入系统的调研，切实摸清制约教师队伍建设改革的最深层的、最要害的、最突出的问题，明确工作重点，突出优先目标，做到定向发力。《教师法》修订要注重经验升华，将近年来国家和地方在加强教师队伍建设及推进教师工作改革中取得的成熟经验、经过实践检验的做法，上升为法律条文。《教师法》修订要体现分类施策，针对中小学、幼儿园、职业院校、高等学校，公办学校、民办学校等不同类别的教师队伍，提出有针对性的内容，体现精准治理。《教师法》修订既要立足当前，解决突出难题，满足教师队伍建设需要；也要立足长远，明确导向，为未来的改革留下空间。

经充分研讨，会议认为本次《教师法》修订的重点内容应包括如下几个方面：一是明方向，体现新时代教师队伍建设的指导思想。二是准定位，明确新时代教师职业定位。三是确权利，进一步明确教师在教书育人、提高进修、参与管理、修养休假等方面的权利。四是提门槛，完善教师资格制度，提高教师职业入职学历和能力标准。五是促发展，完善教师职前培养和在职进修的支持服务体系，支持教师终身学习。六是促改革，理顺教师管理体制机制，实现事权人权财权的统一。七是搭阶梯，改革完善教师职级晋升体系，使教师职业发展通道畅通，激发教师工作动力。八是保待遇，完善教师工作待遇保障机制，确保教师热心从教、安心从教。九是授荣誉，完善教师国家荣誉表彰体系，营造尊师重教的良好社会风尚。十是强保障，把教师工作置于教育事业发展的重点支持战略领域，优先谋划教师工作，优先保障教师工作投入，优先满足教师队伍建设需要。

（资料来源：教育部. 教师法修订调研座谈会在京召开.（2019-01-14）. [2020-05-09]. http://www.moe.gov.cn/jyb_xwfb/gzdt_gzdt/s5987/201901/t20190114_366922.html.）

第二节 幼儿园教师的职业素养

典型案例

资料一 幼儿园教师典型工作场景和状态是这样的：

工作内容是和孩子们生活在一起，大到传道授业解惑，小到吃喝拉撒睡；

工作要求为安全第一、科学保教；

工作规范为师德为先、幼儿为本；

工作评价为家长满意、幼儿全面发展……

资料二 王老师有个习惯，会在班中准备心形的小盒子，来放置大班孩子掉下来的乳牙，并且细心地标注好时间、地点，写下当时的场景，让孩子带回家，让爸爸妈妈能够分享这值得纪念的一刻。这份细腻的爱心足以让孩子感受到被珍视的幸福。在孩子成长的路上有这样一位爱心满满的教师，相信孩子成长的快乐也会加倍。

（资料来源："朱继文工作室"微信公众号）

讨论：看似琐碎繁重的工作，其实正是考验专业性的时候。你认为幼儿园教师需要具备什么样的职业素养？

案例点评

2018年，教育部颁布《新时代幼儿园教师职业行为十项准则》，强调"增强教师的责任感、使命感、荣誉感，规范职业行为，明确师德底线，引导广大教师努力成为有理想信念、有道德情操、有扎实学识、有仁爱之心的好老师"。幼儿园教师需要足够专业——专业的知识、专业的态度、专业的能力。

一、专业视角解读《幼儿园教师专业标准》（试行）

2010年7月《国家中长期教育改革和发展规划纲要（2010—2020年）》（以下简称《规划纲要》）颁布，提出"百年大计，教育为本""国运兴衰，系于教育"，这标志着教育事业的发展迎来新的机遇。在国家政策上，继《规划纲要》的颁布，专门针对学前教育发展的《国务院关于当前发展学前教育的若干意见》（又称"国十条"）也相继出台，对学前教育发展提出总体规划。在经费上，为贯彻落实《规划纲要》，加快普及学前教育进程，"十二五"期间，中央财政安排500亿元，重点支持中西部地区和东部困难地区发展学前教育。为促进幼儿园教师专业发展，建设高素质幼儿园教师队伍，根据《教师法》，教育部2012年颁布出台了《幼儿园教师专业标准（试行）》（以下简称《专业标准》）。

《专业标准》共包括3个部分：即基本理念、基本内容、实施建议，在"师德为先、幼儿为本、能力为重、终身学习"的基本理念下，对幼儿教师的专业素质提出具体要求，包括三个维度、十四个领域，分别对幼儿教师的专业能力、职业道德做了详细阐述。

（一）儿童观：坚持以学生为主体，幼儿为本

《专业标准》在第一部分即提出其基本理念之一——幼儿为本。该标准凸显了幼儿教师应坚持以"学生为主体，幼儿为本"的儿童观，主要表现为：第一，在理念上，应坚持以儿童为本，尊重幼儿作为个体的独立性、主动性、特殊性，对其进行适宜的教育；第二，在对待幼儿的态度上，要关爱、尊重、信任幼儿，不可歧视幼儿，以正确的态度看待，摒弃"小大人观"等其他不重视或不能正确认识儿童的观点；第三，对幼儿的教育教学，幼儿教师应掌握幼儿不同发展阶段的身心特点及规律，了解幼儿个体的一般特点及差异性，为幼儿创造条件，鼓励其主动、积极地学习，对幼儿施以适当的教育。

（二）教师观：体现人本主义教师观

教师的教师观直接决定教师在教学过程中的教学方法、评价模式以及师生的交往模式，因此，作为幼儿教师专业发展的标准及依据，《专业标准》借鉴人本主义教师观的理念，对教师的教育行为提出明确要求，表现为：第一，强调幼儿园教育环境的创设，包括硬件环境，如玩教具、游戏场所，同时还包括软环境，如良好的师幼关系、伙伴关系及班级氛围的营造；第二，主张以游戏活动为主，为幼儿提供符合其年龄特点、兴趣需要及发展目标的游戏条件，以供幼儿主动学习；第三，同幼儿建立良好的师幼关系，要求幼儿教师了解儿童的身心特点，用适当的语言与其交流，同时带着爱心、耐心在尊重、信任幼儿的前提下与幼儿交往。

（三）学习观：践行"发展取向型学习观"

新的幼儿教师专业标准对幼儿教师发展型儿童学习观的建立提出了要求。主要表现在对幼儿教师教学过程及专业理念、能力的要求上，如在专业能力上要求幼儿教师"合理利用资源，为幼儿提供和制作合适的玩教具和学习材料，引发和支持幼儿的主动活动""鼓励幼儿自主选择游戏内容、伙伴和材料，支持幼儿主动地、创造性地开展游戏，充分体验游

戏的快乐和满足"。我们可以发现,在《专业标准》中"鼓励""引导""支持""主体性""主动性"等字眼出现频率极高,可见,建立新的以发展为取向的学习观是幼儿教师不可缺少的专业能力。

(四)专业能力标准:强调综合、全面发展

作为幼儿教师专业发展的指导性文件,《专业标准》将幼儿教师的专业能力分为三个维度十四个领域,其中3个维度分别是专业理念和师德、专业知识、专业能力,而专业知识又包括幼儿发展知识、幼儿保教知识以及通识性知识。对于专业理念和师德以及专业能力,文件更是做了详尽的要求。综观《专业标准》的基本内容,我们可以发现其特点是"综合全面",表现为:第一,能力与师德兼备;第二,教育理论与教育实践能力、保育与教育能力两全;第三,学习能力与反思能力不可或缺;第四,兼具专业知识与一般知识。

二、幼儿园教师的职业素养

(一)幼儿园教师应具有高尚的职业道德

(1)热爱幼儿,热爱幼儿教育事业,明确幼儿教师工作的意义,积极主动、创造性地开展本职工作。

(2)爱护、尊重、信任幼儿,关心每一个儿童的成长和进步,建立良好的师生关系。

(3)有健康的心理素质,能合理处理工作与生活中的各种问题,不把消极情绪带到工作中,更不能把对工作和生活的不满情绪发泄到幼儿身上。

(二)幼儿园教师应具有一定的文化素养

掌握必备的文化基础知识,了解日常生活中的自然和社会信息,能够正确解答幼儿提出的有关自然科学和社会科学方面的基础知识。

(三)幼儿园教师应具有扎实的专业知识

(1)掌握幼儿卫生保健、幼儿心理和幼儿教育的系统理论知识。

(2)掌握幼儿园课程领域的教育内容、教育设计、教育组织、教育方针和教育评价等方面的基本知识。

(3)掌握幼儿游戏和日常生活等活动组织的有关知识。

(四)幼儿园教师需要具备的专业能力

(1)观察、记录、分析幼儿活动的能力。能经常地、有计划地对本班幼儿进行观察,了解幼儿的发展状况;能及时做观察记录,并进行合理的分析评估。

(2)制订教育、教学计划的能力。能根据幼儿园的总要求,结合本班特点和幼儿个性特点,制订班级教育计划(包括学期、周、日计划和教学计划等);教育目标明确、具体、切合实际,有利于幼儿发展;能正确、恰当地选择教育内容,重点突出;能紧扣目标制订切实可行的教育措施,取得较好的教育效果。

(3)组织教育活动的能力。善于组织教学活动,能灵活运用各种教学手段,指导幼儿使用学具和操作材料,启发幼儿的创造性思维,培养幼儿的动手能力;有效地指导游戏活动,能充分利用一切条件合理安排游戏环境,让每一个幼儿都能保持愉快的情绪,促进幼

儿身心健康发展；能合理安排幼儿一日生活，坚持保教结合，培养幼儿良好的生活习惯和自理能力。

（4）进行教育科学研究的能力。能根据工作需要自行确定和设计简单的教研课题，改进教育方法；能撰写教育论文和专题文章。

（5）做好家长工作的能力。会主持家长会，能较全面、准确地向家长反映幼儿在园情况，听取家长意见；主动了解幼儿在家的情况，宣传科学育儿知识，共同制定教育措施，做好教育工作。

第三节　幼儿园教师的专业发展

典型案例

子源是一位刚毕业被分在幼儿园中三班的新教师，与她同班的张老师是一位有着10年教龄的教师。平日里子源非常喜欢班上的孩子们，能与他们打成一片，孩子们也特别喜欢这位年轻活泼的新老师。这天子源组织幼儿玩音乐游戏，当她讲解示范游戏之后，就让幼儿开始游戏，只见她一会儿坐在钢琴旁，弹奏着音乐旋律，一会儿大着嗓门喊着什么，忙得不亦乐乎。可孩子们却表现得不太配合，他们各玩各的，子源忙乎了一阵子，音乐游戏还是没有组织起来。这时张老师走了过来，对孩子们说："我刚才看见子源老师教你们的音乐游戏真好玩，我也想玩，你们谁来教我玩呀？"只见孩子们纷纷要求参与，张老师让子源将游戏规则重申一遍后，然后就带着孩子们一起玩了起来，这次孩子们玩得可高兴了。

讨论：同是一个游戏活动，为什么新、老教师组织的效果有如此大的差异？幼儿园教师专业成长有哪些阶段？幼儿园教师从业生涯中有哪些常见问题？这些问题又该如何解决？

案例点评

教师的专业发展在本质上是教师在专业知识、专业能力、专业思想方面不断完善的过程。新手教师在日常的教育教学中缺乏对幼儿反应的良好反馈和教育机智，需要有一个在教育实践当中成长的过程。教师的专业发展是一个持续的、长期的积累过程，任何教师的专业发展和成长，都要经历一个从量变到质变的过程，存在着发展的阶段性。幼儿园教师的专业成长关系到幼儿园教育质量的提高和幼儿的健康和谐发展，因此，促进教师专业成长，需要教师自身专业成长的内部动力的追求和幼儿园、政府相关部门给予的外部多种培养方式。

2018年11月7日，《中共中央　国务院关于学前教育深化改革规范发展的若干意见》正式颁布，作为中华人民共和国成立以来第一个以中共中央、国务院名义印发的关于学前教育工作的文件，对新时代的学前教育改革发展进行了顶层设计和全面部署。从关注学前教育资源供给到聚焦学前教育质量提升，标志着我国学前教育改革正处于转型深化的关键时期。高质量的学前教育发展离不开专业化的幼儿园教师队伍建设。"全面提高幼儿园教师质量，建设一支高素质、善保教的教师队伍"，是我国当前对幼儿园教师队伍建设的明确要求,其核心在于保障幼儿园教师发展的专业化与持续性。

一、幼儿园教师专业化的内涵

幼儿园教师的专业成长是指幼儿教师综合素养的不断提高。它包括责任感和事业心的增强、人格魅力的提升、教育教学技能的提高。这个过程实际上也就是一个人由"普通人"转化为"幼教工作者",并最终融入教师专业团体的专业成长过程。幼儿教师应注重整体素质的提升,即全面提升职业道德、专业知识与专业技能,从而达到教师的专业成长。

二、幼儿园教师专业发展阶段

教师专业成长是一个持续性、社会性和个体性相结合的阶段。各个阶段具有不同的特征,各个阶段发展也不均衡。

(一)职前预备阶段

这是幼儿园教师的前身,即作为师范生在学校学习教育理论阶段。在此阶段,他们对于幼儿园教师的认识尚不深刻,仅停留在渴望和想象阶段,只在实习阶段有与幼儿园教师合作的机会,有作为幼儿园教师助手协助开展保育、教育活动甚至是上台的机会。因为还是学生角色,所以对于教师和幼儿集中在观察层面,未有深切体会。

(二)职业新手阶段

刚刚从学校毕业进入幼教行业就属于新手阶段。刚开始接触教学工作,心中充满热情和能量,急切渴望将所学到的教育理论运用到实践中,但往往无法控制课堂活动中年幼且精力充沛的学前儿童,也不知道如何处理家长提出的各种问题,不知道如何有效完成他们的嘱托,也不能很好地处理上下级以及与其他同事的关系。新手们难免出现惶恐、焦虑和行为语言慌张失措的现象。在这一阶段,还存在着就业再择业、生活的矛盾、教育理论与教学实践相脱离的矛盾,新手们面临着来自工作和生活的诸多挑战。

(三)职业熟悉阶段

经过几个轮次的保育、教育活动,新手教师基本能克服紧张心理,对职业行情、师生状况有了一定的了解。对于专业理论和实践也基本能把握,进入职业熟悉阶段。在这个阶段,教师最大的转变是能运用学前教育理论解释现实中的实践问题,关注各种教学活动和教学情境,知道利用各种情境进行教育,逐渐明确自己的职业定位和发展目标,工作认真但依然会出现采用的教学方法、手段不太合理,教学目标可能未达到预期,教学效果不太理想的现象。

(四)职业骨干阶段

经过一两年的新手阶段和两三年的熟悉阶段,再经过几年的巩固成长,教师能完全胜任各种教学任务,能有效组织各种教学活动。还有一部分教师成长为专业教学骨干,他们有坚定的职业理念,有高尚的职业道德,能够通过各种教学活动细节教育幼儿,并根据幼儿的反应运用自己的经验和方法有效改正。他们密切关注教学情境,形成了自己独特的教

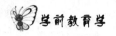

育教学风格，能有效进行教学反思，与同事沟通、协作顺畅。

（五）行业专家阶段

成为专家型教师是幼儿园教师的理想职业目标，只有极少数能够忍受极大的压力、保持信念不改变、钻研教育教学效果突出、人格魅力修养强悍的幼儿园教师才能成为幼教行业专家。他们教育理论基础深厚，教学技能娴熟，教学方法巧妙，实践经验丰富，能及时解决各种教学难题，处处体现育人的理念，能鼓励幼儿和同事，善于接受新理论和新事物，不断反思和创新并能在教学活动中予以运用，从而实现教师个体成长的超越。

三、幼儿园教师专业发展的途径

（一）激发内驱动机，做好发展规划

在幼儿园教师专业自我发展的路径中，内驱动机是专业成长的核心因素，以此为基础的自我发展规划则是关键。幼儿园教师职业生涯规划可以促进教师的专业化成长，教师专业化成长贯穿于职业生涯演进的全过程。教师职业生涯的发展如何，决定了教师的生命质量和教育质量。

教师要给自己制定阶段性"个人专业发展规划"。也就是教师本人为自己的专业发展设计一个蓝图，为引导、监督和反思自身专业发展提供一个参照框架。在制订专业自我发展规划时应做到：首先，自我分析，反思自身在知识结构、能力状况、个性特点等方面的优势和缺陷；其次，环境分析，分析成长环境对自身的发展提出了哪些挑战，带来了哪些机遇，对自己的专业发展有哪些影响；再次，确立目标，从时间的角度和项目的角度形成一个比较符合实际又有挑战性的定位和发展愿景；最后，为迈向目标，精心设计行动方案。此外，还要做专业成长规划反思。其一，反思自身在专业成长过程中的行为能否达到预期目标以及实现的可行性；其二，根据自身实际情况调整规划内容和成长步伐。

相关链接

幼儿园教师专业成长规划

1. 3年以内的新入职教师

（1）全面认识自身优劣势，了解自我发展现状和水平。

（2）结合本园教育计划的目标和社会的要求，确定短期的全面发展目标。

（3）制订详细的短期规划，确定专业成长的途径与措施。

2. 3~10年的教师

（1）总结成绩和不足，全面分析自身专业发展的优劣和努力的方向。

（2）根据自身需要及社会要求，制订长期的个性化发展目标，形成独特的教学风格。

（3）制订长期规划，确定实现个性化专业成长的有效途径及措施。

3. 10年以上的教师

（1）总结评价自身能力水平，全面梳理自身综合发展情况。

（2）根据自身实际情况和幼教发展趋势，确定研究方向，向专家型教师发展。

（3）制订中期规划，确定多种专业发展的途径和措施。

（二）提升专业自觉，增强职业认同感

职业认同感一方面来自社会认同，另一方面来自个人感受，对于自身职业的理解和认识及在此前提下如何履行自身职责，完成职业生命的延续和发展，既是一种心理感受，也是一种现实的比较，包括物质收入的比较、职业地位的比较。幼儿园教师职业认同是指教师对自己所从事的学前教育行业有主观上的内在接纳，从而自觉服务于本行业的一种精神状态，即对幼儿园教师这一职业持肯定的、积极乐观的态度，是一种内部心理机制。职业认同是幼儿园教师专业成长的动力，所以要引导职业生涯初期教师对其职业角色的认识、情感、技能、价值观期望以及职业意志的综合认同，寻找激发其自身专业化成长的积极策略。

（三）注重读书学习，丰富专业知识

幼儿园教师是专业性较强的职业，必须要有专业的知识、专业的技能、专业的操守和方法，而且必须内化为幼儿园教师的知识体系和行为特点，才能确保其保教行为合乎专业要求。读书便是学习理论、吸纳经验、自我成长的最佳途径。除了开卷有益、阅读经典，培养自己的文化气质外，幼儿园教师还应结合自身专业，在不同的发展阶段选择性地阅读一些专业书籍。

（四）参与师徒带教，相摩共同成长

"师徒结对"是推进教师专业化进程的一个系统工程，旨在通过较具针对性的互动帮扶活动，促进师徒双边专业共同成长。

许多幼儿园都会通过双向选择的形式，为新教师配备经验丰富的资深教师作为专业发展的导师（师傅），或者是让新教师与资深教师配班，在共同承担教育教学的任务中教学相长。实践表明"师徒结对"的形式有助于在教师内部形成自发的相互促进网络：从"徒弟"角度来说，总是想在"师傅"的指导下好好表现、尽快成长、获得认可；对"师傅"来说，自身不但要在专业能力上比"徒弟"强，在工作态度上更不能落后于"徒弟"，在由此产生的内驱力的作用下，新手教师就能真心地与师傅"相观而善"，既模仿学习保教行为，也学习思想理念、态度和方法，择其善而从之，并将行为经验学习变为主动的自觉行为。师傅也会善于在指导新教师的专业成长中，反思自己的思想行为，在重审自己经验、改善自己的行为中获得更高层次的发展。

（五）形成反思习惯，提高保教水平

我国著名教育学家叶澜教授曾经说过："一个教师写一辈子教案不一定会成为名师，但如果坚持写多年的反思就有可能成为名师。"可见，养成反思习惯，与自己的心灵对话，从自己的经历中学习，是教师获得专业发展的一种珍贵的教育资源。

教育反思可以让教师对自己的教育实践进行描述和批判性的思考，有助于扬长避短，精益求精，有助于形成自己独特的教育风格和教育思想。幼儿园教师的教育反思形式很多，有观察反思、反思札记、教育故事、学习故事、教育日记等。本文着重为幼儿园教师推荐"观察反思"的方式，并建议以表格记录的形式进行有效的自我体验和思考。

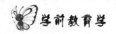

第四节 幼儿园教师与幼儿的关系

典型案例

　　一个孩子的成长足以令人欣慰良久，30个孩子一起成长，那种力量会令每一位老师感到生命的精彩与可贵。当三五成群的孩子自发地探讨着积木如何搭建才能和图纸一模一样时，当他们能够自己穿衣、叠裤、剥虾时，当他们听到一首美丽的儿童诗就展开新奇而富有创意的想象时，当他们能从高高的轮胎上勇敢地跳下来而毫发无损时，当他们用自己稚嫩的双手描绘一幅幅对未来的畅想时……这一个个瞬间描绘了生命成长的感动，也在描绘着老师与孩子们共同成长的足迹。

　　我是如此幸运，能见证这些单纯可爱的小生命的点滴成长。幼儿教师的工作繁杂而琐碎，但每一件工作的背后，都凝结了每位幼儿教师对专业的理解和对每位幼儿发展的关注。作为一名普通的幼师，我的职责就是和孩子们一起过好每一天的生活。每个孩子都有自己独特的生活方式，我们能做的，就是让他们沿着自己的生活轨迹追寻自己想要的生活。他们会有自己的优势，也会遇到自己暂时的发展障碍，作为老师，我们能做的就是俯下身来听听孩子们的心声，在细致的观察中了解他们的意愿和需要，尊重、支持他们每一个合理的想法，从专业的视角解读孩子的每一个行为，帮助他们顺利地跨越自己的发展障碍。在这样点滴的付出中，我们收获的是孩子们满满的心意，那是孩子们晨间的一句句问候，是离别时孩子们稚嫩而温暖的怀抱，更是孩子们对我们毫无保留的信任与爱。

　　成为幼师，何其幸运——我是幼儿园教师，我为自己代言。

　　（资料来源：南京鹤琴幼儿园官方微信公众号. 我是幼儿园教师，我为自己代言（十六）[EB/OL]. https://mp.weixin.qq.com/s/Cz53YGnlpks3IBML-t308w.）

　　讨论：现实社会中对幼儿教师的称号很多，褒贬不一。赞美的称谓有"园丁""幼儿的启蒙者""幼儿心灵的守护神"等；贬损的称谓也不少，如"孩子王""高级保姆"等。你认为幼儿园教师扮演着什么样的角色？与幼儿的关系是怎样的？

案例点评

　　在传统的教育教学体系中，教师始终扮演知识的权威者、传递者以及决策者等角色，幼儿常在教师权威的指挥下行动，处于被领导地位，不能成为主宰自己世界的主人。随着时代的变革，幼儿园教师角色正在发生急剧的变化。《幼儿园教育指导纲要（试行）》（以下简称《纲要》）指出："教师应成为幼儿学习活动的支持者、合作者、引导者。"《纲要》中提倡教师与幼儿平等交往，教师平等地对待和尊重幼儿，既是幼儿的权利与成长的需要，本身也是一种重要的榜样和教育。当代幼儿园教师角色重塑要有正确的教育理念，成为观察者、研究者、引导者和协助者……拥有优秀的专业素养，学会引导、支持儿童，并与家庭开展共同合作，协助儿童健康成长。

一、教师与儿童相互关系的历史演变

（1）教师中心论。"教师中心论"认为在教育的整个过程当中，教师是主体，儿童是客体，教师应该居于绝对的主导地位，教师具有完全的权威，而儿童却只能处于从属的地位。

（2）儿童中心论。19世纪末20世纪初，随着欧美实用主义思潮的兴起，出现了以杜威为代表的"儿童中心主义"的观点。这种观点认为教育过程中应该以儿童为中心，儿童才是教育过程中的主体，教师只是儿童学习活动中的引导者、帮助者。

（3）复合主体论。20世纪80年代，我国出现了以叶澜教授为代表的"复合主体论"的师生观。这种观点认为在教育的过程中，教师和学生都是主客体的统一，既承认教师的主体地位，也承认学生的主体地位。

（4）"主体间性"的师生关系。"主体间性"指主体与主体之间的相互性与统一性，教育的双方都是主体，在这样一种思想下倡导的师生关系强调教师与儿童之间是一种平等的人性交往，求同存异，相互理解，彼此包容。

> **想一想**
> 以上4种教师与儿童的相互关系中，你赞同哪一种？为什么？

二、当代幼儿园教师的角色定位

（一）幼儿园教师是幼儿的养护者

"养护"是指对幼儿生理、生活上的照料和对其良好情绪情感、健康人格、个性品质、社会性品质与行为等心理发展的关注与呵护。作为养护者，教师需要给予幼儿以鼓励、支持、宽容、理解、尊重。养护者关键体现在两个方面：一是幼儿权利的保障者，二是为幼儿发展创设适宜的气氛与环境。

（二）幼儿园教师是沟通幼儿与社会的中介者

幼儿教师是沟通幼儿与社会的中介者，是使之接触、了解社会，开阔其视野，使其走向社会生活的重要引路人。幼儿对于社会的认识，对社会规范、要求的掌握，社会行为、社会性品质的形成与发展等都离不开教师的指导，幼儿对社会积极的认知、态度与情感体验都是在与幼儿教师的交往中完成的，幼儿园教育活动的大部分内容都与幼儿的社会生活相联系，如走向社会、体验社会生活的活动：超市购物、搭乘公交车、参观动物园等都是在幼儿教师的引导下开展的。

（三）幼儿园教师是幼儿学习的支持者

幼儿园教师要学会用心倾听孩子的心声，善于发现孩子内心的需求。幼儿的内在需求是幼儿学习的动力和前提，教师要关注幼儿的行为表现和想法并对其进行解读，要以幼儿的视角去分析和理解幼儿行为表现背后的原因、想法及其所反映的幼儿的核心需求，做到"以幼儿为本"。幼儿园教师要为幼儿的学习创造适宜的环境，激发幼儿的学习欲望，同时放手让幼儿自主活动、自主学习、主动发展，形成积极的学习态度，掌握有效的学习方法，并从中获得学习的乐趣。当幼儿在学习过程中遇到困难时，幼儿园教师应及时关注并提供适宜的帮助。

（四）幼儿教师要成为家长的合作者

幼儿年龄小，家庭对其发展有很大的影响，幼儿园教师和家长都是幼儿身心发展的重要力量，因此，幼儿园教师和家长之间一定要相互了解、相互配合，确保教育的一致性和互补性。幼儿园教师不仅要成为家长的合作者，还要成为家长的引导者和帮助者，将正确的教育理念和教育行为传递给家长，帮助家长们不断成长。

知识拓展

浅谈支架式教学模式在幼儿园的应用

根据欧共体（欧洲共同体）"远距离教育与训练项目"的有关文件，支架式教学被定义为：

支架式教学应当为学习者建构对知识的理解提供一种概念框架。这种框架中的概念是为发展学习者对问题的进一步理解所需要的，为此，事先要把复杂的学习任务加以分解，以便使学习者的理解逐步深入。

支架式教学模式来源于维果斯基的"最邻近发展区"理论。维果斯基认为，在儿童智力活动中，对于所要解决的问题和原有能力之间可能存在差异，通过教学，儿童在教师的帮助下可以消除这种差异，这个差异就是"最邻近发展区"支架式教学。从维果斯基的思想出发，借用建筑行业的"脚手架"作为基础知识概念框架的形象化比喻，其实质是把基本知识概念框架作为学习过程中的脚手架。

如上所述，这种框架中的概念是为发展学生对问题的进一步理解所需要的，也就是说，该框架应按照学生智力的"最邻近发展区"来建立，因而可通过这种脚手架的支撑作用不停顿地把学生的智力从一个水平提升到另一个新的更高水平，真正做到使教学走在发展的前面。

支架式教学是通过提供一套恰当的概念框架而帮助学习者理解特定知识、建构知识意义的教学模式，借助于该概念框架，学习者能够独立探索并解决问题。

支架式教学的构成要素或基本环节可分为如下3个方面。

（1）进入情境。将学生引入一定的问题情境，并提供解决问题必要的工具。

（2）搭建支架，引导探索。这是教师引导学生探索问题情境的阶段。

首先，教师要帮助学生确立目标，为学生探索问题情境提供方向；

其次，教师要围绕当前学习的内容，为学生提供探索该学习内容所需要的概念框架，该概念框架应置于学习者的"最近发展区"；

再次，教师可以通过做演示、提供问题解决的原形、为学生的问题解决过程提供反馈等形式，引导探索问题情境，教师的引导应随着学生解决问题能力的增强而逐步减少。

（3）独立探索。本阶段教师要放手让学生自己决定探索的问题和方向，选择自己的方法，独立地进行探索。这时，不同的学生可能会探索不同的问题。

用"大班科学活动——《有用的厨房小工具》"做详细说明，活动过程实录如下。

（1）教师创设一个问题情境：小兔要喝一瓶汽水，打不开盖子，怎么办？同时，教师提供给幼儿许多常用小工具，请幼儿挑选。（支架教学的第一步，进入情境）

（2）教师说："小兔要请许多朋友来做客，准备了许多好吃的东西，可是都需要加工一下才可以吃，请大家帮忙……"

同时，教师出示许多需要加工的食物，如青瓜、橘子、罐头、苹果等，问："用什么来加工？"（再次设置情境，并在此提出关于"小工具"的概念框架，引导幼儿进行探索）

（3）幼儿开始分组探索操作，按照加工食物的不同有选择地使用工具，并且同伴相互讨论、支持、合作、交流……（进入第三步，此时不同的幼儿可能会有不同的探索想法和行动，所以，教师巧妙地运用"社会建构理论"让他们发挥伙伴作用，共同学习）。

（4）食物加工完成后，教师组织幼儿交流："我刚才做了什么？用了什么小工具？以后还会有更方便的工具吗……"（概念的巩固，为以后的学习提供新的牢固的支架，拓展概念的外延）

任何一种理论或是模式，都应灵活使用，并且要有所筛选地应用，大家不妨在自己平时的教学实践中多反思，多探索，多尝试！

（资料来源：浅谈支架式教学模式在幼儿园的应用. [EB/OL]. （2015-10-19）[2020-05-09]. http://blog.sina.com.cn/s/blog_611926a00102vskm.html.）

三、建立良好师幼关系的策略

（一）用"平视"幼儿的视角建立良好的师幼关系

幼儿教师要多从幼儿的角度去看待问题，从"平视"的角度去看待幼儿的行为和表现，多想想"我想他是在干什么"，而不是"我看到他在干什么"，真正了解孩子需要什么、喜欢什么、想做什么。如某幼儿教师发现一名幼儿明显和同班的其他幼儿不一样，他不敢注视教师的眼睛，说话声音很小，头发乱蓬蓬的，衣服也不整洁，注意力发展得不好，脸上时常有一种失落感。教师经过深入观察和了解，发现这名幼儿的爸爸经常打妈妈。对于此类家庭环境特殊的幼儿，教师在平时的生活中应主动给他温暖，但又不能让他感到特殊，这样的师幼互动，不仅有利于良好师幼关系的建立，而且有利于幼儿的成长。

（二）以宽容和理解的态度建立积极的师幼关系

教师与学生的关系是"我—你"的关系，而不是"我—他"的关系。每个人都有自己内在的世界，双方应该不把对方当作达到自己目的的工具，而是真诚地彼此欣赏和肯定，互相理解。也可以说，对幼儿的爱是教育的基础，幼儿教师用纯真、无私的爱，帮助幼儿适应环境的变化，完成从家庭走向社会的第一步。同时，爱也是幼儿的一种迫切的心理需要。如小班幼儿刚入园普遍有分离焦虑，幼儿教师的宽容和理解对于幼儿顺利适应新的环境具有重要作用。幼儿教师应该用亲切和蔼的态度，热情地和幼儿沟通交流，用无私的爱

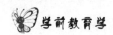

消除孩子的戒备心理,耐心地对待幼儿出现的各种问题,用丰富的幼儿园活动使他们很自然地融入新的集体生活中。

(三)通过互动促进优质师幼关系的形成

教师对幼儿的评价包括赞扬、鼓励、提醒、不理睬、批评,但对于幼儿来说,教师们要多进行赞扬和鼓励,如果有的幼儿做错了事,教师们也要采用提醒的方式,告诉他们什么该做,什么不该做。在幼儿们犯错的时候,教师要控制自己的脾气,不能对幼儿发火,切记他们只是孩子,大声斥责会让他们对教师感到恐慌和抵触。因此,教师必须要用提醒的语气和他们说话,以此来达到教育的效果。除此之外,教师切记不要当众批评幼儿,而且在批评幼儿的时候,一定要让他们知道是为他们好,这么做是爱他们的表现。

掌握与幼儿交往的技巧是建立良好师幼关系的关键,幼儿是极其敏感的,教师一点一滴的行为动作都会对他们产生影响,所以教师必须掌握好技巧与幼儿相处。教师应该时时面带笑容,在走进教室的一刹那,教师脸上的笑容就已经感染了幼儿,带给幼儿一天的好心情。在教学过程中,教师要对积极发言的幼儿微笑,这个微笑就是对他们的奖励,对想发言却不敢的幼儿,这个微笑就是对他们的鼓励,而对于发言不对的幼儿,这个微笑就成为安慰他们的方法。这样,幼儿们就会知道,教师是爱他们的,就不会对教师存在畏惧心理。

(四)加强构建教师、家长和幼儿的生态共同体

家长是教师与幼儿之间的纽带,当教师与家长之间建立起良好的沟通桥梁的时候,就已经和幼儿建立起了一半的良好关系。家庭应当成为幼儿园的重要合作伙伴,教师和家长共同形成教育合力,才能帮助幼儿更好地成长。教师通过与家长交流,可以了解幼儿的原生家庭背景、性格、爱好等方面,方便教师对幼儿"因材施教"。家长与教师交流,可以了解幼儿在园的表现,可以在家里对幼儿进行家园共育的配合与指导,鼓励幼儿在幼儿园里独立自强地学习和生活。幼儿与教师交流,可以把自己的疑惑或者小情绪表达出来,在与教师的互动中收获知识与技能,然后获得成长。幼儿与家长交流,既可以把自己在园的情况表述出来从而锻炼自己的表达能力,又可以把自己的真实情感反馈给家长,方便家长收集信息与教师交流。这样的一个共同体的交流,是立体化教学的重要方式。只有这样,才能更好地促进教学,更好地维护师幼关系,让老师了解幼儿,让家长了解幼儿,也让幼儿了解自己。

在 线 测 试

一、名词解释

职业预备阶段　　职业骨干阶段

二、选择题

1. 幼儿园教师的工作"关起门来就是良心活"。这句话体现的专业素养是(　　)。
   A. 专业理念与师德　　　　　　　　B. 专业知识
   C. 专业技能　　　　　　　　　　　D. 专业能力

2. 幼儿园教师与幼儿沟通交流时，不正确的做法是（　　）。
   A. 注意倾听　　　　　　　　B. 用专业化的语言
   C. 蹲着和幼儿平等对话　　　D. 点头和抚摸鼓励
3. 幼儿园教师的专业标准包括职业道德、专业理念、专业知识和（　　）。
   A. 专业意识　　　　　　　　B. 专业心理
   C. 专业能力　　　　　　　　D. 专业情意

三、论述题

1. 幼儿园教师的职业特点有哪些？
2. 幼儿园教师专业成长的阶段分别有哪几个？
3. 幼儿园教师应如何提高自己的师德水平？对此，你有什么实践经验？

真 题 训 练

一、选择题

幼儿园教师最重要的素质是（　　）。【2013年6月】
   A. 知识丰富　　　　　　　　B. 会讲故事
   C. 热爱幼儿　　　　　　　　D. 会弹琴、会画画

二、论述题

论述积极师幼关系的意义，并联系实际谈谈教师应如何建立积极的师幼关系。【2015年11月】

第五章参考答案

本章拓展阅读

教育的勇气

"教育的勇气"这个提法受帕克·帕尔默一本书的影响，那本书的名字叫《教学勇气——漫步教师心灵》。

这些年，学前教育领域一直在进行课程改革。当我们的课程改革达到一定阶段的时候，就特别需要身处改革中的教师自身有勇气面对教育中的困境。这是课程改革中绕不开的一个话题。

帕克·帕尔默在《教学勇气——漫步教师心灵》这本书里说："真正好的教学不能降低到技术层面，真正好的教学来自于教师的自身认同与自身完整。"教师的勇气并不是别人赋

予的，而是来自于自身内在的力量。只有当教师清楚自己是谁、要做什么、为什么要这样做的时候，行动才会变得有方向，进而可以于行动之上来审视自己的行动。

我们也一直在思考：
➢ 怎样增强教师"教与学"的能力？
➢ 怎样让他们保持对教学的乐趣与热爱？
➢ 作为"人"的教师，应怎样成长？
➢ 怎样满足他们对加强彼此间联系的需求？
➢ 怎样支持"教与学"形成共同体？

……

如何拥有教育的勇气，这里还有几点小建议（以下思考来自郭国燕博士）：

第一，要有对教育、对教育中的主体的爱。如果不倾注爱，这一美好的愿望是不能实现的。爱是充满勇气的行为，爱意味着对别人的责任。

第二，对自己坚持的教育实践深信不疑，对人能变得更加完美深信不疑。对人的信任，是教育对话的先决要求。

第三，拥有希望，这是教育的美好实现的场域。"希望"扎根于人的不完善之中，人通过不断探索摆脱不完善。作为追求具有更完善人性的教育，对话在毫无希望的氛围中是不可能进行的。

教育从来都不是中立的力量，同样也不是孤立的。在课程改革成为趋势的今天，疏离于教师心灵能量发挥的教育改革或课程改革是很难成功的。我们需要创造条件让教师在联系性教学活动中彰显自身生命的本质。教师们也应勇于面对新的挑战，不论是来自外界的还是来自自身的，在教育中开放自己的心灵，拥有"在教育中构建美好新世界"的勇气！

（资料来源：胡华名师工作室官方微信公众号. 教育的勇气[EB/OL]. https://mp.weixin.qq.com/s/s5igDICyMMMR9AhTtFLhIA）

学习评价与反思

_____
_____
_____

第六章 学前儿童的全面发展教育

本章导读

全面发展教育是幼儿园教育的基本出发点，也是我国幼儿园教育的任务。《幼儿园工作规程》指出，我国幼儿园的任务是贯彻国家的教育方针，按照保育与教育相结合的原则，遵循幼儿身心发展特点和规律，实施德、智、体、美等方面全面发展，促进幼儿身心和谐发展。德育、体育、智育与美育是学前儿童全面发展教育的有机组成部分，它们既是相互区别的，又是相互联系的，缺一不可。本章主要阐述学前儿童全面发展的内容、内涵，也具体说明学前儿童德育、体育、智育和美育的目标、具体内容及教育途径。

学习目标

1. 理解学前儿童全面发展教育的目标、内容和途径。
2. 能运用学前儿童全面发展教育理论对当前幼儿园教育现象进行评价。
3. 树立幼儿园全面发展教育观。

学习重点

理解学前儿童全面发展教育的目标、内容和途径；能运用学前儿童全面发展教育理论对当前幼儿园教育现象进行评价。

思维导图

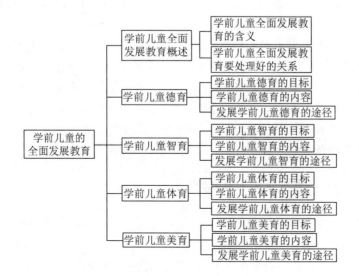

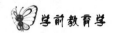

第一节 学前儿童全面发展教育概述

典型案例

开学第一天,一大群家长围在贴有班级一周教育活动安排表的家园联系栏边议论纷纷。老师仔细一听,原来是一些家长对幼儿园的教育活动安排很不满意。有的家长说:"一周就安排上这么几节课,这么多的时间用来游戏,难道我们花钱给孩子上幼儿园是让他来这儿玩的?"

讨论:如果你是该老师,应该如何回应家长?

案例点评

游戏是幼儿的基本活动。《幼儿园教育指导纲要(试行)》要求幼儿园教育应以游戏为基本活动,为幼儿创设宽松、自由的环境以更好地促进幼儿的全面发展。游戏是对幼儿进行全面发展教育的重要形式,对幼儿的生理、心理等各个方面都有重要影响。作为幼儿园教师,应该理解游戏对幼儿身心发展的独特价值,并对家长做好宣传教育的工作。

(资料来源:https://baobao.baidu.com/question/296cd8c64cce26e13fd76a2142c11be6.html。)

在教育史上,人的全面发展是一个永恒的主题。从西方历代教育思想家的思想中,我们可以发现很多关于全面发展的论述。苏格拉底的思想最早蕴含了德、智、体三要素,他的"智慧即德行"的论断基于他关于道德的认知。在智育方面,他将几何、天文、算数列为必须学习的科目,同时认为健康的身体是必要的,锻炼可以使人的身体强壮。柏拉图也在《理想国》中提出了德育、智育、体育的思想,认为在理性的指导下,人的心灵和身体都应得到全面发展,达到美、智、仁、勇。亚里士多德在继承柏拉图思想的基础上,提出了德、智、体、美和谐发展的教育,即用体育发展植物灵魂,用德育发展动物灵魂,用智育发展理性灵魂,通过德育实现人的天赋功能。捷克教育家夸美纽斯也从其"泛智"教育思想出发,认为应当把一切事物教给一切人,任何人的教育都应该是全面的教育,应该在智育、德育、宗教教育以及健康教育等方面全面发展。

全面发展教育是幼儿园教育的基本出发点,也是我国幼儿园教育的任务。《幼儿园工作规程》中提到,我国幼儿园的任务是贯彻国家的教育方针,按照保育与教育相结合的原则,遵循幼儿身心发展特点和规律,实施德、智、体、美等方面全面发展的教育,促进幼儿身心和谐发展。《3~6岁儿童学习与发展指南》中明确指出要关注幼儿身心全面和谐发展,要注重各领域之间的相互渗透和整合,从不同角度促进幼儿全面协调发展,而不要片面追求某一方面或几方面的发展。

一、学前儿童全面发展教育的含义

学前儿童全面发展教育是指以儿童身心发展的现实性和可能性为依据,遵循儿童年龄特点和身心发展规律,以游戏为主要形式,促进儿童在德、智、体、美诸方面全面和谐发展的教育。全面发展教育的核心是在保证幼儿在德智体美各个方面全面协调发展的基础上,促进幼儿个体在某方面的适度发展。全面和谐发展是教育的终极目标，片面地、孤立地追求某一方面的发展而忽视其他方面是不可取的。

二、学前儿童全面发展教育要处理好的关系

我们在对学前儿童实施全面发展教育的过程中，要注意处理好以下几对关系。

（一）处理好德、智、体、美四育的关系

德育、智育、体育与美育是学前儿童全面发展教育的有机组成部分，它们既是相互区别的，又是相互联系的。一方面，德育主要培养学前儿童良好的道德品质，形成良好的社会性行为；智育主要发展学前儿童的智力，增进他们对周围环境的认识；体育要保护儿童的生命与健康，促进儿童身体的成长和心理的健康发展；美育主要发展学前儿童感受美、欣赏美、表现美的能力。另一方面，德、智、体、美四育又是相互促进、紧密联系的统一体。德、智、体、美作为人的发展的不同方面，统一于人的身心整体发展。《幼儿园工作规程》也指出："德、智、体、美等方面的教育应当互相渗透，有机结合。"总之，德、智、体、美诸方面统一于幼儿个体的身心结构之中，对幼儿的全面发展来说，不能偏废任何一个方面，以免影响其他方面的发展。只有正确认识四育之间的相互关系，实施全面发展教育，才能发挥教育的最大功效。

（二）处理好"五大领域"的关系

我国著名教育家陈鹤琴先生提出了"五指活动"的课程思想，他认为幼儿园的课程应该包含 5 个方面：健康活动、社会活动、科学活动、艺术活动、语文活动。这 5 个方面的活动既是相互联系的，又是相互区别的，就像人的 5 个手指既各有长短，又共同构成了具有整体功能的手掌。《幼儿园教育指导纲要（试行）》中明确指出：幼儿园的教育内容是全面的、启蒙性的，可以相对划分为健康、语言、社会、科学、艺术 5 个领域。《幼儿园工作规程》中提到，要综合组织健康、语言、社会、科学、艺术各领域的教育内容，渗透于幼儿一日生活的各项活动中，充分发挥各种教育手段的交互作用。

（三）处理好全面发展与个性发展的关系

全面发展是针对片面发展而言的，偏重任何一个方面或忽视任何一个方面的发展都不是全面发展教育。但是，全面发展并不是各方面齐头并进、平均地发展，也不意味着孤立发展。我们应该处理好全面发展和幼儿有个性地发展之间的关系，在保证幼儿德、智、体、美诸方面全面发展的基础上，可以允许幼儿个体在某方面突出一些，避免教育的"千人一面"。

相关链接

从马克思主义观点看来，"人的全面发展"与"人的自由发展"是两个既有联系，又有区别的概念。只有充分具备自由发展的条件，才可能实现个人的全面发展；同样正确的是，只有个人普遍得到全面发展，人类才能真正获得驾驭自然界和人类社会的自由，成为自由发展的人。人的全面发展，说的是个人的发展程度，是就主体自身而言的；而人的自由发展则是就主体和客体的关系而言的。

（资料来源：陈桂生．人的全面发展理论与现时代[M]．上海：上海教育出版社，1988．）

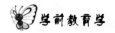

第二节 学前儿童德育

典型案例

我认为在一个人或者一个绅士的各种品行之中,德行是第一位的,是最不可缺少的。他要被人看重、被人喜爱,要使自己也感到喜悦,或者也还过得去,德行是绝对不可缺少的。如果没有德行,我觉得他在今生来世就都得不到幸福。

(资料来源:约翰·洛克.教育漫话[M].傅任敢,译.北京:教育科学出版社,1999.)

案例点评

在洛克看来,德行构成了绅士思想品质的核心。德行越高的人,其他一切成就的活动就越容易。通晓世故、进退得当、举止文雅、娴于礼仪、气质温和等,这是一个有教养的绅士所必不可少的外在和内在的品质。由此可见洛克的绅士教育对德行的重视程度。

未来社会对人的思想品德素质提出了很高的要求,年轻一代将凭着更好的学识、能力、良好的品德行为和个性品质去选择和被选择。这些对年轻一代心理品质的要求必须从幼儿期开始培养,幼儿期是个性开始形成的关键时期,对幼儿实施德育是幼儿个性发展的需要。从小加强德育,培养幼儿良好的个性和性格,对幼儿的发展是至关重要的。幼儿在发展个性的同时,要掌握社会行为规范,形成初步的道德认识和正确的道德行为,为将来适应社会生活做好准备。

一、学前儿童德育的目标

《幼儿园工作规程》明确提出了幼儿德育的目标是:萌发幼儿爱家乡、爱祖国、爱集体、爱劳动、爱科学的情感,培养诚实、自信、好问、友爱、勇敢、爱护公物、克服困难、讲礼貌、守纪律等良好的品德行为习惯以及活泼、开朗的性格。这些目标可以具体概括为三个方面:一是萌发幼儿爱的情感;二是培养幼儿良好的品德与行为习惯;三是培养幼儿良好的个性品质。

幼儿德育目标中的"五爱"和行为习惯等要求,充分体现了我国教育目的的基本精神。幼儿德育的目标强调培养幼儿积极的道德情感和良好的品德行为习惯,符合幼儿品德形成和发展的基本规律。幼儿形成诚实、自信、勇敢、活泼开朗等良好的个性心理品质有助于幼儿与周围的人结成良好的人际关系,促进幼儿健康、快乐成长。

二、学前儿童德育的内容

《幼儿园工作规程》提到:幼儿园的品德教育应当以情感教育和培养良好行为习惯为主,注重潜移默化的影响,并贯穿于幼儿生活以及各项活动之中。

(一)情感教育

情感教育主要是让幼儿萌发爱的情感。爱家乡、爱祖国、爱集体、爱劳动、爱科学的情感是幼儿思想和品德发展的基础和动力,所以应该从小对幼儿进行爱的情感教育。爱家乡、爱祖国的情感教育包括爱自己的父母、老师、同伴,爱各行各业的劳动者,爱自己的家、爱幼儿园、爱家乡和祖国的大自然、名胜古迹等。爱集体包括培养幼儿逐步适应并喜欢集体生活,与人友好相处,有初步的集体荣誉感,遵守集体活动的规则,等等。爱劳动主要包括认识劳动与自己生活的密切关系;鼓励幼儿参加简单的自我服务和为集体服务的劳动,初步体验劳动的快乐;学会爱护劳动成果,爱惜物品与公共财物;等等。

(二)发展社会性

社会性发展是个体了解社会对自己的要求与期望,并使自己逐步实现这些要求与期望的过程。社会化的内容反映了社会对人的道德行为、人际关系等方面的基本要求。幼儿德育是幼儿社会性发展教育的核心。发展幼儿的社会性主要是培养幼儿具有良好的人际交往能力。为了让幼儿尽快适应集体生活和社会生活,教师要积极组织幼儿参加集体活动,并在集体活动中发展幼儿的人际交往能力。例如,帮助幼儿掌握同伴交往的基本技能,培养幼儿尊重、关心和理解他人的态度和能力,学会分享、合作、谦让、助人,能与同伴友好相处。在与他人交往的过程中,幼儿逐步熟悉并认识周围的人和事,学会处理与同伴、教师、父母和其他人的关系。

(三)培养良好的行为习惯

社会是由共同生活的人组成的,为了维护社会生活的稳定与安宁,必须制定一些相应的行为规范,这是每个社会公民都必须遵守的。社会行为规范的掌握不是与生俱来的,必须从小进行教育和培养。学习社会行为规范,培养良好的行为习惯是幼儿德育的重要内容。良好的行为习惯包括讲卫生、不随地吐痰和乱扔果皮、保持环境整洁有序,不摘花草,不到处乱涂乱画,遵守公共场所的规则和秩序,等等。

(四)培养良好的个性品质

良好的个性品质有利于促进幼儿社会性的发展,有利于幼儿与周围的人建立和谐的人际关系,从而健康快乐地成长。幼儿德育要关注幼儿性格的养成,要将培养幼儿良好的个性纳入教育内容。良好的个性品质包括活泼开朗,有自信心,主动,积极,诚实,勇敢,以及有一定的坚持性和创造性,等等。这些个性品质的形成,与成人对待他们的态度有关。例如,教师对待幼儿应以积极的鼓励与肯定为主,发现并欣赏每个幼儿的优点与潜能,帮助幼儿正确认识自己,增强幼儿的自我价值感与自信心。

三、发展学前儿童德育的途径

(一)幼儿的一日生活

幼儿良好行为习惯和个性品质的形成不是一朝一夕之事,它需要多渠道、多方位的有机渗透,主要渗透于幼儿的一日生活中。幼儿的一日生活包括生活活动、游戏活动、学习活动。这些活动能为幼儿的道德行为和习惯的形成提供形式多样的练习和实践的机会。这就要求教师要根据幼儿的年龄特点,把德育观念自然灵活地渗透到一日生活的各个方面:让幼儿在与同伴的交往中,了解人与人之间的关系;在一日活动常规的建立中,形成遵守秩序的意识和行为；在各项活动的开展中培养诚实、勇敢、好问、友爱、讲礼貌的品德和行为习惯。因此，一日生活是最基本、最重要的德育途径。

（二）游戏活动

游戏是幼儿园的基本活动，是幼儿最喜爱的活动，也是幼儿德育的途径之一。教师利用游戏进行德育，可以避免空洞的说教，因而很容易被幼儿接受和理解。游戏的趣味性能够给幼儿带来愉悦的情绪体验；游戏的社会性能反映出一定的社会道德观念、行为准则、人际关系。特别是在角色游戏中，幼儿通过扮演一定的社会角色来体验该角色应该承担的社会责任并遵守其社会行为准则。例如，幼儿扮演"爸爸"或者"妈妈"，体会家庭成员间的关爱，巩固了文明交往的行为。再如，在体育游戏中，幼儿体验到克服困难完成任务的喜悦，巩固了团结合作的行为；在表演游戏中，幼儿通过扮演《龟兔赛跑》中的角色，体会文学作品的美，明白了做事情坚持不懈的重要性。幼儿在玩与体会中接受德育，因此，游戏活动是幼儿园德育教育的重要补充形式。

（三）专门的德育活动

专门的德育活动是指教师根据幼儿的年龄特征，结合本班幼儿的实际情况和行为表现，有目的、有计划地组织德育活动，如讨论、谈话、节日庆祝活动，以及参观、春游、劳动等实践活动。专门组织的德育活动可以弥补一日生活中德育教育的不足，是幼儿园德育内容落实的重要途径之一。这些专门组织的德育活动，常常将集体、小组和个别活动的形式有机结合，在活动中提高幼儿的道德认知，激发幼儿的道德情感，形成初步的道德行为。例如，通过组织"大带小"活动，让中大班幼儿学会关爱小班的弟弟妹妹；通过五一劳动节前夕的帮厨活动，帮助幼儿感知劳动，体验劳动带来的收获；通过参观超市，学习购物，体会人与人之间的文明交往；通过春游活动，感知大自然的美，体会合作和互相帮助的快乐。

相关链接

道德教育的"四要素"

道德教育的"四要素"是指道德认识、道德情感、道德意志、道德行为。道德认识指对道德行为规范与意义的认识。包括对道德概念、原则等道德知识的了解或掌握，以及运用这些道德观念去分析道德情境，对人对事做出是非善恶等道德判断和评价。道德情感是伴随着道德认识而产生的对某种道德义务的爱或憎、喜好或厌恶等情感体验。道德意志指个体在自觉执行道德义务时克服困难与障碍所表现出来的意志品质。它表现为人利用意识的能动作用，是一种坚强的自制力。道德行为是人在一定的道德意识支配下采取的有道德意义的行动。道德行为是评判一个人道德品质的重要标志，也是最终依据。

上述知、情、意、行4种心理成分是彼此联系、互相促进的。其中，道德认识是基础，是道德情感和道德意志产生的依据，并对道德行为起到定向调节的作用；道德情感与道德意志是构成道德动机和道德信念的重要组成部分，是道德认识向道德行为过渡的中间环节；道德行为是品德的最重要标志，道德行为既是道德认识、道德情感和道德行为的外在具体表现，又可以通过道德行为巩固、发展道德认识，丰富道德情感，促进道德意志的锻炼。

（资料来源：http://www.360doc.com/content/16/0813/00/35264001_582935093.shtml）

第三节　学前儿童智育

典型案例

虽然我国学前教育有了快速的发展，但是仍有家长认为孩子在幼儿园学不到东西，常有家长说："去幼儿园一年了，什么都不教，孩子什么字都不认识！白白花了学费！"在部分家长眼中，孩子的教育便是智育，而智育就是学习"知识"。

讨论：你同意这个观点吗？如果不同意，作为该班教师，你如何说服家长呢？学完本节内容，希望你能与家长科学沟通。

案例点评

案例中，家长对学前儿童智育的内容理解有误，导致其对幼儿园教育产生了不满。学前儿童智育的内容广泛，包括培养幼儿良好的学习品质和学习兴趣，使幼儿形成良好的学习习惯，发展幼儿的智力，增进幼儿对周围环境的认识，等等。智育是知识、技能、能力的学习过程，是发生在人类心灵中的活生生的过程，是心灵滋养的过程，并不只是学习"知识"而已，即使是学习知识，也不能盲目地灌输知识，机械模仿与单调重复地练习。

智育是有目的、有计划地使受教育者掌握系统的科学基础知识和基本技能、促进受教育者智力发展的教育过程。它是全面发展教育的一个重要组成部分。知识是人对事物属性和联系的主观印象，是人的心理活动的思想内容，可表现为对事物的感觉、知觉、表象等心理形式，也可表现在书籍、音像等其他"人造物"中。学校中的智育给予学生的是科学知识，即经过实践检验的、合乎逻辑关系的各门学科的知识体系。在这里，知识是静态的、结果性的。技能是人为达到认识或改造客观事物的目的而经常运用的具体行动方式。智力是指人的认识能力，对其加以剖析，则是由感知力、观察力、注意力、记忆力、想象力、思维能力和言语能力等组成的，所以智力是认识的综合能力。智育是知识、技能、能力的学习过程，所以说它是发生在人类心灵中的活生生的过程，是心灵滋养的过程。盲目地灌输知识、机械模仿与单调重复的技能练习，以及没有因材施教的教育，都会限制幼儿智力的发展。

一、学前儿童智育的目标

（一）培养幼儿求知的兴趣和欲望

学习的兴趣和欲望是幼儿主动学习的重要条件。成人要善于发现和保护幼儿的好奇心，充分利用自然的和实际的生活机会，引导幼儿通过观察、比较、操作、实验等方法，学习发现问题、分析问题和解决问题，培养幼儿求知的兴趣和欲望，形成受益终身的学习态度和能力。

（二）发展幼儿的智力

智力的发展包括认识过程的发展、良好智力品质的培养及智力活动方法的掌握。智力

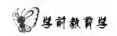

的发展是幼儿认识实物、学习知识所必需的,更是长大以后学习科学知识、技能所必需的。智力不是自然而然发展的。幼儿在接触和改变外部环境的积极活动中,会推动智力的积极活动,因此适宜的活动与练习,可促进幼儿智力的良好发展。成人应重视发展幼儿的智力。

(三)引导幼儿获得周围生活中的简单知识,形成对一些事物的初步概念

幼儿知识的获得是以直接经验为基础的,主要来源于他们经常接触的生活,其中有日常生活、社会生活及自然界中各种事物的特征、事物现象间的简单关系等。在获取这些知识的过程中,要帮助幼儿形成一些简单的、初级的概念,在巩固原有知识的同时获得新的知识,并运用于生活。值得注意的是,幼儿获得的知识是在感性的体验操作活动中认识某种现象的各种联系,它不同于学校儿童的知识体系。

二、学前儿童智育的内容

(一)培养幼儿良好的学习品质和学习兴趣,使幼儿形成良好的学习习惯

《3~6岁儿童学习与发展指南》强调,应重视幼儿的学习品质。幼儿在活动过程中表现出的积极态度和良好行为倾向是终身学习与发展所必需的宝贵品质。要充分尊重和保护幼儿的好奇心和学习兴趣,帮助幼儿逐步养成积极主动、认真专注、不怕困难、敢于探究和尝试、乐于想象和创造等良好的学习品质。注意力是将心理活动长时间集中于某一事物的能力,是良好学习品质的重要因素,幼儿阶段以无意注意为主,有意注意逐步发展。学习兴趣是人对学习的一种积极的认知倾向和情绪状态,幼儿对感兴趣的事物会积极关心、注意、思考和探索。研究发现,幼儿园和小学是培养儿童生活习惯和学习习惯的关键期。成人要引导幼儿养成积极的学习品质,培养其良好的学习习惯,主要包括:促进幼儿准时来园;引导幼儿专注地从事活动,积极思考、探究,乐于倾听表达;培养良好的阅读习惯;爱护学习用品;等等。

(二)发展幼儿的智力

1. 发展感知觉和观察力

感觉和知觉是人认识外界事物的基础和前提,人通过感知觉,获得丰富的感性认识,为更复杂的心理过程提供基础。成人应在保证幼儿生命安全的前提下,创造条件,鼓励幼儿运用多种感官感知周围的事物,把握事物的属性,增进幼儿对周围环境的认识。观察是人的有目的、有计划的感知活动,成人可通过带领幼儿接触大自然,观察周围的事物和现象,启发幼儿积极探究,从而获得观察的方法和能力。随着年龄的增长,幼儿从仔细观察发现事物的明显特征到能对事物或现象进行观察比较,发现其相同与不同,慢慢发展为能通过观察、比较与分析,发现并描述不同种类物体的特征或某个事物前后的变化。在观察中尽可能地使幼儿的多种感官参加活动,在发展观察力的同时也促进感知觉的发展。

2. 发展思维能力

思维力是幼儿智力发展的核心部分。思维力表现为分析综合、抽象概括、判断推理等能力,其中就包含了对幼儿记忆力、想象力等的培养。成人应为幼儿创设优化的环境,让幼儿可以充分地联想、想象、交谈与表现;鼓励幼儿独立发表意见、独立做力所能及之事,支持幼儿的独特想法;通过做有一定难度的任务,培养幼儿思维的灵活性与创造性;利

启发式的提问，引导幼儿多角度看问题；还应重视自由游戏中幼儿创造性思维的培养，正确对待幼儿的问题，注意倾听并共同探讨。

3. 发展口头语言表达能力

语言是思维的载体，是自我表达和人际沟通的重要工具。《3~6 岁儿童学习与发展指南》指出：幼儿期是语言发展，特别是口语发展的重要时期。幼儿语言的发展贯穿于各个领域，也对其他领域的学习与发展有着重要的影响。幼儿语言学习与发展对其身心全面发展具有重要的价值。幼儿语言学习与发展的首要任务是帮助幼儿成为积极的语言运用者，在交往中逐渐学习理解和表达。成人应积极地使幼儿掌握口头语言，培养他们能够运用清楚、连贯的语言表达自己的思想和要求，能自如地运用语言与他人交往。如教师可在一日生活中设置必要的谈话环节，在过渡环节中，可和幼儿谈论当日计划、自己的发现等，通过提问，激发幼儿参与谈话，基于观察，推进幼儿的谈话，等等。

（三）增进幼儿对周围环境的认识

幼儿的学习是以直接经验为基础的，他们主要通过直接感知、实际操作和亲身体验获取经验与知识，从而获得智力上的发展。教师应引导幼儿认识周围的环境，包括认识社会生活的物质环境和人的生活及相互关系；了解自然界的尝试；学习有关数学的初步知识。

三、发展学前儿童智育的途径

（一）利用生活中的各种时机渗透智育

幼儿的年龄特点决定了幼儿的学习更多的是在生活中通过灵活多样的方式进行的。因此，成人应多鼓励幼儿在生活中进行多样化的学习活动。除了集体教学活动和区角活动，幼儿的一日生活也是幼儿智育的重要途径。在真实的生活背景下，教师应利用生活中的各种时机进行随机的智育培养，比如丰富多彩的户外活动、不同季节的郊游和采摘活动、每天早晨的天气预报活动等。家长也要积极鼓励和支持幼儿在生活中发现问题、探究问题和解决问题，不断通过有意义的运用，学习相关的方法，获得科学的基础知识和基本技能。

（二）组织多种形式的教育活动

幼儿园的教育活动是教师有目的有计划地实施的活动，包括集体教学活动和区角活动。幼儿园教育活动具有游戏性、整合性、生活性和多样性的特点，教师在组织活动时，应注意发展幼儿智力，在活动的过程中培养幼儿运用感官和语言交往的能力，培养有益的兴趣和求知欲望，培养幼儿初步动手探究的能力，增进幼儿对环境的认识。

（三）创设具有教育性的环境

在尊重幼儿的前提下，创造促进发展的环境是当代教育的需求。幼儿的身心是在外界刺激的帮助下发展起来的，是个体和环境之间相互作用的结果。只有教师为幼儿提供有准备的环境和材料，环境的价值和作用才能更好地发挥出来。具有教育性的环境要求教师将教育目标与预期融入环境的创设之中，通过问题的设置、情境的把握去诱发幼儿的观察、探究与追踪，让环境成为一种隐性的、潜在的课程。要注意的是，有准备的环境一定是符合幼儿需要的、真实的、自然的环境。真实自然的环境为幼儿营造了一种亲切、安全的活

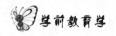

动氛围,充满问题的环境能激发儿童的好奇心和探索欲。在环境创设过程中,教师可以投放较多低结构、高开放的材料,让儿童在探究的过程中不断地发现问题、解决问题,从而使班级环境的创设不仅仅是活动的准备与结果的呈现,还是让幼儿自由选择、积极探索、生成补充的过程。

相关链接

追求"教学的有效性",还是"有意义的教学"

理解"意义",唤醒教师在教学中的自觉意识。教师组织教学活动的目的是为了让幼儿有所得。如果教师追求"有效性"就必然会从客观结果来判断幼儿是否有所得、得多少,且十分在意幼儿是否有所得、得多少。如果教师追求"有意义",就不会十分在意幼儿是否有所得、得多少,因为结果具有很大的不确定性。可见,追求"意义"多少给人一点自由。教学是否有效有时太难认定,尤其是集体教学。且不说每个孩子的所获难以测定,就算孩子表现出了预期的结果,又怎能确定其中有多少是该教学活动的效果?何况还有更多预期之外的结果。其实,教师只要按照自己认定的价值去做,就是有意义的。也就是说,如果教师知道自己为什么做,以及为什么这样做,就应该是有意义的。

(资料来源:华爱华. 学前教育改革启示录[M]. 上海:上海社会科学院出版社,2009.)

第四节 学前儿童体育

典型案例

近年来,我国学前教育发展似乎进入了"多事之秋",前几年媒体曝光的"喂药事件"更是引发了人们对幼儿园的信任危机。

讨论: 这一事件的发生反映出了什么问题?作为一名幼儿园教师,应具备哪些关于幼儿"体育"与健康教育的专业素养?学完本节内容,希望你对此能有自己的思考。

案例点评

《幼儿园工作规程》指出:幼儿园必须把保护幼儿的生命和促进幼儿的健康放在工作首位。"喂药事件"的发生是人性的沦丧,教师的行为完全违背了教师职业道德。教师也没有认识到幼儿健康的重要性,不具备学前儿童健康教育的基本素养。

体育是使人的身体健康成长和增强体质的教育活动。体质及人体的质量,包括体格、体能、适应能力和心理因素几个方面。体格指人体的形态结构,包括人体的生长发育、体型和身体姿势。体能包括生理机能、身体素质、身体基本活动能力。适应能力指机体对外界各种变化的环境的适应能力,以及机体对各种疾病的抵抗能力和病后恢复能力。心理因素包括本体感知能力、思维、记忆、注意等。

幼儿体育是遵循幼儿身体生长发展规律,以增强体质、提高身体健康水平为目的的一系列教育活动。体育是幼儿全面发展的重要条件,是幼儿身心健康的保证。洛克曾经说:"健康之精神寓于健康之身体。"人的各方面的发展,必须建立在身心健康的基础上,人的健康发展遇到障碍或终止，意味着个体物质和精神发展的中断或结束。幼儿健康也是如此，它是幼儿发展的基础。《3～6岁儿童学习与发展指南》指出："健康是指人在身体、心理和社会适应方面的良好状态。幼儿阶段是儿童身体发育和机能发展极为迅速的时期，也是形成安全感和乐观态度的重要阶段。发育良好的身体、愉快的情绪、强健的体质、协调的动作、良好的生活习惯和基本生活能力是幼儿身心健康的重要标志，也是其他领域学习与发展的基础。"

一、学前儿童体育的目标

（一）保护幼儿的生命，促进其身体的良好发育

幼儿园必须把保护幼儿的生命和促进幼儿的健康放在工作的首位。幼儿身体生长发育迅速，可塑性大；身体各器官和系统尚未发展完善，抵抗力弱，身体结构没有定型。因此，幼儿的每一个生活环节，都需要成人的精心护理，要科学合理地照顾、安排与组织幼儿的生活，保障幼儿的生命与安全，保护生命；积极开展各项体育活动，锻炼身体，保证其身体得到充分发育。

（二）发展幼儿的基本动作，增强体质，培养其对体育活动的兴趣

在日常生活和各项体育活动中发展幼儿生活中必需的身体基本能力。充分锻炼幼儿走、跑、跳、爬等基本动作，不仅能锻炼身体，还对促进幼儿独立生活能力的发展，促进智力、心理的发展有重要意义。如良好的身体控制与平衡能力的发展，为幼儿的身体移动打下坚实的基础，幼儿的身体移动给孩子带来更大的探索空间和范围，使孩子获得更多不一样的经验，获得不一样的情感体验。需要强调的是，幼儿体育的主要目的不在于让幼儿掌握体育的技能技巧，而在于通过体育提高幼儿参加体育活动的兴趣，发展其基本活动能力，促进其身心健康成长。

（三）培养幼儿良好的生活习惯和基本生活能力，帮助其养成健康的生活方式

生活自理能力是指人们在日常生活中照料自己的能力，即自我服务、自己照顾自己，是一个人应该具备的最基本的生活技能。幼儿生活自理能力主要指日常生活自理能力，即掌握生活自理的技能，提高动手能力；感受自己的成长，树立自立意识；养成自己做事的好习惯，积累自理生活的经验；等等。基本的生活自理能力是，家庭和社会对幼儿提出的一项重要发展任务，它们对幼儿的成长发展具有非常重要的意义，是支持幼儿健康生活的前提。成人要帮助和指导幼儿逐渐学会料理自己的生活，并在这些活动的过程中养成良好的习惯，最终形成健康的生活方式。

二、学前儿童体育的内容

（一）创设良好的生活条件，科学护理幼儿的生活

首先要有合乎安全卫生要求的房屋、设备和场地，每个幼儿占地面积为 2.5 平方米，室内要干燥、通风，有活动室、盥洗室，室内设备要适合幼儿的身材，要有供幼儿游戏和体育活动的场地，以促进幼儿健康，便于幼儿进行各种体育活动。其次，合理安排幼儿的

营养和膳食。营养是保证人体全面发展，保证健康和增强体质的重要外界因素，幼儿正处在生长发育阶段，他们所摄入的营养一方面要补充每天活动中所消耗的能力，另一方面还要供给机体组织生长发育的需要。幼儿园应根据幼儿对营养的需要制定食谱，合理搭配，使色香味俱全，充分发挥食物的营养作用。再次，要有充足的睡眠，成人要为幼儿睡眠创设符合卫生要求的条件，饭点与睡眠时间相隔不少于1.5～2小时。睡眠时要保持环境安静，保持空气新鲜，室温不宜过高或过低。另外，组织幼儿午睡要注意幼儿的个体差异，适当安排，不应强制幼儿午睡。午睡时间一般为2～2.5小时。最后，衣着要合适。幼儿服装的质料应松软透气，使身体表皮和衣服间有空气流通，有益于汗的蒸发，也应适合运动。

（二）制定和执行合理的生活制度、卫生保健工作制度，做好安全教育

合理的生活制度是保证幼儿活动的基础条件，生活制度是科学合理安排幼儿一日生活中的各项活动的顺序和时间，使幼儿生活有规律、有节奏。幼儿的神经系统正在发育，要特别注意保护，注意活动的动静交替，每天要有足够的睡眠；幼儿消化系统机能较差，食物在胃内停留时间一般为3～4个小时，因此两餐相隔时间不应少于3小时，不超过4小时。每天户外运动时间夏季不应少于3小时，冬季不应少于2小时。卫生保健工作是幼儿园一项十分重要的工作，《托儿所幼儿园卫生保健管理办法》基于"保教结合、预防为主"的方针，规定了托幼机构、相关行政职能部门的工作职责，托幼机构的工作人员要进行儿童的健康检查、膳食管理、疾病预防与控制等。幼儿年龄小，生活经验缺乏，应加强幼儿的生活护理和安全，教给幼儿简单的安全知识和具体做法。教师是这些制度的组织者和执行者，在执行时还要考虑幼儿的个别特点和需要，使每个幼儿都能愉快地生活。

（三）培养幼儿良好的生活习惯和基本生活能力

生活自理是幼儿日常生活的一部分，也是幼儿的基本生活能力。幼儿体验、获得生活自理能力的过程也是其逐步养成良好的生活习惯，形成、建立健康的生活方式的过程。幼儿良好的生活习惯包括个体身体和服装的清洁卫生习惯、良好的饮食习惯和保持环境整洁的习惯。教师应与家长配合，根据幼儿的需要建立科学的生活常规，培养幼儿良好的饮食、睡眠、盥洗、排泄等生活习惯和生活自理能力，教育幼儿爱清洁、讲卫生，注意保持个人和生活场所的整洁和卫生。

（四）积极开展体育锻炼活动

幼儿体育锻炼活动是幼儿体育的重要内容，是保证幼儿健康的重要条件，幼儿体育锻炼活动包括：基本动作练习，如走、跑、跳、投掷、平衡、攀登、钻爬等，要重视发展幼儿的基本动作，使他们动作灵敏协调，姿势正确；学前儿童体操活动，它是以全面锻炼身体、审美性强为特征的体育活动，由徒手操（由身体各部分互相配合做出有节奏、有规律的单个动作或成套动作）和器械操（在徒手操动作的基础上，手持一些器械，如呼啦圈、哑铃凳进行练习）组成；体育游戏，它是根据一定的体育任务设计的，由身体动作、情节、角色和规则组成，以发展幼儿基本动作、增强幼儿体质、促进其身体健康为主要目的，体育游戏多样，内容丰富，适合各个年龄段的幼儿，它能够让幼儿在愉悦的练习中获得基本动作的发展。教师应遵循幼儿的年龄特点，选择合适的内容，开展形式多样的体育活动。

（五）重视幼儿的心理健康

健康包括身体健康和心理健康，二者相辅相成。心理健康是人的内心世界与客观环境的平衡，是自我与他人之间关系的平衡，教师应为幼儿创设一个温暖的环境，关心、爱护、尊重每一个孩子。幼儿心理健康发展有其差异性，不同个体成长过程中的特殊心理需求各不相同，出现的心理问题也很不一样，教师要体察幼儿的心理安全需求，注意与家长密切联系，关注和了解情绪不安的幼儿。无论在何种性质的活动中，教师都应有增强幼儿心理健康的意识，要有全面的观点，既重视身体健康，也重视心理健康。

相关链接

儿童的运动举止能够表明他的心理状态，帮助我们了解儿童那些不能或者不愿通过口头表达出来的心理历程。

（资料来源：齐默尔. 幼儿精神运动学手册：精神运动学发展促进作用的理论及实践[M]. 南京：南京师范大学出版社，2008.）

三、发展学前儿童体育的途径

（一）根据幼儿特点提供适宜的环境

营造温暖、轻松的心理环境，让幼儿形成安全感和信赖感。如，保持良好的情绪状态，以积极、愉快的情绪影响幼儿；以欣赏的态度对待幼儿，注意发现幼儿的优点，接纳他们的个体差异。幼儿的骨骼尚未发育完善，因此应当注意幼儿桌、椅、床的适宜性。桌子的高度以写画时身体能坐直，不驼背，不塌肩为宜。椅子的高度以幼儿写画时能双脚自然着地、大腿基本保持水平为宜。床不宜过软，枕头不宜太高或者太低。

（二）设计丰富的活动、多样的锻炼

教师要鼓励幼儿走平衡木或沿地面直线、田埂行走；让幼儿进行跳房子、踢毽子、蒙眼走路、踩小高跷等游戏活动；为幼儿提供跑跳、钻爬、攀登等活动场地。在锻炼的同时，将趣味性与游戏性相结合，避免枯燥单调的机械化练习，提醒幼儿注意安全，鼓励其适当坚持。针对个体差异，提供不同种类的运动材料及不同任务要求的活动。在幼儿的发展过程中，进度水平有快有慢。教师要结合幼儿的发展水平，提供多样化的活动材料，使幼儿可以选择适合自己发展水平的游戏活动。教师应当关注发展相对迟缓的幼儿，需要时可以对幼儿进行专门化的某一动作的指导；也应当关注发展超前的儿童，让其进行难度更高的活动任务，以促进幼儿进一步的发展。家长和教师应当给予幼儿充分的活动时间，以此让幼儿得到适当的锻炼。

（三）重视体育与其他领域的有机结合

幼儿在体育活动中的学习与发展与其他领域密切关联。例如，幼儿在了解与探索物质世界和周围环境的过程中可以获得对物质特性以及有关安全等方面的知识和经验，这有助于提高幼儿对危险事物的认识与判断能力，更好地维护自身的安全。又如，幼儿要清晰地向他人表达自己内心的想法和情绪情感，离不开语言能力的发展。教师在组织幼儿的活动时应有教育的整合意识，关注其他领域中体育的内容。

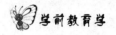

互动平台

《幼儿园教育指导纲要（试行）》指出，幼儿园应"保教并重"，这是幼儿园教育的基本原则之一，您认为目前幼儿园的"保教结合"实行得怎样？如何做更好？

顾荣芳（南京师范大学教授）："保教并重"一直是幼儿园教育的基本原则，许多幼儿园都坚守着这一原则。但同时我们也要看到，由于保教工作的相对分离以及保育员的素质、地位和待遇相对较低，使得"保教结合"原则在幼儿园教育中落实得还不够到位，幼儿园教育实践中仍然存在着"重教轻保"的现象。为了真正将"保教结合"原则落到实处，一方面，在职前师资培养中应一如既往地强化儿童卫生保健、儿童心理发展等核心课程，重视准教师的教育见习、实习活动，让他们有机会系统地了解幼儿园保教工作，亲自体验和操作，融通理论和实践。另一方面，要努力提升保育员的地位和待遇，加强培训，提升保育员的专业素养。提升了地位和待遇，意味着可能吸引更多优秀人才；加强了培训，便可以让保育员增强专业底气，逐步走向专业化，以更好地实现"保教结合"。

（资料来源：保护儿童的生命和健康是教师的首要职责：2014年儿童节前夕访南京师范大学顾荣芳教授[J].幼儿教育，2014（16）.）

第五节 学前儿童美育

典型案例

有人说，美育就是教孩子唱歌、跳舞、画画，你觉得呢？学完本节内容，希望你能结合美育与幼儿发展的相关理论，具体分析此观点。

案例点评

唱歌、跳舞、画画是重要的艺术表达方式，但是美育并非只是学会唱歌、跳舞、画画。美育即审美教育，美育在于培养学生对自然界、社会生活、日常生活、文学艺术作品中美的感受，培养其审美兴趣、审美观点和审美能力，并发展创造美的能力。

美存在于我们周围的各个事物中，在不同的领域美的特征不同，具体可分为3种形态，即自然美、社会美、日常生活的美和艺术美。自然美，即在自然事物中表现的美，自然美有直接形态的，如崇山峻岭、花香鸟语，也有经过劳动加工的自然形态，如千里海堤、高坝平湖。社会美是指社会生活中的事物和现象的美。它的直接根源是社会实践，而社会实践是以人的活动为核心构成的人类社会生活，因此，人物形象的美（包括外在美和内在美）便成为社会美的主要表现。日常生活的美，主要指人们日常生活中经常接触的事物的美，包括家庭环境、工作学习环境、家具、日常用品、人的服饰等事物的美，日常生活的美对人有着经常性的影响，它不仅可以唤起人的美感，令人身心愉快，还能培养人的高尚审美趣味和情操。艺术美是在艺术作品中表现的美，艺术美主要在于艺术形象所反映的客观现实美与其所表现的艺术家的思想感情之美的统一，是形式和内容的统一；艺术作品表现的美，既反映生活，又高于生活，它在美育中有着重要的作用。借助艺术进行艺术教育是美育的主要形式。

　　学前儿童美育是指成人遵循学前教育的总体要求,根据3~6岁儿童身心发展规律和特点,利用美的事物,通过多种形式的活动与方式,培养幼儿感受美、欣赏美、初步表现美、创造美的情趣和能力的教育活动。幼儿的美感常常与自身的情绪情感密切联系,对简单的、表面的形式美易于感受,且直接以动作、表情、绘画等方式表现出来,这些决定了幼儿美育应注重幼儿对美的感受与体验,以培养幼儿的审美兴趣、审美情感、创造性和想象力为主,并非单纯的艺术技巧训练;让幼儿在美育活动中得到发展,最终成长为一个完整的人。

一、学前儿童美育的目标

(一)培养幼儿感受美、欣赏美的兴趣

　　幼儿的审美感受包括两个部分:一是以自己的方式感受到的情感表现,如蓝天是白云的家,落叶是大树妈妈的孩子;二是欣赏美的事物获得的审美愉悦。幼儿的审美感受总是与他们自身的体验相关的。幼儿的美育应该顺应幼儿发展的特点,寓教育于美的享受之中,始终把对幼儿的个性、情感的尊重放在首位,强调美育中幼儿精神的满足和情绪的愉悦,培养其对美的感受能力,提高他们的审美情趣。

(二)培养幼儿初步表现美与创造美的能力

　　幼儿表现与创造美的能力是指他们在头脑中形成审美心理意向,利用艺术的形式、语言表现出对其个人来说是新颖独特的作品的能力。但是这种美育活动不只是关注幼儿的创作结果,更重要的是幼儿在表现与创作过程中的思维、表现形式的使用,对工具和材料的探索、对自我想象的表达的过程。

相关链接

《3~6岁儿童学习与发展指南》中艺术领域的目标:
(一)感受与欣赏
目标1　喜欢自然界与生活中美的事物;
目标2　喜欢欣赏多种多样的艺术形式和作品。
(二)表现与创造
目标1　喜欢进行艺术活动并大胆表现;
目标2　具有初步的艺术表现与创造能力。

二、学前儿童美育的内容

(一)培养幼儿对美的兴趣和爱好,培养初步的审美能力

　　如前所述,幼儿的美感和审美能力带有表面性,成人应根据幼儿发展的特点,有目的、有计划地培养幼儿的审美兴趣和能力,引导幼儿接触周围环境和生活中美好的人、事、物,丰富他们的感性经验和审美情趣,激发他们表现美、创造美的兴趣。审美能力是指对美的事物鉴别、评价和欣赏的能力,教师要有意识地引导幼儿初步感受和欣赏事物的美学特征或进行粗浅的美学评价,培养初步的审美能力。如在欣赏音乐时,可通过提问,启发幼儿

结合自身的已有经验,说一说自己的感受;在美术活动的作品展示环节,可让幼儿进行互评;等等。

(二)使幼儿学习简单的艺术活动技能,发展艺术表现力和创造力

《3~6岁儿童学习与发展指南》指出:艺术是人类感受美、表现美和创造美的重要形式,也是表达自己对周围世界的认识和情绪态度的特有方式。艺术教育是美育的重要形式,成人应根据幼儿不同的发展水平,提供自由表现的机会,在支持、鼓励幼儿积极参加各种艺术活动并大胆表现的同时,帮助他们提高表现的技能和能力。幼儿各方面能力的发展为其参加艺术活动奠定基础,简单的艺术技能能够为幼儿的艺术表现提供支撑。教师在培养幼儿对美的兴趣和爱好的同时,应为幼儿提供多种工具和材料,设计多元化的艺术活动,引导幼儿积极探索,逐步学习简单的艺术表现技能。但学习技能并不是一味地模仿,应着眼于幼儿自身的观察与探索,充分发挥幼儿的积极主动性。

> **想一想**
> 老师们的困惑:"到底能不能教技能?孩子不会画、不会唱怎么办?"请结合所学,帮助老师答疑解惑。

三、发展学前儿童美育的途径

(一)创设宽松的心理环境和丰富的美育环境

尊重幼儿自发的、有个性的艺术表现与创造,创设宽松的心理环境是幼儿大胆表现的前提。教师应注意创设问题情境,激发幼儿探索解决问题。如艺术创作中尽可能不给幼儿提供直接而又明确的解决问题的途径,而是注重问题情境的创设,让幼儿在目标和问题情境之间通过自己的思考寻求解决问题的策略。要创设富有审美情感色彩的一日生活环境。除了保证幼儿有足够的活动空间,保护其安全和满足其生活需要以外,应注意室内环境的装饰与布置,内容有情趣,符合幼儿的审美趣味;投放符合幼儿美感特点的艺术活动材料,供幼儿大胆表现与创造;让幼儿投入到大自然与周围的环境中,去感受、发现和欣赏自然环境和人文景观中美的事物。

(二)幼儿园艺术教育

幼儿园艺术教育活动以艺术作品为载体,通过幼儿能够接受的艺术形式让幼儿感受艺术的美,并用自己喜欢的方式进行艺术表达,从而不断丰富幼儿的艺术世界和精神生活,使其形成健康的品行。促进幼儿身心和谐发展的活动分为专门的艺术活动和渗透的艺术活动。专门的艺术活动是由教师根据幼儿艺术教育的目标和任务,有目的、有计划地安排专门的时间和空间场地,组织全体幼儿参加的活动,如歌唱活动、韵律活动、绘画活动等。在活动中,教师要激发幼儿主动地与艺术作品发生交互作用,并在幼儿对作品的主动探究和创造过程中给予适时、适度而合理的间接指导,及时鼓励、反馈和评价,以审美教育为核心,强调儿童整体素质培养。如引导幼儿进行艺术欣赏时,在关注事物外在形式特征的同时,注重幼儿自身的自主感知、想象与感受,鼓励幼儿发现一个属于自己的世界。渗透的艺术活动是指除专门的艺术教育活动以外,随机、灵活地渗透在幼儿一日生活及其他教

育活动之中的丰富多彩的、隐性的艺术教育活动。例如，在用餐、睡觉、散步时穿插播放一些优美动听的音乐；在节日活动中，为庆祝节日而组织安排的各类艺术活动。教师要善于综合利用幼儿园一日生活的各个活动和环节来渗透艺术教育的相关信息，为幼儿创设艺术教育的有效环境。另外，要关注幼儿其他领域学习中所蕴含的美，如：体育锻炼中的身体姿态美、动作节奏美，绘本阅读中的画面美、语言美、意境美，等等。

（三）家庭和社会美育

家庭美育具有随机性和灵活性的特点。创设温馨、优美的家庭环境，可以让孩子受到美的熏陶，如和孩子一起进行一些亲子艺术活动，带孩子到大自然中欣赏美的事物，等等。社会美育是除幼儿园、家庭以外的社会机构和场所所提供的早期儿童美育形式，如美术馆、博物馆、电视、电影、期刊等，它是幼儿园教育的延伸和补充。社会美育不受教学大纲、课程标准和教材的影响，有优越的设备、多元化的指导者，可以使幼儿深刻体会到美育活动的丰富性和乐趣，从而能更科学、更合理地利用各种社会资源来培养幼儿的审美素养。

在 线 测 试

一、名词解释

智育　体育　美育

二、选择题

1. 幼儿园的（　　）应以情感教育和培养良好行为习惯为主，注重潜移默化的影响，并贯穿于幼儿生活以及各项活动之中。
   A. 智育　　　　　　B. 美育　　　　　　C. 体育　　　　　　D. 品德教育
2. 幼儿德育目标的入手点是（　　）。
   A. 思维　　　　　　B. 想象　　　　　　C. 任务　　　　　　D. 情感
3. 幼儿智力发展的核心部分是（　　）。
   A. 观察力　　　　　B. 注意力　　　　　C. 思维力　　　　　D. 想象力
4. 培养幼儿求知的兴趣和欲望以及良好的学习习惯是（　　）的教学内容之一。
   A. 体育　　　　　　B. 智育　　　　　　C. 德育　　　　　　D. 美育
5. 健康领域的活动要（　　）幼儿生长发育的规律，严禁以任何名义进行有损幼儿健康的比赛、表演或训练等。
   A. 发扬　　　　　　B. 结合　　　　　　C. 充分尊重　　　　D. 关注爱护
6. 幼儿美育的目标是（　　）。
   A. 使幼儿掌握美学的知识
   B. 使幼儿掌握表现美的技能
   C. 培养幼儿的审美动机
   D. 培养幼儿感受美、表现美的情趣和初步能力

7. 健康是指人（　　）的健全状态。
   A. 心理与社会适应　　　　　　B. 心理适应
   C. 身体与心理适应　　　　　　D. 身体、心理与社会适应

8. 在《幼儿园工作规程》所提出的教育目标中，"培养儿童活泼开朗的性格"属于（　　）。
   A. 智育　　　B. 美育　　　C. 体育　　　D. 德育

三、论述题

1. 简述幼儿智育的目标和内容。
2. 简述幼儿体育的目标和内容。
3. 简述幼儿美育的目标和内容。
4. 目前，我国由于升大学竞争和就业竞争的现实性矛盾，学校教育陷入应试教育的模式中，而这种竞争也影响到学前教育阶段，如社会上风行的"零岁方案""神童方案"。一些家长和幼教机构难以摆脱这种短视的教育做法，表现为重知识灌输、轻能力培养，重智力培养、轻人格因素培养等错误倾向。一些幼儿园迫于家长压力或受经济利益的驱动，办起了各式各样的兴趣班、特长班。请你从全面发展这一角度分析这个现象。

真 题 训 练

选择题

在"秋天的书"美术活动中，教师不适宜的做法是（　　）。【2016年6月】
A. 让幼儿按照教师的范画绘画　　　　B. 组织幼儿观察幼儿园树
C. 提供各种树的照片组织幼儿讨论　　D. 引导幼儿观察有关树的名画

第六章参考答案

本章拓展阅读

儿童艺术教育的外在传授与内在引导（节选）

在儿童的发展和教育的问题上历来就有"内发论"与"外铄论"两种观点。"内发论"者主要持一种自然主义的儿童观和教育观，认为儿童的发展是自然生长的结果，其发展历程是自然早已预先设定的，教育的作用在于为儿童的自然发展提供必要的条件。"外铄论"者则主张环境和教育的作用是儿童发展的决定性因素。我们可以看到无论是"内发论"还是"外铄论"，都有其合理的一面，同时也各有其局限性。我们要摒弃传统的非此即彼二元对立的思维习惯。儿童的艺术发展也是如此，一方面会受环境教育的影响，另一方面也有赖于儿童心智的自然成熟和展开。从根本上说，儿童的艺术生发是一种随心智的成长而自

然萌发的过程，特别是在美术领域，儿童在每一个年龄阶段，一般来说都只能获得与该年龄阶段的心智发展相一致的绘画能力，从这个意义上说，儿童艺术能力的发展基本上呈一种自然展开的过程，教育者如果不顾儿童艺术发展的先在法则而过早地试图用一种外力人为地加以推动，则很可能形成一种揠苗助长的局面，即使有所收获，收获的也只能是卢梭所说的那种既不丰满也不甜美，而且很快就会腐烂的早熟的果实。当然，在顺应儿童发展的自然规律的基础上，适度的环境刺激和教育的引导作用也是必不可少的，这是一个问题的两个方面。每一个儿童都先天地具有艺术发展的潜在可能性，只要在适当的时候给以适宜的刺激和引导，儿童的艺术能力就可以得到很好的发展，这一点也已被有关儿童艺术发展的关键期的研究所证明。

根据以上论述，我们可以把儿童艺术教育大致分为"可以教的领域"和"不可以教的领域"两部分。"可以教的领域"是指能够外在传授的部分，如一些知识、技能和一定的习惯等，成人在这方面有丰富的经验可以传递给儿童。这些可以外在传授的东西要想被孩子内化为个人的经验，又要以一定的生理成熟度和心智发展水平为基础，而儿童的生理成熟和心智发展水平是不可人为超越的，可以归入"不可以教的领域"之列。另外，儿童在接受艺术教育和进行艺术活动时，往往伴随着丰富的情感、充分的想象、个人独特的表现语言，他们在艺术活动中把握的不仅是外在的法则和内容，更是自己独特的内在世界。在这个内心世界中，无论传授还是评价都是困难的，这也构成了艺术教育中"不可教的领域"。教师必须顺应儿童艺术发展的内在规律，通过观察幼儿的作品或活动过程，感受幼儿的欲望和情感表现，慢慢地加以引导和培育，以引发他们的内心世界不断展开，使他们的内心世界更加丰富。再进一步说，在儿童的艺术活动中，儿童对于艺术的感觉、儿童的感受性和情感体验，儿童的形象思维和想象、创造能力，教师是无法直接教授的，而只能采取启发、引导的方式。的确，艺术的东西很多都靠感悟，艺术创造和欣赏的主体必须有深切的内在体验，有充分自由的想象空间，才能进入艺术之中，找到艺术的感觉。对于那些"不可以教的领域"，引导和内在培育本身也就是一种教的方式。即使是那些"可以教的领域"，直接的讲授和告诉也不是一种好的方式，应尽量避免。如一些关于艺术的知识可以在师幼对话、讨论中使幼儿了解，一些幼儿阶段应该掌握的简单技巧可以让幼儿在操作过程中自己探索、习得。

（资料来源：边霞. 儿童艺术教育中的外在传授与内在引导[J]. 幼儿教育，2000（10）：8-9.）

学习评价与反思

_____
_____
_____

第七章 幼儿园教育的任务、目标与原则

本章导读

教育的组织形式是多样的,幼儿园教育作为其中一种,有许多教育工作者需要去理解和回答的问题。如幼儿园教育需要达成的任务和目标是什么?教师在进行教学活动的过程中需要遵循的原则是什么?它们和教育的总任务、总目标以及一般原则之间又有着什么样的联系?

学习目标

1. 理解幼儿园的性质和任务,掌握幼儿园的任务具有双重性的特点。
2. 了解教育的目的,学习幼儿园教育的目标内容及其与教育目的的联系。
3. 明确教育的一般原则,掌握幼儿园教育的特殊原则及其在教育活动中的作用和体现。

学习重点

1. 幼儿园任务的双重性。
2. 幼儿园教育的目标。
3. 幼儿园教育的特殊原则。

思维导图

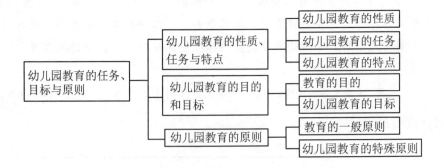

第一节 幼儿园教育的性质、任务与特点

典型案例

高考结束后,蓝蓝被本地的一所师范院校学前教育专业录取了,父母很高兴,都说学前教

第七章 幼儿园教育的任务、目标与原则

育前景很好，大家越来越重视孩子的成长和学习，优秀的幼儿园教师是前途光明的人才。可临近开学，蓝蓝却有些拿不定主意了，这是因为一些亲人朋友不怎么看好她的专业前景，表姐甚至和她说："你学成出来也只有去幼儿园，如果有机会还能上上数学课、语文课，否则的话就像保姆一样照顾小孩子，带着孩子混日子，多没劲啊！"蓝蓝不知道该相信谁的话，她一方面很喜欢小孩，另一方面又担心毕业之后到幼儿园工作真的像表姐所说的那样只能混日子。

讨论：幼儿园的工作究竟是怎样开展的？学前教育的工作前景到底如何？这些问题困扰着蓝蓝，如果你是蓝蓝的话，你要怎样去解开这些疑惑呢？

案例点评

如果要回答蓝蓝的问题，就必须要理解幼儿园办学的初衷，了解幼儿园初建后的使命，明确幼儿园教育的基本性质和所承担的任务。当学习了这些基本内容之后，蓝蓝就能够更好地理解幼儿教师这一职业了。

一、幼儿园教育的性质

在我国关于学前教育的政策中，早已明确了我国的学前教育具有两个性质，即教育性和公益性。这意味着学前教育是社会主义教育事业的组成部分，属于社会公共福利事业的范畴。

《中华人民共和国宪法》规定了有关学前教育的内容：国家发展社会主义教育事业，提高全国人民的科学文化水平。国家举办各种学校，普及初等义务教育，发展中等教育、职业教育和高等教育，并且发展学前教育。2016 年施行的《幼儿园工作规程》中也指出：幼儿园教育是基础教育的重要组成部分，是学校教育制度的基础阶段。由此可见，我国同世界上大多数国家一样，将幼儿园教育作为学制体系教育中阶段之一，明确了幼儿园教育是学校教育和终身教育的奠基阶段，这是幼儿园教育在教育性上的体现。

除此之外，学前教育是社会公共事业的一项，从中华人民共和国成立后学前教育的历史发展来看，福利性是其发展的起源。新中国建设初期，为了给职工提供方便，各单位纷纷建立起了完全免费或者只需要交少量伙食费的托儿所和幼儿园，学前教育事业开始在中国大地上迅猛发展。虽然随着时代的发展，当时的一大部分公办幼儿园从原有的企事业单位中脱离出来，幼儿园的福利性质逐渐减退或消失，不断发展成为教育事业的一个阶段，但学前教育从来不是以营利为目的的，公益性和福利性一直以来都是国家规定的办园思想。世界上各个国家都有共识：学前教育应该是教育体系中公益性最强、社会受益面最广的一项公共事业，对受教育的幼儿个体、父母和家庭，以及整个社会都带来了巨大的益处。各国政府基于此都对学前教育事业加大了财政投入，给予多样化的支持，因此公益性也是幼儿园教育的根本属性之一。

相关链接

幼儿园教师资格证考试大纲部分相关要点

学前教育原理模块：

（1）理解教育的本质、目的和作用，理解教育与政治、经济和人的发展的关系，能够运用教育原理分析教育中的现实问题。

（2）理解学前教育的基本原则，理解幼儿园教育的基本特点，能对教育实践中的问题进行分析。

（3）理解幼儿园以游戏为基本活动的依据。

二、幼儿园教育的任务

1996年颁布的《幼儿园工作规程（试行）》指出，幼儿园承担着双重任务：一方面，幼儿园应实行保育与教育相结合的原则，对幼儿实施德、智、体、美诸方面全面发展的教育，促进其身心和谐发展；另一方面，幼儿园应同时为家长参与工作和学习提供便利条件。由此我们可以得知，幼儿园教育任务具有双重性。

（1）幼儿园要对幼儿实施保育和教育。幼儿园教育的儿童年龄阶段在3～6岁，正处于需要成人精心保护和照料的时期，保育工作体现在幼儿园教育的各个方面。幼儿在进入幼儿园之后，一日生活的大半时间都在园内渡过，幼儿园自然而然承担了保育的任务，如何全面细致地照顾好孩子的一日生活，做到无微不至的关怀和春风化雨的哺育是教师的职责。与此同时，教师还要在保育的过程中真正尊重儿童，保护他们的权利，帮助幼儿提高生活能力和培养良好的行为习惯。另外，联合国教科文组织提出的"终身教育"影响了全世界的教育价值取向，我国教育部于2001年7月2日印发的《幼儿园教育指导纲要（试行）》也明确指出幼儿园教育要为幼儿一生的发展打好基础，因此，幼儿园教育作为终身教育中的启蒙阶段，根据当前教育对象的身心发展特点，任务之一就是要符合终身学习和发展的精神，促进幼儿德、智、体、美诸方面全面、和谐地发展，使总的教育目的在幼儿园阶段得以实现。

（2）幼儿园要为家长提供服务和科学教育指导。

随着社会的进步，我国国民的素质在稳步提升，家长们对幼儿教育的认识越来越深刻，重视程度也日益提高。他们不仅期望孩子能够在幼儿园安全健康地成长，受到良好的教育，也期望自己能够从幼儿园学到科学的育儿知识，以使幼儿在幼儿园和家中都能够得到全面的发展。《幼儿园工作规程》也提到了幼儿园应同时向幼儿家长提供科学的育儿指导。幼儿园的功能从为给家长提供便利、解决后顾之忧逐渐向为家长提供育儿指导服务转变。

许多幼儿园已经在家庭教育指导方面发挥了积极的作用，例如设立家长委员会、举行家长会、积极邀请家长了解幼儿园的工作计划和完成情况；也有一些幼儿园设立了家长开放日，家长可以参与到孩子们的活动当中来，有资源的幼儿园还会开展专家教育讲座，运用多种多样的形式向家长甚至所在社区传播普及保教的科学知识和方法。

幼教故事

幼儿园为家长提供科学教育指导，可以让教师和家长一起观看特意制作的录像、精心编排的小品、刻意创作的漫画，帮助家长在议论争辩、分析评价、出谋划策的过程中，掌握利用家庭和社区资源对孩子进行教育的科学和艺术。

以下是一个教育指导分析案例。

在公交车上的交谈

1. 对话场景

第一场景：6路公交车靠站了，爸爸让女儿先上车，女儿转过身来说："爸爸，让我来

第七章 幼儿园教育的任务、目标与原则

投币好吗?"爸爸一边说"你还小,等你长大了再投吧",一边自己把钱丢进了公交车票箱里。女儿有点不高兴,小嘴巴直往上翘。

第二场景:父女俩很快来到了最后一排中间的一个空座位旁,爸爸把女儿抱坐在自己的腿上;当女儿发现前排靠窗座位上的一位叔叔起身要下车时,迅速挣脱了爸爸的双手,从爸爸的腿上滑了下来,以迅雷不及掩耳之势穿过身边的一位阿姨,占领了这个空座位;爸爸发觉后,对女儿说:"玲玲,如果你想坐的话,就坐在爸爸的腿上,小孩子不可以抢占座位的,让这位阿姨坐下。"女儿听罢,很快回到了爸爸的身边。

第三场景:当阿姨向父女俩道谢后坐下时,女儿轻声地俯耳问爸爸:"这个阿姨是干什么的?"爸爸说:"你自己问吧。"女儿不愿意,非要爸爸问,爸爸说:"可能是当老师的吧,你自己问一问,看看是不是?"女儿把头转了过来,用疑问的目光打量着阿姨,阿姨点头称:"是的。"女儿惊喜地问道:"爸爸,你怎么知道阿姨是当老师的?"爸爸说:"我还能像你一样笨吗?我是看出来的。"女儿扫兴地低下了头。

2. 评析家庭特点

1)女儿的发展特征。

从第一场景中,我们可以看出,这个女儿有了"我已长大"的自我意识,希望自己能帮助爸爸做点小事,像大人一样买票;她试图用询问的方式让爸爸满足自己的心愿,当遭到爸爸的拒绝以后,她用翘嘴巴来表示自己的不满,具有一定的反抗意识。

从第二场景中,我们可以看出,这个女儿比较机灵,观察周围环境的能力较强,对人对事都很敏感,反应极快;分辨是非能力较弱,可塑性较强,很听爸爸的话,当爸爸发出劝告指令时,能听从。

从第三场景中,我们可以看出,这个女儿对身边的陌生人怀有好奇感,想提问题,但又不敢,显得胆量有点儿小;口语水平较高,且喜欢刨根问底,前后使用了两个不同的反问句,来探寻事物的根源;情绪不稳定,变化较快,易受爸爸言语判断的影响;自尊心较强,当受到伤害时,就不再发出声音,以沉默来表示自己的不快。

总体而言,这个女儿聪明伶俐,讨人喜欢,好奇好问,观察能力、反应能力、语言能力都较强,且情绪外露,容易变化,判断推理能力略显不足。

2)爸爸的教养方式。

从第一场景中,我们可以看出,这位爸爸对女儿比较呵护,他认为女儿年龄尚小,还不能替爸爸投票,他对女儿的拒绝实际上压抑了女儿自我意识的发展,阻碍了女儿帮助大人做事的美好愿望的实现,从而使女儿失去了一次实际操作的机会,不利于女儿更快地适应未来的社会生活。

从第二场景中,我们可以看出,这位爸爸比较怜爱女儿,同时又注意培养女儿文明礼貌的行为习惯和基本的社会公德,当女儿做出不良的行为时,能及时加以阻止,提出明确具体的要求,抑制了女儿抢占座位的坏毛病的养成;爸爸很有威信,女儿对他言听计从。

从第三场景中,我们可以看出,这位爸爸能鼓励女儿大胆提问、自己去寻找问题的答

案,这有利于激发孩子思维的火花,提高孩子与人交往的能力;这位爸爸精明强干,思维水平较高,善于察言观色,能根据自己的观察进行判断推理,得出正确的结论,但却没有注意把自己思考的方法教给女儿、在陌生人面前给女儿留一点面子,结果挫伤了孩子的自尊心。总体来讲,这是位民主型的爸爸,对女儿宽严并济,该放则放,该管则管,重视培养孩子的思维能力,但却忽略了孩子的尊严,在不经意中伤害了女儿。

  3. 提出教育建议

  (1)爸爸应树立科学的儿童观,要把女儿看作是有能力的个体。当女儿萌发出要帮助大人做点力所能及的小事的时候,爸爸应给其提供机会,让其体验成功的喜悦,以强化其主动帮忙的行为。

  (2)爸爸应给女儿提供多与人进行口头交谈的机会,鼓励孩子在陌生人面前大胆讲话,增进孩子的语言自信心,促进孩子的社会化进程。

  (3)爸爸应把自己判断推理的过程告诉女儿,使女儿掌握科学思维的方法这个"点金术",学会举一反三。比如,爸爸可让孩子知道自己是根据下面这些线索来进行推测,看出这位阿姨是个老师的:"刚才我们上车的这一站是华东师大,这位阿姨也是在这一站上车的;阿姨戴着一副近视眼镜,肩挎一个小皮包,手提袋里拎着几本杂志;刚才你抢占她旁边的座位时,她只是笑了笑,没有责怪你;你让出了座位以后,她又用普通话向你表示感谢;等等。"

  (4)爸爸不应用"笨"之类的消极词语来形容女儿,特别要忌讳在众多的陌生人面前用否定的词语贬低女儿。孩子虽小,但也有人格和尊严,爸爸应加以保护,多从正面进行启发引导,如"玲玲胆大,敢和不认识的人讲话""玲玲聪明,自己动脑筋想一想,爸爸是怎么猜对的"等,以提高孩子的自尊水平,帮助孩子建立良好的自我意识。

  (资料来源:李生兰. 幼儿园与家庭、社区合作共育的研究[J]. 儿童与健康,2011(12):57.)

三、幼儿园教育的特点

  (1)保育与教育结合。幼儿园的任务之一就是对幼儿实施保育和教育,其他的工作目标都是围绕着保教工作开展的。学前儿童在这一时期有其独特的身心发展特点,在这一阶段,儿童生长发育十分迅速,但身体器官和系统的机能还尚未发育成熟。在生理上,他们的骨骼和肌肉都较为脆弱,耐力较差,容易疲劳;在心理上,由于他们经验不足,认知水平发展程度较低,活动能力、自我控制能力和生活自理能力都比较差。基于学前儿童这样的发展特点,幼儿园的教育就是在孩子的一日生活当中促进幼儿身心的正常和健康发展,因此"保教结合"是当前幼儿园教育工作的重要特点之一,一切教育活动都是在保育的前提下进行的。

  (2)启蒙性。学前教育是终身教育的先导阶段,学前教育的启蒙性体现在这个阶段的教育要与孩子们的终身发展需要结合起来。在这个人生发展的早期阶段,儿童面临着生理发育、心理发展和个性萌芽的挑战,迈入了除家庭之外的初步社会化历程。他们不断对自己身处的这个世界产生好奇,并有强烈的意愿去主动探索。幼儿园教育体现在儿童自由地游戏玩耍、穿衣、吃饭、午睡的生活当中,因此要启于未发,适时而教,循序渐进,不以

第七章 幼儿园教育的任务、目标与原则

传授系统知识为主要目标,专门组织的教学活动和提供的教学内容应该是最基本的,符合他们的需求和身心发展的特点。

(3)直接经验性。从皮亚杰的认知发展阶段来看,幼儿园阶段的儿童处于从感知运动阶段向前运算阶段发展的时期,认知水平相对较低,知识经验也相对缺乏,认识事物的主要方式是通过各种感官和动作,直接和周围环境中的事物发生接触,亲身体验和操作,从而获得直接的经验。幼儿和周围的事物发生动作联系的过程就是他们学习和思考的过程。幼儿只有亲自接触到真实事物,体验到真实的生活情境,并且具有感知经验和操作经验,才能够真正理解事物之间的关系,这也决定了幼儿园教育的活动和形式是以帮助幼儿获得直接经验为主导的。如表7-1所示为幼儿园一日活动时间安排。

表7-1 幼儿园一日活动时间安排

活动时间	活动内容
来园~8:00	生活活动(入园)、体育活动(自选活动或早操)
8:00~9:00	生活活动(盥洗、早餐、如厕等)、餐后活动(自主游戏等)
9:00~11:30	学习活动(集体、小组或个别学习)、体育活动(集体活动、自选活动或课间操)、自主游戏活动、生活活动(盥洗、晨点、如厕等)
11:30~12:15	生活活动(盥洗、午餐等)、餐后活动(散步、自主游戏等)
12:15~14:30	生活活动(午睡、如厕等)
14:30~离园前	学习活动(集体、小组或个别学习)、体育活动(集体活动、自选活动或课间操)、自主游戏活动、生活活动(盥洗、午点、如厕等)
离园	生活活动(离园)

(资料来源:广东省教育厅关于《广东省幼儿园一日活动指引(试行)》的通知)

第二节 幼儿园教育的目的和目标

典型案例

早晨,皓皓和妈妈在小区花园里玩耍,遇到出门买菜的刘奶奶,刘奶奶笑着和皓皓打招呼:"皓皓,今天怎么没去幼儿园呀?"皓皓妈妈说:"幼儿园里什么也不教,老师只会天天带着孩子们玩,还不如我自己在家里带,能够节省一点学费。"

讨论:你认为幼儿园教育的目的是什么呢?请说说你的看法。

案例点评

要理解幼儿园教育到底在教给孩子们什么,就要掌握幼儿园教育的目标,学前教育对幼儿身心健康发展、习惯养成和智力发展有着重要的意义,是国家教育体系的基础阶段。

一、教育的目的

教育的目的是什么?经过了教育的人应该具有什么样的素质?这是每一个教育工作者都需要审慎思考并在实践中进行回答的问题。教育的目的是教育的根本问题,是社会发展

对于人才需要的总要求，它是由社会政治、经济、文化发展的要求和受教育的主体的身心发展特点所决定的，反映的是社会对于受教育者的总要求。当前我国教育的目的在社会主义初级阶段的基本精神是：使受教育者在道德、智力、体质等方面都得到全面发展，成为有理想、有道德、有文化、守纪律、有创新精神和实践能力、体魄健全的劳动者。

一个社会的教育体系是多阶段的，这意味着每一个教育阶段对其培养的人才都有不同的要求，而受教育对象身心发展水平特点各异，总的教育目的在各阶段的具体化就是该阶段的教育目标。2010年5月5日，国务院常务会议审议并通过了《国家中长期教育改革和发展规划纲要（2010—2020年）》，首次明确提出学前教育阶段的两个总目标。

（1）基本普及学前教育。学前教育对幼儿身心健康、习惯养成、智力发展具有重要意义。遵循幼儿身心发展规律，坚持科学保教方法，保障幼儿快乐健康成长。积极发展学前教育，到2020年，普及学前一年教育，基本普及学前两年教育，有条件的地区普及学前三年教育。重视0~3岁婴幼儿教育。

（2）重点发展农村学前教育。努力提高农村学前教育普及程度。着力保证留守儿童入园。采取多种形式扩大农村学前教育资源，改扩建、新建幼儿园，充分利用中小学布局调整富余的校舍和教师举办幼儿园（班）。发挥乡镇中心幼儿园对村幼儿园的示范指导作用。支持贫困地区发展学前教育。

二、幼儿园教育的目标

国家对幼儿园教育的目标进行了相对宏观的表述，但是，要在教育过程中实现，必须要对它进行层层分解，使其转化成为各阶段教育工作者可依据的、可操作的具体目标，幼儿园教育目标就是宏观教育目的的下位概念。

《幼儿园工作规程》基于促进3~6岁幼儿身心和谐发展的要求，对幼儿园保育和教育目标进行了规定。

（1）促进幼儿身体正常发育和机能的协调发展，增强体质，促进心理健康，培养良好的生活习惯、卫生习惯和参加体育活动的兴趣。

（2）发展幼儿智力，培养正确运用感官和运用语言交往的基本能力，增进对环境的认识，培养有益的兴趣和求知欲望，培养初步的动手探究能力。

（3）萌发幼儿爱祖国、爱家乡、爱集体、爱劳动、爱科学的情感，培养诚实、自信、友爱、勇敢、勤学、好问、爱护公物、克服困难、讲礼貌、守纪律等良好的品德行为和习惯，以及活泼开朗的性格。

（4）培养幼儿初步感受美和表现美的情趣和能力。

3~6岁的学前儿童身心发展正处于特殊时期，在人生的发展过程中速度较快，变化较多。在幼儿园开展的保教工作中，幼儿的每一个变化都代表着他成长过程中的一个进步，因此，教育目标不能大而化之地针对3~6岁的所有儿童，必须根据不同年龄进行进一步细化。2012年9月，教育部颁布的《3~6岁儿童学习与发展指南》从健康、语言、社会、科学、艺术5个领域描述了幼儿学习与发展的基本规律和特点，针对小、中、大3个年龄阶段提出了具体的教育建议，幼儿园教师的工作也因此有了更为切实可行的依据。

第七章 幼儿园教育的任务、目标与原则

第三节 幼儿园教育的原则

典型案例

大班的小葵是一个活泼开朗的孩子，她很喜欢上幼儿园，但睡午觉的时候却很让老师头疼，她总喜欢和睡在旁边的小朋友打闹，或者一直缠着老师要到外面玩游戏，每次都要老师哄好久才肯躺在床上安静一会儿。这个月，幼儿园来了一位新老师，他对幼儿园的情况还不了解，拿淘气的小葵毫无办法，就想出了一个主意，在小葵不睡午觉的时候，让小朋友们轮流说出小葵的缺点，直到小葵认识到自己的错误为止。

讨论：你认为这位新老师的做法妥当吗？符不符合幼儿园教育的原则呢？

案例点评

这位新老师的做法十分不恰当，违背了幼儿园教育的原则。在教育的一般性原则中，首要的就是真正尊重儿童的尊严，帮助他们建立自尊自信。

教师在幼儿园开展保教工作时必须遵守相应的基本原则，教育原则是根据幼儿园的教育任务、目标和幼儿的身心发展规律提出的，是对长期以来幼儿教育实践经验的总结。学前教育的原则应该贯穿在教师教育工作的全过程当中，包括课程的编制和准备阶段，也包括课程的实施阶段，所有对儿童有影响的教育的各个方面、环节和流程都应该遵循这些原则。

幼儿园的教育原则既有教育的一般性，也有针对幼儿园教育特点的特殊要求，这两个方面对幼儿教育实践有着积极的指导作用，幼儿园教师需要进行正确、深入的理解，并在教学工作中举一反三，自觉运用这些原则指导自己的行为。

一、教育的一般原则

教育的一般原则有以下 3 点。

1. 尊重儿童的尊严和保障合法权益的原则

教育的主体是人，受教育的对象首先享有人的尊严和权利。在教育的一般性原则中，首要的就是尊重儿童的尊严和保障儿童的合法权益。

（1）尊重儿童的人格尊严。针对学前儿童的社会性发展研究发现，3 岁的儿童已经有了自尊的萌芽，无论是从人本身的权利还是学前儿童的心理发展特点来说，他们都理应得到真正的尊重。儿童与教师之间首先是平等的人与人之间的关系，没有得到真正尊重的儿童成人后也不会懂得真正尊重他人。教师决不能觉得儿童年龄小、不懂事而无视他们独立人格的存在。教育事业的艰巨在于教师在工作的过程中是在和活生生的人打交道，儿童的自尊刚开始就像是一个充满了气的气球，教师的每一次随口呵斥、任意惩罚、不耐烦地打断都会让这个气球泄气。教师应该尊重儿童的人格尊严和兴趣爱好，使他们在教育过程中感到安全和信任，建立自尊和自信，形成积极的自我概念，从而能够受益终身。

（2）保障儿童的合法权益。儿童不同于成人，正处于成长中的尚未成熟阶段，我国尊

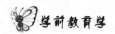

重儿童在社会中的地位，保障他们的合法权利。法律也规定了他们享有区别于成人的特殊的权利，如生存权、受教育权、受抚养权、受尊重权、发展权等。然而，儿童依然属于社会中的弱势群体，需要成人的保护和教育，只有这样他们的权利才能得以实现。在教育的过程中，教师要真正承担起这份神圣且沉重的职责，保护儿童的合法权益不受侵犯。

2. 主体性原则

儿童是教育过程中的主体。如何让儿童成为主动的学习者，而不是教师单方面的行动，是发挥儿童主体性的关键。建构主义认为个体在遇到新事物时，通过和周围事物的互动形成对客观世界的理解，要么把新事物纳入原有的知识经验体系中，要么改组原有的知识经验去适应新事物。因此，学习者通过动态的建构过程获得的直接经验相当重要，只有儿童积极参加，主动地建构，课程内容才能够被他们真正内化为可以理解和运用的经验，促进他们的身心发展。只有在教育过程中积极接纳每一位儿童，了解和尊重儿童的需要，才能激发他们学习的主动性。教师在教学中的角色是多重的，但无论是作为教育环境的创设者、儿童学习的观察者和评价者，还是儿童学习的引导者，都应该明确儿童在教育过程中的主体地位，准确掌握儿童发展的特点和现状，善于激发儿童的学习兴趣和动机。只有兴趣先行，才能够让学前儿童产生主动探索的意愿，从而获得真正属于他们自己的、能够使未来发展受益的知识经验。

3. 充分整合教育资源的原则

教育不仅仅是学校的事，教师应该充分认识到全社会都可以参与到教育事业中来，在新时代里，学校除了完成自身的教学任务，还需要在社会的整个教育体系中起到"导向"的作用。尤其是要整合和利用好儿童自身、群体、家庭、教师和社区等宝贵资源。学前儿童的生活过程即学习过程，电视节目、网络信息和外出旅行等各种活动都为儿童的成长提供了缤纷多彩的信息来源。如果教育仅仅是困在学校里的，那么必然是狭隘和封闭的，也是对广泛多样的教育资源的浪费。

总的来说，教师应积极主动地与家庭和社区构建联系，进行有深度的合作共育，使各方面的教育相互影响，形成协调一致的教育要求，这样才能对教育的立体性进行更好的挖掘。在这样的环境下，儿童才能够沿着和谐统一的路径发展，不会在成长的过程中感到混乱冲突，他们的身心健康也不会受到负面的影响。

幼教故事

九月份开学，云云就在社区幼儿园上中班了，她的妈妈开了一家小超市，方便社区里的人们购物。云云班上的小朋友经常讨论超市里卖的玩具和零食，善于观察的刘老师注意到了这个现象，就邀请云云的妈妈利用自家的小超市给孩子们开展一次"小小采购员"的活动。小朋友们都十分高兴，拿着零花钱在云云妈妈的小超市里选购自己喜欢的东西，掰着手指计算自己花了多少钱。

你赞成老师的这种做法吗？为什么？

二、幼儿园教育的特殊原则

幼儿园教育自有其特殊性，因此幼儿园教师除了应该遵守一般的教育原则之外，还应该明确幼儿园教育对教师的特殊要求，幼儿园教育的特殊原则主要包括以下3点。

1. 保教合一的原则

在第一节中我们已经就幼儿园教育的特点进行过探讨，首要的特点就是保育与教育相结合，所谓的保教结合，就是"保育"和"教育"在幼儿园教师和保育员的工作中应该占据同等重要的地位，不能只重其中某一方面，也不能把它们割裂开来。保教合一是一个整体的概念，保育是为儿童成长和发展创设良好的环境，提供精心的养育和照顾；"教育"则重在帮助儿童在认知、情感、社会能力方面得到发展，引导和培养儿童形成良好的生活、行为习惯，从而获得受益终身的知识经验。

保育和教育是相互联系的有机整体，也是在同一过程中实现的。例如幼儿园的小朋友每天饭后都要漱口，但是没有一个小朋友把水吐在地上，因为他们知道，若将水吐在地上，别的小朋友有可能因为不小心踩到而摔倒。从保育方面来看，吃完饭漱口是幼儿园的每个孩子都要经历的生活事件，这是幼儿生理卫生保健的内容；但这又不仅仅是保育工作，在每日生活中幼儿能逐渐养成良好的习惯和美德，关心除自身之外的周围环境和他人的思想情感。

保育和教育相互依存，相互渗透。长期以来，在实际的幼儿园工作中，常常存在着"重教轻保"的现象，随着社会的发展和科学保教观念的普及，保育工作被提到和教育工作同等重要的地位上来，《幼儿园工作规程》指出，要促进幼儿身体发展发育，增进幼儿对环境的认识，培养自信等良好的个性心理品质和行为习惯，保育和教育的目标被合二为一，这就要求幼儿园需要将保教结合渗透到幼儿园教育的各个环节。

幼教故事

<h3 style="text-align:center">小班幼儿保教笔记</h3>

班里的新生浩浩自理能力较差，吃午饭更是难题。还记得他来幼儿园的第一天，浩浩妈妈特别嘱咐我："他不太会自己吃饭，在家都是我喂的，麻烦老师费心帮着喂喂。"

吃午饭时，我特别关注了浩浩。他盯着碗里的菜，并没有要自己吃的意思。我问："你为什么还不吃呢？""老师，我不会自己吃，在家都是妈妈喂我的。""浩浩一定能自己吃完的，对吗？"我微笑着告诉他。在我期待的目光中，浩浩终于开动了。虽然浩浩在我的协助下最后一个把饭吃完，但我还是让全体小朋友表扬了他，他也答应我明天还自己吃饭。

离园时，我向浩浩妈妈反映了中午的情况，并希望得到浩浩妈妈的配合，在家也让浩浩自己吃饭。浩浩妈妈不好意思地说："我常常害怕浩浩把衣服、桌子搞得一团糟所以不让他自己吃。我喂他吃，也节省了不少时间。"我想这就是浩浩一直不会自己吃饭的症结所在。我告诉浩浩妈妈她的做法挫伤了孩子的积极性，使孩子产生了对自己能力的怀疑。其实把脏成一团的孩子洗干净，要比重新帮助他们建立自信容易得多，只要孩子显示出要自己为自己做事情，我们就应该放手让他们自己去做，他们可能需要我们的帮助、监督、鼓励和训练，但我们绝不能包办代替。浩浩妈妈听后恍然大悟，道过谢后便离开了。

对于幼儿来说，他们年龄小，家长们总是这也不放心，那也不放心，结果自己忙来忙去。我们不要因为孩子小，就责无旁贷地去帮助他。孩子都有表现自己能力的欲望，如果他们有机会去表现，照顾自己，他们会为自己有能力而感觉良好。我想这样一来，孩子在成长的过程中，会很自然地愿意去为自己做事情，为别人做事情。

（资料来源：https://wenku.baidu.com/view/d7a653c2970590c69ec3d5bbfd0a79563d1ed45a.html?from=search&qq-pf-to=pcqq.c2c.）

2. 以游戏为基本活动的原则

3~6 岁的儿童最主要的活动就是游戏，游戏最符合这个阶段幼儿的身心特点，最能够满足他们的需要。他们正处于认知过程，仍然依赖直觉行动，不能摆脱根据事物表面特征进行推理的阶段，这决定了他们不可能像中小学生和成人那样通过符号表征来进行学习，他们必须通过亲自参与的活动去获得周围生活中事物和现象的直接经验。因此，具有活动性和直观性的游戏就是幼儿园的基本活动。

幼儿园中的游戏包括幼儿自主自发的游戏和教师组织的教学游戏两种。在第一种游戏活动当中，幼儿可以自己决定游戏的内容、游戏的同伴和形式。教师组织的教学游戏则是针对特定的教学目标进行的游戏活动，能够让幼儿在其中获得相应的知识和技能，促使幼儿朝着一定的方向发展。对于学前儿童来说，游戏是一种更重要和适宜的学习，既是幼儿园课程的内容，又是课程实施的背景。蒙台梭利认为游戏就是儿童的工作。在游戏的过程中，学前儿童的身心得到和谐一致的发展，促进了他们的身体、智能、道德品质和创造性发展。

那么教师在游戏活动中起到什么样的作用呢？无论是哪种游戏形式，都与儿童的行为、儿童的主动和自发相关联，幼儿园和教师应该充分创造条件，保证幼儿游戏的时间和空间，提供丰富的游戏材料，使幼儿能够充分自主地进行游戏。教师在其中不是权威的命令发出者，而是包容的引导者、细致的观察者。一方面在幼儿需要的时候提供必要的帮助，另一方面及时了解幼儿对游戏的需要，灵活变换游戏的形式和内容，让幼儿在游戏中获得愉悦的情感体验和对事物的直观经验。

3. 生活化的原则

基于 3~6 岁幼儿的生理、心理特点，幼儿园教育应该充分认识到儿童在园内一日生活中各种活动的教育价值；通过科学安排与合理组织，充分发挥一日活动的整体教育功能。首先，教师应将富有教育意义的生活内容纳入课程领域，例如，秋季学期的课程内容可以和中秋节、国庆节等节日活动或时令变化、季节交替的规律结合起来，学前儿童在各种生活情境中学习、积累的知识应该作为课程组织结构中的重要部分。其次，幼儿对生活中的各种事物已经有了自己的原有经验，教师应该对这些看似寻常的生活经验系统化地加以整理，才能够灵活地根据生活中的偶发或零散生活实践适时地对幼儿进行引导。例如，一些在成人看来常见甚至有些无聊的瓢虫、牵牛花、蚯蚓，都能引起儿童的兴趣。教师应该对儿童视角中的周围世界进行观察，并且将这些内容和教育活动有效地结合，使幼儿在生活的过程中就能得到发展。

4. 一日活动整体性的原则

幼儿园的一日活动是十分丰富的，包括幼儿从清早入园到傍晚离园的所有保教活动。教师所组织的幼儿生活教学活动，以及幼儿的自主活动（自主游戏、区角活动）等都具有

第七章 幼儿园教育的任务、目标与原则

不可替代的教育价值。教师应该科学安排，合理组织，将各种形式的一日活动整合起来，发挥它们的整体功能。

一方面，幼儿园教师应意识到幼儿一日生活中的各种活动是不能偏废的，无论是生活活动还是教学活动，无论是有组织的活动或是幼儿自主的活动，对于幼儿的成长发展都具有重要的作用，任何一种活动都不应该被随意取消。

另一方面，各种类型的活动并不是分离和割裂的，它们之间相互联系形成整体。只有幼儿园的各项活动一致围绕着教育目标来展开，才能够协同促进幼儿的全面和谐发展。

在 线 测 试

一、名词解释

保教合一

二、选择题

1. 我国的幼儿园教育是（　　）的重要组成部分。
   A. 职业教育　　　　　　　　B. 基础教育
   C. 初等教育　　　　　　　　D. 社会教育
2. 我国幼儿园教育的特点体现在教育性和（　　）两个方面。
   A. 福利性　　　　　　　　　B. 基础性
   C. 保障性　　　　　　　　　D. 公益性
3. （　　）决定了教育的方向，指导和支配着整个教学活动。
   A. 教育方法　　　　　　　　B. 教育内容
   C. 教育目的　　　　　　　　D. 教育资源
4. 3～6岁的儿童最主要的活动是（　　）。
   A. 游戏活动　　　　　　　　B. 学习活动
   C. 生活活动　　　　　　　　D. 保教活动
5. 幼儿园教育的活动内容和形式是以帮助幼儿获得（　　）为主导的。
   A. 间接经验　　　　　　　　B. 知识经验
   C. 直接经验　　　　　　　　D. 方法技能

三、论述题

1. 幼儿园教育的性质是什么？
2. 幼儿园教育有什么特点？
3. 幼儿园教育的双重任务是什么？
4. 我国幼儿园教育的目标是什么？
5. 教育的一般原则和幼儿园教育的特殊原则有哪些？
6. 从幼儿园教育的性质、任务、目标和原则方面谈谈幼儿教师是如何在其中起到重要作用的。

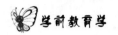

真 题 训 练

一、选择题

1. 关于学前教育任务最准确的表述是（　　）。【2018年6月】
   A. 促进幼儿智力发展　　　　　　B. 促进幼儿身心的快速发展
   C. 促进幼儿社会性发展　　　　　D. 促进幼儿身心全面和谐发展
2. 幼儿园的双重任务是（　　）。【2019年6月】
   A. 保教幼儿和服务家长　　　　　B. 看护幼儿和服务家长
   C. 培养习惯和传递知识　　　　　D. 保育和教育幼儿

二、论述题

为什么幼儿园教育内容要贴近幼儿的生活？【2017年11月】

三、材料分析题

操场上新安装了一个投篮架。幼儿经常在这里玩投篮游戏。一天，几个幼儿带着笔刷和水桶来到这里，他们先是快乐地粉刷投篮架，之后开始往篮筐里灌水，有的从上面灌，有的在下面灌，再灌，再接……相互配合，反反复复，忙得不亦乐乎。【2017年11月】

问题：是否支持幼儿的这些行为？请说明理由。

第七章参考答案

本章拓展阅读

"保教结合"促进幼儿全面发展

幼儿园的保教关系到幼儿的成长，"保"和"教"是一个整体，谁也离不开谁，坚持保教结合原则，并将其渗透到幼儿园教育的各个环节是保教管理工作的基本任务，教育者的儿童观、教育观，以及管理者办园的指导思想、理念都是通过保教人员的保教工作落实到幼儿身上的。《幼儿园工作规程》和《幼儿园管理条例》反复强调了保教结合的原则，明确指出，"幼儿园应该贯彻保教和教育相结合的原则，创设与幼儿的教育和发展相适应的和谐环境"，促进幼儿身心和谐发展。这就进一步将保教结合确定为幼儿园教育工作的根本原则，并将这一原则贯彻到实际工作中，这是做好保教管理工作的关键。

一、把"保教结合"贯穿于日常生活中

幼儿园的一日生活常规有：幼儿来园、晨间活动、盥洗、上课、进餐、睡觉等。这些

第七章 幼儿园教育的任务、目标与原则

活动看起来虽然很平常，也天天如此，但是通过这些琐事能培养幼儿良好的行为习惯。如规定幼儿来园时间，并请家长配合做这个工作，从而培养幼儿的时间观念，养成遵守作息制度的习惯；吃饭时，要求幼儿饭前洗手、饭后漱口，粗粮细粮都要吃；吃饭时要细嚼慢咽，不讲话，不浪费粮食，使他们养成良好的进餐习惯；培养幼儿的午睡习惯和正确的睡眠姿势，不趴着睡觉，不把头蒙在被子里睡，使他们的身心得到健康成长。由于孩子们的活动能力、自我照料能力和独立生活能力，以及识别危险物品的能力和防御能力等都比较差，而且缺乏生活经验，有时不仅难以避免所面临的危险，还会不知不觉地制造危险，这就需要成人的精心照料和保护，既要保护幼儿的生命安全，又要逐步对其进行必要的基本知识教育和能力培养。苏霍姆林斯基在《给教师的建议》中说："教师所知道的东西应当比他在课堂上讲的东西多几十倍。"坚持学习、乐于学习，让学习成为习惯，有了广博的知识、丰富的经验，才能有现代幼儿教师的智慧，才能稳稳地接住孩子抛过来的球，再漂亮地抛过去。比如，我们班的幼儿很喜欢问问题，有时，他们问的问题让人难以回答，我就选择了逃避，但这是不对的。所以，这就需要自己多充电，多学习。在日常的教学活动中，老师要善于观察每位孩子，了解每位孩子的不同情况，再针对这些情况进行不同的教育。比如，我们班有些小朋友不爱交流，平时也不爱讲话，这时我便主动接近他们，给他们创造说话的机会，让他们来念儿歌、讲故事，或和其他孩子们交流自己在家的一些活动，鼓励他们想说、敢说、大胆地说。在我们班，还有个别孩子的自尊心很强，在他们做错事情的时候，不能进行正面的批评，以免伤了他们。这时，我便和他们进行个别交谈，帮助他们认识自己做的事情是对的还是错的，以后会如何做，等等，让他们"有则改之，无则加勉"，使他们正确地认识自己。也有几个乖巧的孩子，有时偶尔会犯一些小错误，我便对他们说："老师知道你很棒的，只是你不小心犯了一点小错误，我想你会改正的，对吗？老师相信你。"所以，对于孩子，要采用多种鼓励的方法，使他们对每件事都有信心，让他们更好地成长。

二、把"保教结合"贯穿于游戏中

玩是孩子们的天性，每个孩子都喜欢玩。因此，我们会开展各种游戏活动供孩子们参与，使他们在游戏中能大胆地交流、大胆地创造、大胆地想象。比如：每天，让孩子们的户外游戏活动不少于两个小时，有时让他们在沙池中玩沙，给他们提供一些玩沙的工具，让他们自己创作，自由玩耍；有时也会带他们去水池边，了解自然，观察生活；有时组织一些体育游戏，锻炼孩子们的身体，使他们在游戏中相互协调，团结合作。

为了让孩子们更接近社会，模仿社会中的一些事物，我们开设了多种区域，如：娃娃家、益智区、建构区、阅读区等，为孩子们提供材料，创设环境，使他们更好地参与活动，扮演好各种角色。为此，我们还开展每周两次的区域活动。如：有些孩子在娃娃家中扮演起了"爸爸、妈妈"，有的扮演了"医生"，有的扮演了"客人"等角色；有些孩子在益智区中扮演了"卖菜人"，做起了买卖……通过开展这样的游戏活动来培养幼儿的自信心，以及认识能力、动手能力、交往能力、相互合作的能力等，同时也锻炼了他们的胆量。

三、合理引导幼儿户外体育活动

活泼好动是幼儿的天性,户外体育活动是最让幼儿喜欢的活动之一。在活动中,他们难免要奔跑、跳跃、钻爬、攀登等,所以常常会遇到突然跌倒、抛接的物品落到自己或同伴的身上等情况。当幼儿处于危险之中,也缺乏保护的能力时,我们该如何在户外体育活动中提高幼儿的安全意识和自我保护能力呢?我采用正面引导的方式来提高幼儿的安全意识。每当下楼活动时,我都会告诉幼儿,上下楼梯靠右边走,不能相互推拉、拥挤,不要到高处玩耍。玩大型玩具前,为了避免幼儿发生意外事故,我们到了活动区域,都是先和幼儿一起分析容易出现事故的危险因素,应该怎么玩玩具,知道怎样做才对,让幼儿了解游戏规则。引导幼儿注意,提高他们的安全意识,避免不安全的事情发生。

保中有教,意味着保育中含有教育的因素。从保育的目标看,保育不仅为了保护幼儿不受伤害、健康发展,同时还要培养幼儿积极的态度和良好的行为,要对幼儿进行健康教育,向他们介绍健康知识,让他们认识到健康的重要性,以及身体保护的简单措施。从保育的事实过程看,保育的过程离不开教育,我们不能将保育简单地视为幼儿吃好、睡好的消极过程,在保育实施的过程中可以增强幼儿的生活能力和自我保护意识、安全意识。保育和教育是在同一个过程实施的,而不是孤立进行的。在日常生活中,保育工作和教育工作都很重要,在幼儿全面发展中互不可替,忽视任何一个方面的工作都会影响幼儿的健康成长。因此,身为幼儿保育员的我们不可松懈。总之,一切为了孩子,为了孩子的一切,我们要重视保教工作,让保教相结合,让这些可爱的"幼苗"开遍祖国的大地。

(资料来源:索朗卓嘎."保教结合"促进幼儿全面发展[J]. 杂文月刊:教育世界 2016(3):130-130.)

学习评价与反思

_____

_____

第八章　幼儿园教育活动

本章导读

《幼儿园教师专业标准（试行）》指出，幼儿园教师要掌握幼儿园教育活动的知识和方法；拥有计划与实施幼儿园教育活动的专业能力。本章内容主要介绍幼儿园教育活动的内涵、特点、设计原则与组织策略等，并深刻阐述了幼儿园以游戏为基本活动的内涵，帮助同学们从理论上对幼儿园教育活动有科学的认识，同时培养同学们设计、组织活动的实践能力。

学习目标

1. 了解幼儿园教育活动的特点和形式。
2. 掌握幼儿园教育活动的设计原则。
3. 能够组织和实施幼儿园教育活动。
4. 理解幼儿园以游戏为基本活动的内涵。

学习重点

1. 幼儿园教育活动的内涵与特点。
2. 幼儿园教育活动的设计原则与组织策略。
3. 幼儿园以游戏为基本活动的内涵。

思维导图

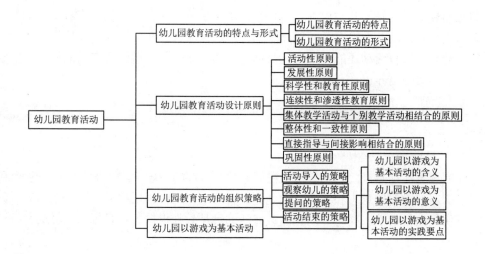

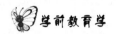

第一节　幼儿园教育活动的特点与形式

典型案例

午餐后，某幼儿园大班的小朋友在花园里散步，准备午睡，花园里开满了各式各样美丽的花朵。这时，洋洋看见了两只正在授粉的蜜蜂，就嚷嚷着让别的小朋友来看，倩倩说看见的蜜蜂比这个大多了，这个话题马上引起了小朋友们的兴趣，大家七嘴八舌地讨论了起来。有的说蜜蜂会越长越大，有的说蜜蜂会自己建房子，有的说蜂蜜是蜜蜂酿出来的。于是，从幼儿的兴趣和实际出发，结合大班的教育目标和需要，教师设计组织了以"蜜蜂"为主题的教学活动。在接下来的几天中，教师带来了很多蜜蜂的标本和图画，让幼儿认真细致地观察蜜蜂，通过家园合作，让家长与幼儿共同查找蜜蜂的一些相关知识，并采用了演示、游戏的方式让幼儿了解蜜蜂的生长过程和生活习性，还组织了"蜜蜂穿新衣"等美术活动。

案例点评

这是一个由幼儿兴趣生成的幼儿教育活动。教师以"蜜蜂"为主题，通过观察、游戏、手工等教学途径，引导幼儿对自己感兴趣的事情进行探究；这有助于培养幼儿热爱动植物、亲近大自然、乐于动手动脑的习惯，并且有效地保护和进一步激发了幼儿的好奇心。

（资料来源：杨力. 学前教育学[M]. 北京：北京出版社，2014. 有改动.）

《幼儿园教育指导纲要（试行）》指出："幼儿园的教育活动，是教师以多种形式有目的、有计划地引导幼儿生动、活泼、主动活动的教育过程。"一般而言，对幼儿园教育活动的理解可以分为广义和狭义两方面。从广义上讲，教育活动是对幼儿各方面发展具有影响的各种活动的总和。从一日活动的各个环节到教师家访，都可以称为教育活动。从狭义上讲，幼儿园教育活动专指由教师为了特定目的而专门设计和组织的活动，有别于幼儿自发的活动。作为幼儿园教育实践的基本形式，幼儿园教育活动是指"在一定的教育目的的指导下，教师与幼儿之间多种形式的相互作用的总和"。

幼儿园教育活动是幼儿与周围环境相互作用的桥梁和中介。对幼儿来说，他们喜欢用肢体去探索事物，幼儿园教育活动能满足幼儿的这种需求。在给幼儿带来愉悦感和满足感的同时，幼儿园教育活动还能促进幼儿身体、认知、社会性、情感等方面的发展，对幼儿个性及意志品质的培养也具有积极的意义。

一、幼儿园教育活动的特点

（一）目的性与计划性

幼儿园教育活动是专门的幼教机构在国家教育方针的指导下，对幼儿实施的教育活动，它体现了国家或阶级的意志和要求。幼儿园教育活动作为一种依据社会需求来培养人的活动，具有明确的目的性。同时，幼儿园教育活动又是教师根据教育目标，有目的、有计划地对幼儿进行指导，旨在促进幼儿的主动学习，具有很强的组织性和计划性。

（二）统一性

幼儿园教育活动的统一性主要是指幼儿的主体性与教师的主导性的统一。幼儿园教育活动是以教师和幼儿双方共同参与为存在条件，并以双方的相互作用为基本过程展开的。在幼儿园教育活动中，不但要重视教师的主导性，而且要强调幼儿的主体性。在教育活动的组织和实施过程中，不仅要遵循幼儿身心发展特点，还要引导幼儿成为主动的学习者，让幼儿通过操作、体验等方式主动建构自己的经验和知识。教师是对幼儿进行各方面教育的主要实施者，同时也是幼儿各方面权利的主要维护者，教师还是幼儿学习环境的创造者。

（三）多样性

幼儿园教育活动的类型、方式、组织形式等都具有多样性的特点。幼儿园教育活动的主要类型有生活活动、游戏活动、教学活动等；幼儿园教育活动的方式有教师指定的活动、幼儿自选的活动等；幼儿园教育活动的组织形式有集体活动、小组活动、个别活动等。

（四）整合性

幼儿园教育活动是在充分利用多种教育资源、运用多种教育形式、综合多个领域内容的基础上构成的教育活动系统。从根本上说，幼儿园教育活动的目标是多领域不同层面的有机结合。例如，教育活动目标表述中往往包含认知、情感、操作技能等多方面的内容。幼儿园教育活动的内容多是健康、语言、社会、科学、艺术等方面的跨领域整合，或者是同一个领域中体现前后内容纵横联系的整合。

二、幼儿园教育活动的形式

幼儿园是幼儿生活和成长的场所，幼儿园的生活是丰富多彩的，幼儿园教育活动的类型也是多种多样的，从不同角度出发，幼儿教育活动可以划分为不同的形式。

（一）从活动性质划分

从活动性质划分，幼儿园教育活动可以分为生活活动、游戏活动和教学活动。

1. 生活活动

生活活动是指满足幼儿基本生活需要的活动，主要包括进餐、睡眠、盥洗等活动。这些活动所用时间占幼儿在园时间的一半左右，在幼儿生活中占有非常重要的位置。生活活动是幼儿生长发育所必需的活动，能使幼儿在潜移默化中掌握最基本的生活经验，形成良好的生活习惯。

2. 游戏活动

游戏是幼儿的天性，是最适合幼儿的一种活动形式，对幼儿的发展具有十分重要的作用。有人说，游戏的重要性仅次于母乳喂养和母爱。寓教育于游戏是幼儿园教育活动的主要特点。

3. 教学活动

幼儿园教学活动是幼儿建构各种知识和经验的有效途径。教师主要通过教学活动使幼儿获得各种经验，掌握一定的技能，从而达到全面发展的教育目的。

（二）从活动内容划分

从活动内容角度划分，幼儿园教育活动可分为健康教育活动、语言教育活动、社会教育活动、科学教育活动和艺术教育活动。

1. 健康教育活动

幼儿园健康教育活动旨在培养有益于幼儿健康的行为方式和习惯，促进幼儿身心健康成长。《幼儿园教育指导纲要（试行）》规定健康领域的教育目标是：① 身体健康，在集体生活中情绪安定、愉快；② 生活、卫生习惯良好，有基本的生活自理能力；③ 知道必要的安全保障常识，学习保护自己；④ 喜欢参加体育活动、动作协调、灵活。

2. 语言教育活动

幼儿园语言教育活动旨在通过为幼儿提供有计划的学习活动，发展幼儿运用语言与人沟通的能力，提高幼儿的思维水平，满足幼儿欣赏语言美的需要。《幼儿园教育指导纲要（试行）》规定语言领域的教育目标是：① 乐意与人交谈，讲话礼貌；② 注意倾听对方讲话，能理解日常用语；③ 能清楚地说出自己想说的事；④ 喜欢听故事、看图书；⑤ 能听懂和会说普通话。

3. 社会教育活动

幼儿园社会教育活动旨在通过提供社会学习机会，发展幼儿与周围人交往、合作的能力，增进对社会和世界的理解，让幼儿在与同伴的交往中、与家长的共同生活中、与教师的共同活动中学习与成长。《幼儿园教育指导纲要（试行）》规定社会领域的目标是：① 能主动参与各项活动，有自信心；② 乐意与人交往，学习互助，合作和分享，有同情心；③ 理解并遵守日常生活中基本的社会行为规范；④ 能努力做好力所能及的事，不怕困难，有初步的责任感；⑤ 爱父母、长辈、老师和同伴，爱集体，爱家乡，爱祖国。

4. 科学教育活动

幼儿园科学教育活动旨在通过为幼儿提供有计划的学习活动，激发幼儿对周围事物的兴趣，提高幼儿探索事物的欲望，从而获得与生活经验贴近的科学常识，为以后的学习打下基础。《幼儿园教育指导纲要（试行）》规定科学领域的教育目标是：① 对周围的事物、现象感兴趣，有好奇心和求知欲；② 能运用各种感官，动手动脑，探究问题；③ 能用适当的方式表达、交流探索的过程和结果；④ 能从生活和游戏中感受事物的数量关系并体验到数学的重要和有趣；⑤ 爱护动植物，关心周围环境，亲近大自然，珍惜自然资源，有初步的环保意识。

5. 艺术教育活动

幼儿园艺术教育活动旨在通过为幼儿提供有计划的学习活动，满足幼儿表现、表达和创造的需要，陶冶幼儿的审美情趣，培养幼儿欣赏美和表现美的能力。具体来讲，艺术教育活动包括美术教育活动和音乐教育活动。《幼儿园教育指导纲要（试行）》规定艺术领域的教育目标是：① 能初步感受并喜爱环境、生活和艺术中的美；② 喜欢参加艺术活动，并能大胆地表现自己的情感和体验；③ 能用自己喜欢的方式进行艺术表现活动。

（三）从活动组织形式划分

从活动组织形式角度划分，幼儿园教育活动可分为集体活动、小组活动和个别活动。

1. 集体活动

集体活动是教师有目的、有计划地组织全班幼儿在同一时间、同一场所进行的活动，是教师与全班幼儿的直接联系方式。集体活动比较注重教育内容的逻辑性和系统性，短时间内可以提供给幼儿大量的共同经验，幼儿在集体活动中相互启发，发展自律和合作意识。

2. 小组活动

小组活动是幼儿分小组进行活动，教师提供环境和材料，发挥间接指导作用的活动。在小组活动中，幼儿自主探索的机会更多，可以充分表现自己，有利于培养独立、自主、协作的精神和能力。

3. 个别活动

个别活动是幼儿独自活动、教师予以个别指导的活动。个别活动是按照幼儿的特殊需要进行的教育活动，有利于因人施教，发挥幼儿的主体性。个别活动对师资、设备等都有更高的要求。

（四）从活动主体划分

从活动主体角度划分，幼儿园教育活动可分为幼儿自选活动和教师指定活动。

1. 幼儿自选活动

幼儿自选活动是由幼儿自主生成的教育活动。幼儿对某事物偶发性的探究和兴趣往往是形成幼儿自选活动的原因。幼儿自选活动比较关注幼儿自身的兴趣和学习的需要。

2. 教师指定活动

教师指定活动是教师预先设置的教育活动。它是教师设定好教育活动目标，创设一定的活动环境，提供相应的活动材料并有计划地实施的活动。教师指定活动强调教师的组织和计划以及对幼儿的直接指导。

第二节　幼儿园教育活动设计原则

典型案例

中班下学期，果果班的幼儿已经开始学习"数的分解组合"相关内容，为了帮助幼儿更好地掌握内容，小瑾老师会适时引导幼儿玩一些数学游戏。

区域活动结束后，小瑾老师提醒幼儿们进行盥洗、喝水，然后到走廊排队，她要带领幼儿到操场开展活动。在排队等待的过程中，小瑾老师看到小朋友们无所事事，便问道："我们一起来玩'射击场'（果果班经常玩的数学游戏）的游戏好不好？"

全体幼儿：好……好……

小瑾老师：好的，那我就开始啦！（一边拍手一边说起来）射击场来比赛，5个气球升起来，打掉1个剩几个？

全体幼儿：打掉1个剩4个。

小瑾老师：射击场来比赛，5个气球升起来，打掉2个剩几个？

全体幼儿：打掉2个剩3个？

小瑾老师：很好！那现在我请一个小朋友来出题，其他小朋友来回答。出题的小朋友要是想换另一个我们平常玩的游戏也可以，不一定是"射击场"的游戏。

幼儿U：停车场，停汽车，一辆红汽车，一辆蓝汽车，一共几辆车？

全体幼儿、小瑾老师：一共2辆车。

小瑾老师：我再请一个小朋友来出题。

……

案例点评

排队是一项重要的日常活动，在该活动中，教师通过让幼儿玩儿歌游戏的方式，一方面维持了排队的良好秩序，另一方面帮助幼儿复习了近日学习的"数的分解组合"相关内容，体现了不同类型的幼儿园教育活动之间的连续性和渗透性教学原则，以及整体性和一致性原则。

（资料来源：管钰嫦. 幼儿教师生活活动实践性知识的叙事研究[D]. 长春：东北师范大学，2017. ）

幼儿园教育活动的原则是根据教育过程客观规律制定的，也是幼儿园长期教育教学实践经验的总结，是教育活动必须遵循的基本要求。幼儿园教育活动的原则对确定教育方法、选择和使用材料，以及运用各种教学组织形式都具有指导性作用。正确贯彻各项原则，是提高教育活动质量、促进幼儿发展的保证。

一、活动性原则

活动性原则就是要让幼儿在主动和真实的活动中，通过感知、操作、体验、交流来进行学习。幼儿是在活动中学习、获取经验并发展的。活动是幼儿认知发展的关键，这是由幼儿认知发展水平决定的。根据皮亚杰的观点，幼儿最初的智力活动是外显的，他们通过感觉和动作与外界的事物相互作用，进而了解外界事物的特征，也在摆弄物品的过程中获得动作经验，达成动作协调。前者逐渐内化为经验、知识和概念，而动作经验则内化为头脑本身的思维运演能力。所以为了发展幼儿的认知能力，必须让他们运用动作和感官，亲自操作和亲身体验，真正地活动起来。

皮亚杰强调幼儿是主动的学习者，注重动手操作对幼儿认知发展的重要性，并且深刻阐释了幼儿身心发展的规律，其观点对教育工作者的影响从20世纪延续到今天。然而，幼儿是生活在社会环境中的，其活动不仅涉及具体的物品，还涉及人和事，涉及他的全部社会生活。儿童在对具体事物的操作摆弄中，在与他人的交往中、遭遇的事件和问题中，发展自己的认知能力、语言、情感和社会性，同时实现自身的心理发展。在这方面，维果斯基的相关论述扩展和提高了人们对幼儿发展的认识。

既然幼儿的身心发展是在与周围环境的各种事物、人和事件的相互作用中实现的，那么教育幼儿就需要从活动入手，让幼儿在实践中学习，获得必要的经验和体验，从而真正促成幼儿的发展。为此，幼儿园教师要作为幼儿学习和发展的指导者和帮助者，尽力创设适宜的环境和条件,让幼儿在具体的活动中来感知、探索、操作、练习,与人交往,从事身体运动,思考解决问题,进行表达和表现,从中不断获得新的经验以实现发展。

二、发展性原则

发展性原则就是通过教育活动使幼儿在原有的发展水平上,得到身心和谐的充分的发展和持续的发展。

发展性教学思想是维果斯基提出的,他认为教学与发展是相互依赖的过程,在教学与发展之间存在着复杂的关系。教学的重要特征是教学创造最近发展区这一事实。教学激起与推动幼儿一系列内部的发展过程,只有走在发展前面的教学才是良好的教学。这意味着教学不应当跟在发展的后面,而应该在儿童没有完全成熟的,但是正在形成的心理功能的基础上进行。教学应当促进儿童从当下的发展区域向最近发展区域过渡。

《幼儿园教育指导纲要(试行)》多次提出的"以幼儿发展为本"的教育教学思想,更提升了教育发展性原则的重要性。遵循发展性原则,教师从制订教学方案到选择教学内容、方法、手段,都应以让幼儿得到"发展"为核心思想,做到既适合幼儿的现有水平,又有一定的挑战性,即所谓"跳一跳够得着的水平";既符合幼儿的需要,又有利于长远的发展;既贴近幼儿的生活,又能激发幼儿的好奇和兴趣;以利于拓展幼儿的经验和视野,为幼儿终身的发展奠定良好的基础。

三、科学性和教育性原则

幼儿园的教学活动要实现《幼儿园教育指导纲要(试行)》所提出的教育目标,在教学中不仅要使幼儿学习简单的知识技能,发展智力,还要进行道德品质教育,促进其个性的形成和身体的发展。因为幼儿年龄小,知识贫乏,辨别能力差,不易分清正确与错误,因此,在幼儿园教育中贯彻科学性和教育性原则是很重要的。

教学内容要具有科学性和教育性,使幼儿正确地感知客观事物和现象,形成正确的初步的概念和对事物正确的概念。引导幼儿分辨什么是真实的、科学的,什么是虚假的、不科学的、迷信的,并结合各种教学内容有机地进行道德品质教育,文明行为教育,以及真、善、美的人格教育。

遵循幼儿发展规律和认识事物的特点,选用科学的教学方法组织教学。一切不顾幼儿发展水平和年龄特点而进行的揠苗助长式的教育,都是违背科学的,是对幼儿身心正常发展有害的。

贯彻科学性、教育性原则有赖于教师正确的教育观、儿童观、发展观和专业知识水平。为此,必须不断提升教师的素质,以保证这一原则的正确贯彻。

四、连续性和渗透性教育原则

教师在教育活动中为幼儿提供不同的材料和情境作为幼儿活动的对象,通过两者在活动中的相互作用,使幼儿获得相关经验。

幼儿在各种教学活动中获得的经验都具有独特性、联系性和相互依存性,有助于形成个体的经验和知识体系,如对于客观世界的经验性知识、语言的经验性知识、道德的经验

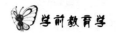

性知识等。幼儿都有已有的经验、现在的经验和未来的经验的连续，还有班内活动的经验、幼儿园内活动的经验以及社区活动经验的连续和联系。这些初级形式的、有结构的经验和知识体系，有助于儿童理解、记忆和运用。它们更隐藏着知识的复杂化、概括化和广泛发展的基础。

杜威在《经验与教育》中提出"经验的连续性"和"相互发展"两个原则。他认为经验的价值在于它的连续发展。随着幼儿经验的不断改造，连续的生长、发展，幼儿"积极的品性、行为、习惯、主动精神、独立性、知识、智慧、思维"等也得到了发展。但杜威认为不是一切经验都有教育作用。

为此，在各种教育活动中，考虑幼儿经验的连续性，保持各种教育活动自身的连续性是非常重要的，我们现在提倡综合的教学活动，这可以保证幼儿各种经验之间的横向联系，但是有一些教学内容，如幼儿数学教育有较强的内在逻辑顺序和难易程度区别，需要循序渐进地学习、理解和掌握。这与在日常生活和其他教育活动中涉及的零散的"数"或"形"的教育是有很大差别的。事实上，语言、体育、音乐、美术和科学等各个领域也都有一定的体系，按一定的深浅程度和逻辑关系组织在一起，难以互相取代，因此在综合教育的课程框架下，也需要安排一些专门的学习活动以帮助幼儿形成连续的经验。

当然，各种活动内容都不会是孤立的，具有相互渗透性。任何物质的存在都和数、形紧密联系；任何事件的发生都和时间、空间有关。语言既是思维的外壳、交往的工具，又是传承国家文化的载体，具体的经验和体验都是语言的丰富材料。五彩缤纷、婀娜多姿的自然界是幼儿感受美、萌发积极情感的对象，又是幼儿探究发现、了解自然奥秘的对象。在各种教育活动中注意相互联系、相互渗透，将有助于幼儿获得广泛的、丰富的经验，并巩固、运用和扩展已获得的知识内容。

贯彻教育活动连续性和渗透性原则，对教育者提出了更高的要求。教师不仅要理解、熟悉各教育活动内容的内在联系、连续性和体系，还要了解不同教育内容之间的相互渗透性，并科学、合理地组织安排各种教育活动，从而既保持各种教育活动特定的体系和经验的连续，又相互渗透、有机联系，不人为割裂，以使全部教学活动得到最佳效果。

五、集体教学活动与个别教学活动相结合的原则

集体教学活动是以往"作业""上课"的延续，是我国学前教育的传统之一。它要求面向全班或一部分幼儿开展教学活动，以保证所有的儿童都有受教育的机会，使他们能够达到教育目标的一般要求。它的优点是：每个儿童都参与活动，感受到共同学习的乐趣，并能互相交流，互相补充，共同提高，还有助于合作、友爱、相互帮助等社会性行为的发展，培养遵守集体规则、不妨碍他人等良好行为习惯。

但是，由于遗传、社会环境、文化背景、家庭状况和生活条件的不同，同一年龄阶段的儿童虽然具有类似的发展水平，但在各个方面的发展速度和水平都会存在个别差异，如好奇心的强弱、经验的多寡、动作和思维的快慢、兴趣爱好的差异、语言水平的高低、学习方法的好坏以及社会交往能力的强弱等都各不相同。依据一般儿童发展水平开展的集体活动不可能顾及每个儿童的发展状况和兴趣爱好，因此，个别教学活动是必要的。

当今学前教育改革中出现的区角活动、选择性活动、各种开放式的活动都为儿童个别活动提供了机会。它的优势是能使儿童在不同的发展水平上，充分发挥各自的能力，使儿

童的兴趣、需要得到满足，增加了儿童活动的机会，还能让儿童得到教师适时的指导，从而使儿童在各自的水平上进行操作并获得发展。

集体教学活动和个别教学活动相结合，可以相互联系，相互补充，但不能只重视集体活动而忽视、取消儿童的个别活动，也不能强调个别活动而放弃集体活动。在学前教育活动中，既要保证一定的集体活动时间，又要为儿童提供充分的、个别活动的机会。

为了更好地贯彻此教学原则，教师要观察了解每个儿童的发展水平，如已有的知识经验、学习态度、独立工作能力和兴趣爱好等，针对每个儿童的实际情况进行指导，使每个儿童的兴趣、需要得到满足，能力得以发挥。对发展迟缓的儿童要分析原因，多给予鼓励、支持、指导和帮助，加强个别教学。对发展较好的儿童，给予更多自主活动机会，满足他的求知欲、发挥其潜力，使之得到充分的发展。总之，要使每个儿童都能在自己的水平上得到最佳的发展。

六、整体性和一致性原则

儿童是一个完整的、能动的有机体，始终处于积极的活动中。在任何环境里，他们都动员身体、智力、情感等各方面的力量主动地参与环境，发生物质、能量、信息的相互作用，得到整体的和谐发展。儿童身心的各个方面互相制约，相互促进，统一于整体之中。任何单方面的孤立的发展都是不存在的，而人为的侧重于某一方面的培养训练有可能破坏儿童的整体和谐发展。

为了使儿童个体得到整体、协调的发展，幼儿园的课程和教学活动贯彻整体性、一致性原则是很重要的。

（1）保证学前教育目标的整体性。教育儿童，促使儿童德、智、体、美全面发展的要求都体现出了课程的目的，它们相互紧密联系，完整地作用于儿童个体。无论是编制课程，还是实施教学，都要全面思考，平衡处理各教育目标之间的关系和联系，任何厚此薄彼的做法都会影响儿童的整体发展。

（2）保证教育目标与内容、原则、方法、实施过程的整体性和一致性。目标是课程和教学的核心，课程和教学的实施都以教育目标为出发点，围绕目标进行教育和教学，如偏离目标，将直接影响教育、教学质量；而内容的各个方面，各个原则、过程中的诸因素、多样方法等都具有自身的体系，也都相互作用、相互补充，同样需要保持其完整、一致，才能达到预定的目标。

（3）保证集体教学活动的设计和实施的整体性、一致性。从课题和目标的提出、过程的组织、情景的设置到方法的实施，教师都要精心策划，周密思考，合理实施。任何偏离目标和"走题"的现象，都会影响教学质量。

七、直接指导与间接影响相结合的原则

在各种教学活动中，教师与儿童之间的相互作用是很重要的。在儿童学习过程中，教师的指导是不可缺少的。它保证教学活动的正常开展和全体儿童的身心得到协调的发展。这是教学活动和儿童自发活动的实质性区别。在任何情况下，教师放弃指导、放任自流都是错误的。

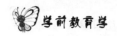

但是，教学活动仍然是儿童主动的活动，发展是儿童活动的产物，不是教师活动的结果。因此，教师不能取代儿童的活动或过多干预儿童的活动，以保证儿童在活动中的主体地位，即使是儿童的自发活动，教师也要关心、支持和引导。

教师的指导有直接指导和间接影响两种。它们既有区别，又有联系，必须结合运用。教师的直接指导是由教师根据学前教育活动的目标，直接向儿童提出进行活动的要求，发出指示，传递某些知识、技能，教以一定的行为方法，提出需遵守的某些行为规则，诸如动作、语法、行为规则的示范讲解，概念、范例的解释等，都属直接指导。

教师的间接影响（间接指导）是指教师为儿童提供环境，物质材料，唤起儿童的好奇心，引起儿童的兴趣，激发儿童的内在动机和参与活动的愿望。教师通过参与活动，以情感、态度感染儿童，从而使儿童积极愉快地参与活动。

教师在活动中的直接指导与间接影响是相互联系、相辅相成的。在各种教育活动中都有直接指导与间接影响，但对不同的活动，指导的程度是不同的。在同一个活动中，两者并存，有时是直接指导，有时则是间接影响，相互交替。

教师在活动中要善于处理好两种指导的关系，以保证儿童活动的时间和空间，儿童主动性、创造性的充分发挥。教师要尽力避免过多干预儿童的活动，以免造成儿童思维的中断和活动的终止。

八、巩固性原则

儿童积累经验、储存信息、掌握简单的技能是学习新的知识技能的基础，是发展智力、进行活动的必要前提，也是入小学后学习系统的科学文化知识的必备条件。但是在幼儿期，儿童大脑皮质所形成的暂时神经联系不稳定。为使儿童学习的知识技能得到积累，在教学中必须贯彻巩固性原则。

儿童所获知识、技能的巩固与儿童学习时的兴趣、态度，所获取的知识是否属于第一手经验以及儿童的理解程度有密切关系，也有赖于对已学的知识技能的不断练习、多次重复和在实际活动中对知识的迁移运用。

因此，在教学过程中，首先在学习新知识技能时要激发儿童的兴趣，促使他们主动、积极地作用于客体，给予适当的学习内容，使其及时理解，得到及时巩固；其次要创设条件，给予儿童运用已学知识技能的机会，还要引导儿童在学习新知识时联系已有经验，复习原有的知识技能，使儿童在较自然的条件下，对已学习的内容加以巩固，尽力避免单调机械地重复。

以上教学原则都是彼此联系、相辅相成的。教师必须在理解各教学原则的实质和它们之间联系的基础上，结合教学特点和儿童实际情况，全面、正确地加以运用，以提高教学质量。

是否每一个幼儿园的教育活动都要体现所有的原则？

第三节 幼儿园教育活动的组织策略

典型案例

在组织有关"蟹"的方案活动中,教师发现大部分幼儿对蟹的外表和描述蟹的文字比较感兴趣。同时,每个孩子的观察视角都有所不同。教师便大致做了一个统计:注意蟹的外形的有5人,注意蟹的颜色的有8人,注意蟹的足的有10人,注意蟹的生活环境的有3人,对孩子的观察引发了教师的思考:如何引导幼儿更深入地探究自己感兴趣的问题呢?教师设置了一些问题:"为什么有的蟹要把海星放在自己的壳上?""为了伪装。"不少幼儿不假思索地答道。这一话题马上引起了孩子们的兴趣,陈涛说:"毛蟹的身上长满了黄色的毛,和沙滩上的沙子的颜色一样,不仔细看是看不清的。"董婉婷说:"湖蟹的壳上沾满了一粒粒小小的壳,看上去一点儿也不像蟹。"幼儿一阵七嘴八舌后,教师又问:"那么蟹把自己伪装起来是为了什么?""保护自己呀!"老师接着问:"那么蟹除了用伪装的方法保护自己,还有别的方法吗?"幼儿在教师的引导下,对蟹的自卫方式产生了极大的兴趣,在师生共同的交谈中产生了"蟹的自卫方式"这一非常有价值的主题。

案例点评

教师在与幼儿交流的过程中采用的观察和提问法恰到好处。材料中教师通过观察思考和设置开放性问题的策略,以玩伴的身份参与活动,借助开放性的问题,与幼儿有效地互动。注意观察幼儿的一言一行,理解他们的学习方式、思维范式和行为方式,帮助他们发现新的问题,持续不断地引导幼儿思考和探究,对促进语言、思维等方面的发展具有良好的效果。

(资料来源:教育部基础教育司.《幼儿园教育指导纲要(试行)》解读[M].南京:江苏教育出版社,2002.)

幼儿园教育活动的组织与实施是实现幼儿园教育目标的重要途径,具有很强的操作性,本节内容重点分析幼儿园教育活动组织与实施的策略,帮助大家掌握常用的策略,并且学会分析幼儿园教育活动中教师组织策略的适宜性。

一、活动导入的策略

导入是幼儿园教育活动的重要环节,它可以在较短的时间内吸引幼儿注意力,激发幼儿对活动的兴趣。好的开端是教学活动成功的一半,如果导入方式巧妙得当,就能够充分诱发幼儿的学习兴趣,为进入探索活动做好心理准备。因此,教师采取有效的导入策略将为教育活动的顺利进行奠定良好的基础,更好地激发幼儿学习和探索的积极性。导入策略一般包括激趣导入、游戏导入、悬念导入、问题导入、作品导入、情境导入等。

(一)激趣导入

兴趣是幼儿最好的教师,也是幼儿参与活动的动力。由于幼儿注意时间短暂、注意力容易分散，因此教师在较短时间内激发幼儿兴趣尤为重要。激趣方式运用得当，将提高幼儿参与活动的积极性，提高教育的有效性。激趣方式是多种多样的，如夸张的语言、动作、表情，新奇的教玩具，神奇的魔法，好玩的游戏，或者设置问题悬念，等等，只要能激发幼儿探究的欲望和兴趣，就达到了导入的目的。

（二）游戏导入

游戏是幼儿园最基本的活动，也是幼儿最喜爱的活动，幼儿的生活离不开游戏。因此，在活动开始时，教师可采用游戏的方式或游戏的口吻创设游戏情境，激发幼儿的活动兴趣。例如，在"磁铁能吸起什么"这一活动开始时，教师可以组织幼儿玩"走迷宫"的游戏，给每组幼儿一块"迷宫板"和一个带有磁铁的舞蹈小人，让幼儿利用磁铁在板下指挥板上的小人尽快走出迷宫。游戏一开始，幼儿就对神奇的磁铁产生兴趣，很快就把注意力集中在"磁铁能吸起什么"的主题上。又如，在语言活动、韵律活动、表演活动中，一开始就以游戏的方式导入，更容易引起幼儿热烈的反应，让幼儿更快融入活动主题。将活动的内容通过游戏传达给幼儿，幼儿是很乐于接受的。值得注意的是，在运用游戏方法时，教师应注意调控幼儿的情绪，当幼儿情绪过于高涨时，如果教师无法控制，那么活动一开始就很容易失败。

（三）悬念导入

悬念导入是结合教育内容设计一些符合幼儿认知水平，又生动有趣、富有启发性的问题，使幼儿对悬念产生探求的心理。采用悬念式导入，可引起幼儿浓厚的好奇心，激发幼儿追根问底的热情，培养幼儿主动探索的精神。如科学活动"食物哪去了"可以这样导入："我们每天都要吃很多东西，可是这些食物都到哪儿去了呢？"短短一句话便能引发幼儿强烈的好奇心和探索欲。再如主题活动"茉莉花请医生"，活动开始时教师可以这样导入："今天老师要给小朋友们讲一个故事，故事的名称叫'茉莉花请医生'。茉莉花为什么要请医生？请了几个医生？它们是怎样为茉莉花治病的……"一系列问题一抛出来，便吸引了幼儿极大的兴趣和探究欲望。

（四）问题导入

好奇、好问是孩子的天性，他们总是对周围环境充满好奇，不停地追问。因此，利用问题诱发幼儿学习的兴趣也是有效的导入方式之一。尤其是在科学探索式的主题活动中，问题策略的运用尤为重要。教师以问题为主线，从活动一开始就抛出适宜的问题，引发幼儿参与的积极性。层层递进的问题可以激发幼儿对活动的兴趣，促进他们与活动材料之间的积极互动，帮助他们提升经验，建立悬念。例如，对于大班科学活动"动物是怎样过冬的"，教师是这样导入的：小朋友，现在是什么季节？（冬季）冬季的天气怎么样？（很冷）那你们是怎么度过寒冷的冬天的？（戴上帽子，围上围巾，戴上手套，穿上棉衣、棉鞋，生上炉子，常在室内活动，加强锻炼，等等）。请小朋友们想一想，小动物不会穿衣服，那你们知道小动物是怎么过冬的吗？（讨论）在讨论中，幼儿自然而然地进入了活动的主题。

（五）作品导入

作品导入是指以故事、儿歌、谜语等文学作品作为活动的导入形式。教师可以根据活动的内容和特点,选择与活动内容联系紧密的故事、儿歌、谜语等,以引起幼儿的兴趣,激发他们的想象力。例如,在音乐活动"粗心的小画家"中,教师以故事的形式导入新课:"今天,老师给小朋友们讲一个故事,有一个小朋友叫'丁丁',他很喜欢画画,他画螃蟹四条腿,他画鸭子尖嘴巴,画只兔子圆耳朵,画匹大马没尾巴,你们说他是一个什么样的画家呢?"故事引发了幼儿的讨论,最后就引出了歌曲《粗心的小画家》。又如在开展音乐游戏《小蝌蚪找妈妈》之前,教师可以先说一个谜语让幼儿猜:"大脑袋,长尾巴,全身黑溜溜,生在春天里,长在池塘中。"这个谜语可以很快将幼儿吸引到活动的主题"小蝌蚪找妈妈"中来。

(六)情境导入

情境导入主要是指教师创设一个幼儿可接受的情境,既可以是幼儿日常生活的真实情境,如吃饭、睡觉、游戏等,也可以是教师预设的情境,如在开展角色游戏"医院"之前,教师创设"医院"的情境,通过情境的创设,使幼儿处于积极准备的状态。教师在集体教学活动的导入环节,常常会采用与幼儿生活相近或相关的情境,将活动的目标、要求和内容演绎成幼儿能理解的具体情境,创设出一个幼儿感兴趣的、具体化、形象化和可操作化的情境,从而较快地将幼儿带入特定的教学情境之中。如大班社会活动"大树的医生",教师以情境的方式导入:"今天老师带来了一棵苹果树,这棵树怎么了?为什么大树身上会有洞?噢,原来苹果树生病了,许多小虫子钻进了它的树干里,好难受,要去请鸟医生看病,许多鸟医生都来了,要给苹果树看病,猜一猜,什么鸟医生会来呢?"很快,教师就将幼儿带入了"大树的医生"这个主题中。教师运用此策略应该注意,不仅要让幼儿身临其境,在情境中观察、感知、操作、体验,而且所创设的情境也必须符合目标,从教学内容出发,巧妙构思,形式上力求新颖。

导入形式丰富多样,教师要根据不同的领域、不同的内容和不同的教育价值,选择合适的导入方式。需要注意的是,导入的时间不宜过长,一般2~3分钟即可。

二、观察幼儿的策略

观察是教师借助自身的感觉器官及其他辅助手段,如照相机、摄像机等,有目的地对观察对象的心理与行为进行考察,以获得资料的一种方法。教师通过观察,根据一定的目的获得相关信息,并对这些信息进行解释,进而生成教育意义,即采取应对性教育策略,最终使得教育成为一个连续性的活动,有效帮助幼儿获得发展。观察是幼儿园教师必备的基本技能,在幼儿园的日常生活和教育活动中被广泛运用。

(一)观察的重要性

1. 观察是了解幼儿的前提

蒙台梭利认为:"要教育儿童就要了解儿童。"而观察正是了解儿童的主要途径之一,是教师安排、组织各种活动的前提。通过观察,教师能最直接地了解儿童的行为、想法和需求,了解儿童的兴趣、经验水平、学习方式和个体差异等重要因素,教师依此从儿童的角度出发,为他们提供尽可能的适宜的支持、指导和帮助,避免教师因主观臆断、盲目干预、刻意安排等产生干扰儿童、包办代替等现象。观察可使教师更有针对性地调整、制订

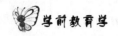

和实施教育方案,有效地促进幼儿的发展。

2. 观察是实施教育活动的基础

《幼儿园教育指导纲要(试行)》指出,教师在教育过程中应成为幼儿学习活动的支持者、合作者、引导者,关注并敏感地察觉幼儿在活动中的反应,善于发现幼儿感兴趣的事物和偶发事件中所隐含的教育价值。蒙台梭利也曾指出:"作为一名教育工作者,应该有一双敏锐的眼睛。"可见,一个不会观察的教师是不称职的。教师只有通过观察,敏锐地察觉幼儿的一举一动,才能捕捉到幼儿的各种行为表现,才能了解幼儿在活动中最真实的表现和最详尽的信息,只有掌握了幼儿的信息,才能及时对教育教学活动进行调整,并针对幼儿在活动中的情况做出有效反应。

(二)观察幼儿的策略

1. 教师要有观察的意识

观察幼儿是幼儿教师为幼儿提供适宜性教学的基础,是否具有观察幼儿的意识,则成为幼儿教师能否提高教育活动质量的关键。教师在开展教育教学活动中,首先要有观察幼儿的意识,有了意识才会有观察的行动,才会使观察更具有目的性。教师有目的地对幼儿进行观察,能真正察觉到教育教学活动对幼儿的适宜性如何,从而更好地做出适当的调整。因此,教师的观察意识是非常重要的。

2. 教师的观察要持续

观察幼儿应该是幼儿教师长期坚持的一项工作。对于幼儿教师组织的一次教育教学活动来说,从活动的开始到结束,教师都应该持续地观察,以便更好地了解幼儿与环境材料的互动情况,活动的设计是否符合幼儿的兴趣和需要,师幼互动、幼儿间的互动怎样,幼儿参与活动的积极性如何等问题。这些都需要教师持续地观察,只有这样才能更好地了解其所创设的活动是否有益于幼儿的发展,是否需要进一步的改进和调整。

3. 教师如何观察

观察是幼儿教师日常工作的内容,也是教师考虑是否需要介入幼儿活动、何时介入活动的前提。那么,在幼儿园的教育教学活动中,教师观察什么,怎样观察幼儿呢?一般来说,幼儿园的教学活动可以分为3个部分:一是开始部分,即导入部分;二是展开部分,即活动过程;三是结束部分。这3个部分是活动的不同阶段,教师的观察重点应该有所不同。在开始部分,教师的观察重点应该放在幼儿对这个活动的兴趣上,如幼儿对教师创设的环境、材料是否感兴趣,对教学内容和教学方式是否感兴趣,幼儿参与活动的意愿、情绪如何,是主动参与还是被动参与,是所有的幼儿都积极参与,还是只有少数幼儿积极参与,教师要从整体上去把握幼儿的反应,并及时做出相应的调整。在活动过程中,教师的观察重点应是幼儿与环境、材料的互动,幼儿与幼儿的互动,幼儿与教师的互动,以及在活动过程中幼儿会遇到什么问题,是否需要教师提供支持与帮助,教师在何时介入幼儿的活动等问题。通过对整个活动的全程跟踪观察,可以了解幼儿的经验水平,幼儿在活动中的语言、动作、表情以及处理相关问题的技巧,还可以了解到幼儿在活动中遇到的困难。通过对观察到的信息进行分析,可以对这个活动做出更客观的评价,为下一个活动做好铺垫。在活动结束阶段,教师的观察重点应该放在幼儿活动的情绪反应上,看看幼儿玩的情绪和意愿如何,是否到了该结束活动的时候,并根据幼儿此次活动的情况分析判断幼儿的认知、能力与情感态度的发展水平、幼儿的参与度等情况，以及对此类问题是否需要生成新的活动，等等。

此外，教师在观察幼儿时应注意照顾幼儿的个别差异，观察个别幼儿的着力点：一是幼儿在活动中的行为动作；二是幼儿在活动中的神态表情，或者说情绪状态。教师依此总结出幼儿的学习风格和特点，给予适宜的指导和帮助，以促使每个幼儿获得自己应有的发展。

三、提问的策略

美国心理学家布鲁纳曾经说过："教学活动是一种提出问题和解决问题的持续不断的活动。"因此，提问是教师组织幼儿园教育教学活动必不可少的策略。准确、有效的提问能激发幼儿的学习兴趣，调动幼儿的学习积极性，发挥幼儿的想象力和创造力，促进幼儿思维的发展。常用的提问有启发式提问、开放式提问和追问式提问。

（一）启发式提问

启发式提问是指教师在教学过程中，根据教学目标和内容，以及幼儿学习的一般规律和特点，采取多种方式，以启发幼儿思维为核心，调动幼儿学习的积极性和主动性的一种提问模式。启发式提问的目的在于让幼儿主动融入活动，并成为学习活动的主体。启发式提问可以在幼儿不知活动如何继续下去的时候介入，教师提出启发式问题，使幼儿的活动持续开展下去。如在开展区域活动的时候，教师发现表演区的几名幼儿无所事事，不知道玩什么，这时教师问道："快到圣诞节了，小朋友们是不是来办一场圣诞晚会呢？""好啊！好啊！"孩子们热烈响应。"那圣诞晚会要准备什么节目呢？请大家想一想，然后就排练喽。""唱歌，跳舞，乐队演奏……"孩子们想出了很多节目，并积极地排练起来。当然，启发式提问也可以在孩子们讨论他们感兴趣的问题时，由教师介入，抛出启发式问题，使问题更深入下去。在孩子们讨论的话题无法进一步深入或继续下去的时候，教师的启发式提问无疑会给他们开启心门的钥匙。

（二）开放式提问

开放式提问是指教师的提问没有固定的、统一的答案，问题"大"而"深"。"大"是指范围广，问题可能包含多种答案，允许幼儿做出多种可能的解释和回答；"深"是指有一定难度，尽量少提一些非此即彼的封闭式问题，逐步引导幼儿的直观形象思维向抽象逻辑思维过渡。教师所涉及的问题既可以为幼儿提供创造性想象和思维的空间，又有一定的难度，即符合维果斯基的儿童的"最近发展区"这一理论。问题太容易对幼儿的发展无益，问题太难则会挫伤幼儿学习的积极性。因此，幼儿教师在开展幼儿教育教学活动时应该多涉及一些有思维指向的开放性问题。如"你喜欢谁，为什么""你认为应该怎样做更好""还有别的方法吗""周末你最喜欢做的事情是什么"等类似的没有统一答案的问题，幼儿可以根据自己的生活经验，充分发挥他们的想象力和创造性。例如，在一次小班的"自我介绍"活动中，有小朋友这样介绍自己："我叫李飞，今年3岁。"于是老师说"李飞小朋友介绍了他的姓名和年龄，那其他小朋友有没有与他不一样的介绍呢？"于是，孩子们的回答就越来越不一样了，"我叫芳芳，今年4岁了，我家在人民路花园小区""我爸爸是警察，我

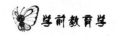

妈妈是老师"……孩子们从他们的姓名、年龄,到家庭成员的介绍,父母的职业,家庭住址,家中的电器、玩具等,他们都想说出与其他小朋友不一样的内容。

(三)追问式提问

追问式提问就是教师把所教授的内容分解为一个个问题,一环又一环系统地提问幼儿。追问不仅指教师的问与幼儿的答在时间上先后交叉排列,更具有内在连续性。追问,是集体教学活动中教师和幼儿对话的形式。通过追问,幼儿在教师的引导下,不断地进行思考,由浅入深、由表及里,逐渐建构知识及其意义。通过追问,教师的每一个互动提问都从幼儿的反馈导出,幼儿的下一次反馈又是对教师追问的回应,问题与问题之间精心连接,环环相扣,连接点是幼儿的每一次反馈。追问的特点是教师发问的语气较急促,问题与问题之间间隙时间较短,能训练幼儿敏捷灵活的思维品质。追问能使幼儿保持注意的稳定性,刺激其积极思考,有利于全面理解内容,掌握知识的内在联系。例如,教师在幼儿倾听绘本故事《分萝卜》后,为了了解幼儿听故事的效果,设计的提问如下:谁给他们分萝卜?他们为什么要分萝卜?他们是怎么分萝卜的?这个故事你发现了什么?正因为教师这样穷追不舍的提问,帮助幼儿理解了绘本的内容和价值取向。但是,"穷追不舍"的提问方式也要避免满堂问、随意问现象的出现,教师要根据教育活动目标选择关键的问题,提高提问的质量,保障教育活动目标的顺利达成。

值得注意的是,教师在提问时,既要面向全体幼儿,又要顾及个别差异。首先,教师应明确提问的问题是哪个层次水平的幼儿可以回答的;其次,应针对幼儿的回答情况进行分析判断,并做出相应调整。在幼儿回答问题时,教师要善于倾听,理解幼儿的想法或思路,然后才能及时恰当地回应幼儿,实现师幼之间的有效互动。

四、活动结束的策略

结束环节是一个完整的幼儿园教育活动必不可少的有机组成部分。引人入胜的开头对激发幼儿兴趣、提高幼儿的求知欲起着十分重要的作用。但是精心设计、独具匠心的教学活动结尾可以将教学活动推向另一个高度,形成教学活动的第二次飞跃。一个好的结束是下一个活动的开始,有效的活动结尾不仅可以对整个活动的内容进行概括和总结,起到画龙点睛的作用,还可以收到意犹未尽的效果,激发幼儿进一步活动。因此,采用适宜且有效的结束方式很有必要。幼儿园教学活动结束的方式多种多样,常用的有游戏式、总结式、表演式和自然式等。

(一)以游戏方式结束

这是幼儿园教学活动中最为常用和适用范围最广泛的结束方式。游戏是幼儿最喜爱的形式,因而教师往往在一些旨在让幼儿巩固加深或是迁移所学内容的部分,在活动结束时以游戏的方式进行,以便起到强化的作用。教师有时也为了体现教学形式的多样性和"动静交替",或者为了增加活动的趣味性而采用游戏的方式结束。

(二)以总结方式结束

总结旨在让幼儿对整个活动所涉及的应该掌握的知识或技能有个较完整的认识,或者教师将活动开展的情况反馈给幼儿,或对幼儿的作品进行点评,等等。如小班科学活动"观察小青蛙",教师常以总结小青蛙的主要外形特征和生活习性的方式来结束这次活动;在手工活动中常以点评幼儿作品的方式结束。一般可以由教师引导幼儿进行总结,教师做补充,从而提升经验,起到画龙点睛的作用。

(三)以表演方式结束

表演也是幼儿喜爱的活动形式之一。为使幼儿对整个活动内容有更深层次的理解体验和感受,加深幼儿对活动主要内容的印象,强化活动的效果,教师常采用表演的方式来结束活动。这种结束方式形式活泼,富有趣味,氛围活跃,可以把活动推向更高一层。以表演方式结束常见于幼儿艺术教育活动(包括音乐、美术及幼儿文学作品等活动)中。如在语言教学活动中,可以让幼儿迁移学习经验表演故事;而音乐教学活动可以在幼儿的律动、歌舞表演中精彩地落幕。

(四)以自然方式结束

在整个活动开展的过程中无须再另设计一个专门的结束活动,以直接、简单的语言来结束该活动,自然而然、水到渠成地结束。如告诉幼儿将今天学到的新本领回去告诉爸爸妈妈,或者让幼儿回家和爸爸妈妈做一些延伸的活动;在科学活动中,请幼儿把操作材料投放到科学角,也可以继续探究或者到户外去玩;有时开展探究活动,以教师带着幼儿到户外进行进一步观察等方式自然结束。

相关链接

《保教知识与能力》考试大纲(节选)

二、考试内容模块与要求

(六)教育活动的组织与实施

1. 能根据教育目标、幼儿的兴趣需要和年龄特点选择教育内容,确定活动目标,设计教育活动方案。
2. 掌握幼儿健康、语言、社会、科学、艺术等领域教育的基本知识和相应教育方法。
3. 理解整合各领域教育的意义和方法,能够综合设计并开展教育活动。
4. 能根据活动中幼儿的需要,选择相应的互动方式,调动幼儿参与活动的积极性。
5. 在活动中能根据幼儿的个体差异进行指导。

第四节 幼儿园以游戏为基本活动

典型案例

在建构区幼儿相互之间往往喜欢进行各种"比试",包括自己的玩具数量,自己建的作品的好处和优越性等。这天,两个中班幼儿一边用积塑建构,一边比试谁的积塑多。

A:"你看我的多多!" B不同意,反驳道:"你看我的多,你的少。"

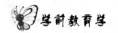

A 坚持:"两筐才多呢!一筐那么少,两筐才多呢!"

B:"可是我这一大筐装得很多,比你的多装一倍多。"

这里两个孩子的"比试"实际上与数量感知和大小不同的筐的容量问题有关。他们的观点有其合理之处:A 认为两个筐装的积塑要比一个筐装得多,B 认为一个大筐装的要比两个小筐装的积塑多。幼儿自己没有办法解决争执,化解"冲突",这就需要教师的帮助。

讨论:如果你是教师,要如何帮助这两位幼儿呢?

案例点评

首先,教师可以先采用确定问题或冲突的方法帮助幼儿发现问题;其次,可以启发引导幼儿用一一对应或数数的办法来比较积塑的多少,这样能够巩固幼儿一一对应和点数的技能。

(资料来源:姚伟. 学前教育学[M]. 长春:东北师范大学出版社,2012:156.)

游戏是幼儿的天性,是幼儿的主导活动,是适应幼儿身心发展特点的教育方法。古往今来,不同时代、不同民族、不同国家的孩子都喜欢游戏。我国《幼儿园工作规程》指出,幼儿园应以游戏为基本活动。

相关链接

《幼儿园教育指导纲要(试行)》(节选)

第一部分　总则

五、幼儿园教育应尊重幼儿的人格和权利,尊重幼儿身心发展的规律和学习特点,以游戏为基本活动,保教并重,关注个别差异,促进每个幼儿富有个性的发展。

一、幼儿园以游戏为基本活动的含义

游戏是幼儿与成人共有的活动形式。对于成人来说,游戏是工作之余的娱乐和消遣,但对幼儿来说,游戏是其基本活动。所谓基本活动是指:除满足基本生存需要的活动之外,发生次数和所占时间最多的活动;对幼儿的生活或发展具有重要影响的活动。

游戏是幼儿身心全面发展的客观要求,是幼儿的主体性活动,是幼儿身体、认知、社会性和情感发展的需要。

(一)游戏是幼儿身心发展的客观需要

游戏给幼儿带来快乐和满足的同时,也满足了幼儿身心发展的基本需要。

1. 游戏满足幼儿生理发展的需要

幼儿正处于身体生长发育的关键期,幼儿骨骼、神经系统的发育特点要求他们不断变换活动姿势和动作,否则会感到疲劳、厌烦。幼儿通过游戏可以满足身体活动的这种需要。在游戏中,幼儿可以自由变换姿势、动作,可以按自己的意愿多次重复自己喜欢的动作,这样中枢神经系统的机能状态能调整到最佳水平,从而避免厌烦、疲劳,使机体感到舒适、愉快,同时身体的各个器官也得到了锻炼。

2. 游戏满足幼儿认知发展的需要

幼儿天生对周围事物充满了兴趣和好奇心,这种兴趣与好奇心是了解环境、影响环境的需要和表现。幼儿在游戏中可以根据自己的兴趣和爱好进行各种各样的探索、操作活动,也可以根据自己已有的知识、经验与想象力模仿和表现周围的人与事物,建构专属自己的知识结构和经验框架,满足认知发展上的需要。

3. 游戏满足幼儿社会性发展的需要

游戏是幼儿社会性发展需要形成与发展的重要途径,也是这种需要寻求满足的途径。成人与幼儿最初交往的典型形式是亲子游戏。在亲子游戏中,幼儿体验到了成人对自己的爱,从而形成对成人的信任与依恋,促使其社会性交往需要进一步形成与发展。游戏还是幼儿初步学习和掌握社会角色的有效途径。幼儿在游戏中通过扮演不同的社会角色,模仿现实生活中成人的语言和行为等,学习和掌握社会行为规范,进而促进其社会性的发展。

4. 游戏满足幼儿自尊、自信的需要

幼儿在游戏中可以获得影响与控制环境的体验,建立起对自己的信心。在游戏中,幼儿通过自己的言行对他人产生影响时,会感到自己是有能力的人,会获得成功的喜悦,建立起对自己的信心。同时,幼儿在游戏中体验到克服困难、达到目的的愉悦感,从而满足自我实现的需要。

幼儿的需要引发了幼儿的游戏,需要的满足给幼儿带来了快乐,而这种愉悦感使幼儿对游戏活动本身更感兴趣。

(二)游戏是幼儿的主体性活动

幼儿是游戏的主人,游戏是表现幼儿主体性的活动,是幼儿主动的、独立性的和创造性的活动。

1. 游戏是幼儿主动的活动

幼儿游戏是受内部动机支配的,是内部发展的需求推动幼儿去游戏。所以,幼儿在游戏活动中处于积极的、主动的状态,而不是无聊、厌烦、无所事事、呆坐的状态。幼儿不是为了获得外部报酬而游戏的,活动本身就是目的,就是行为的发起和强化因素。幼儿主动学习的态度与能力是幼儿主体性素质结构中的重要成分。幼儿园以游戏为基本活动,目的之一就是培养幼儿的主动性,让幼儿在主动的活动中积累主动学习的经验,学会主动学习。

2. 游戏是独立性活动

游戏是幼儿独立活动的基本形式。幼儿期是幼儿依靠成人的支持和帮助,逐步走向独立活动的过渡时期。游戏这种形式为幼儿提供了独立活动的机会。在游戏中,幼儿可以独立决策、独立做事,可以独立选择活动材料、活动方式方法、活动主题等,还可以独立决定玩什么、怎么玩、和谁玩。这些独立活动的机会有助于幼儿形成独立决策与活动的能力,为以后在现实生活中独立活动打下基础。

3. 游戏是创造性活动

游戏是幼儿的创造性活动。幼儿在游戏中通过模仿与想象,创造性地整合与表现现实生活的经验与愿望。在游戏中,幼儿大胆表达自己的想法并想办法去实现,幼儿不怕冒险

和失败,勇于探索和创造,这有助于形成幼儿创造性的人格特征。这种探索性的过程就是不断创造的过程。在游戏中,幼儿学习接受挫折、改正错误,并不断从错误中学习和创造。这一点已被许多研究所证实。爱玩并会玩的孩子往往是创造性强的孩子。

二、幼儿园以游戏为基本活动的意义

幼儿园以游戏为基本活动,体现了人们对游戏在学前教育中的价值和地位的认可,也是对游戏在幼儿身心发展中的作用的认同。幼儿园以游戏为基本活动对幼儿全面发展具有重要的现实意义。

(一)幼儿园以游戏为基本活动保障了幼儿的游戏权利

《幼儿园工作规程》提出幼儿园应以游戏为基本活动,这不仅在教育组织形式上突出了学前教育不同于其他阶段教育的特点,更重要的是以教育法规的形式,把幼儿游戏与发展的权利凸显出来。对幼儿游戏权利的保障就是对幼儿发展权的保障。游戏是儿童的天性,通过游戏能促进幼儿身体、认知、情感情绪等方面的发展。要使幼儿身心全面健康地发展,必须保障幼儿游戏的权利,使游戏真正成为幼儿的基本活动。

(二)幼儿园以游戏为基本活动为幼儿创造了适宜的幼儿园生活

幼儿园是人们根据一定的教育目标为幼儿创造出来的特殊的生活环境。幼儿园教育活动的设计既要符合教育目标要求,又要符合幼儿身心发展特点。游戏是幼儿的天性,幼儿以游戏为基本活动,所以要想创造符合幼儿特点的幼儿园生活,就必须坚持以游戏为基本活动。在游戏活动中,既实现了教育目标,又满足了幼儿游戏的需要,让儿童拥有快乐的童年。游戏是童年幸福的象征。幼儿园以游戏为基本活动,正是要满足幼儿身心发展的需要,为幼儿创造符合他们年龄特点的幼儿园生活。

(三)幼儿园以游戏为基本活动是幼儿主动学习的必然要求

幼儿身心发展水平与学习特点决定了幼儿园教学不应以上课而应以游戏为基本途径。幼儿天生好动,记忆力、注意力、思维水平等正在发展,自由探索、主动学习的环境才能使他们更好地发展。我们应为幼儿创造一个主动探索、充分活动、发泄剩余精力的环境,游戏能满足幼儿的这种需要。幼儿可以在游戏中加深对事物的理解和认识,而不是单纯地记忆;在游戏中,每个幼儿都能得到不同的发展;在游戏中,幼儿好动的天性得到充分释放。

三、幼儿园以游戏为基本活动的实践要点

幼儿园以游戏为基本活动,根本目的是要创造以幼儿主体性活动为特征的幼儿园教育活动体系。其实践要点是把游戏活动的主体精神与有社会文化内容的教学因素结合起来,让幼儿在生动活泼的游戏和游戏化的活动中,积极主动地学习与发展。

(一)保证愉快有益的自由活动

幼儿游戏的时间是自由活动的时间。游戏发生的条件是自由活动,同时自由活动也是

游戏的特征。幼儿园以游戏为基本活动，要在幼儿园一日活动中保证幼儿有充足的自由活动时间，给幼儿创造自由游戏的机会。

1. 自由游戏的价值

在幼儿园教育活动中，自由游戏活动具有其他活动所不能取代的功能与作用。

自由游戏体现了幼儿的主体性。幼儿在自由游戏活动过程中，按照自己的主体地位和主体意愿，选择活动材料、主题及游戏的伙伴，选择使用活动材料的方式方法，即自己决定和谁玩以及怎么玩，按照自己确定的方式使周围的人和事物形成特定关系。在自由游戏中，可以让幼儿在主观上获得主体性体验，包括活动的自主自由感体验，对活动内容与方式的兴趣感体验，对事物、活动以及它们之间相互关系的支配感、胜任感体验，等等。

自由游戏能满足幼儿自由交往的需求。幼儿在自由游戏活动中不仅与游戏材料相互作用，而且与伙伴以及成人相互交往。幼儿在自由游戏活动中主要与伙伴交往。伙伴交往对于幼儿的发展来说，具有与在课堂教学活动中发生的师生交往同样重要，但又不是后者可以替代的作用与功能。所以，幼儿园一日生活中必须保证幼儿有自由活动的时间，让他们之间自由地交往与游戏。

自由游戏促进幼儿的认知发展及社会性发展。首先，自由游戏促进幼儿的认知发展。幼儿在自由游戏中，通过想象来表达角色的情感和对角色的认识，再现生活中的场景，并积极解决问题，具有一定的创造性。幼儿在这一过程中，想象力、创造力及思维水平都得到了不同程度的发展。其次，幼儿的社会性在自由游戏中得到很好的发展。在自由游戏特别是角色游戏中，幼儿要扮演不同的社会角色，这就要求幼儿对其所扮演的角色的情感、特点等有一定的认识；幼儿间协商沟通，有助于幼儿对他人观点的认识和理解；通过对人物活动的模仿，幼儿可以了解社会活动的形式及特点；等等。

2. 自由游戏的质量标准

自由游戏的质量标准是"愉快"和"有益"。幼儿在自由游戏活动中获得以兴趣感、自主感和胜任感为主的游戏性体验。这种游戏性体验让幼儿感到愉悦、自信。要使幼儿在游戏过程中获得这种游戏性体验，教师必须正确处理游戏中的主客体关系。游戏活动的主体不是教师而是幼儿，教师是教学活动的主体，教师对幼儿游戏活动的指导应以不改变游戏活动的主客体关系为前提。只有这样，幼儿才能真正在游戏过程中体验到"愉快"。

对幼儿的发展"有益"是检验自由活动质量的另一个重要标准。游戏环境的创设与材料的投放要适合幼儿的年龄特点与学习需要，这是保证自由游戏活动质量的基础。幼儿在游戏活动中是否感到"愉快"，是判断游戏活动是否对幼儿"有益"的前提。

游戏活动要成为有益的活动，有赖于教师对游戏活动的组织与指导，游戏环境创设与材料的投放是否适合幼儿的年龄特点与学习需要，既关系到游戏活动是否"愉快"，又关系到游戏活动是否"有益"。

（二）非游戏活动的游戏化

在幼儿园，除了保证幼儿的自由活动以外，教师有计划、有目的地组织集体活动是教育的重要途径。教师组织的有计划、有结构的教学活动不同于游戏活动，它往往以学科为基础，具有更强的系统性，可以丰富与扩展幼儿的知识经验。为了使以学科为基础的系统的教学内容对幼儿更有吸引力，需要把游戏活动的因素引入这种非游戏活动中，使非游戏活动游戏化。

非游戏活动游戏化需要注意幼儿游戏的主体性和游戏因素的作用。

1. 幼儿游戏的主体性

非游戏活动游戏化的根本目的是调动幼儿参与教师组织的教学活动的积极性，使学习活动主体化。因此，非游戏活动游戏化成功的关键不在于游戏的形式，不在于选取游戏因素数量的多少，而在于能否使幼儿在活动中处于主体地位，能否使他们真正产生游戏性体验。游戏因素作为教学活动的外部形式，必须与教学活动的内容和谐统一，避免为游戏化而追求游戏化的倾向。不能一味地在形式上追求多种游戏因素的运用，而不考虑游戏因素与教学因素的有机结合。如果一味追求用多种游戏因素去吸引幼儿，只会使幼儿处于毫无意义的激动与兴奋状态之中。经常如此，强化的只是幼儿对外加驱动力的依赖，而不能真正培养幼儿内在的学习兴趣，而且会导致教学游戏的庸俗化。

2. 游戏因素的作用

从游戏活动中提取可利用的游戏因素是非游戏活动游戏化的前提。可以利用的游戏因素与非游戏活动有机结合，能使幼儿在学习过程中更积极主动。游戏活动可以被分解为操作、动机与体验、人际关系、外部条件等构成要素。每一部分都蕴含着利用游戏因素来组织与改造非游戏活动的多种可能性。

在操作部分，可以利用的游戏因素有：自由操作，包括象征、探索、嬉戏与角色扮演等；被规范的操作，包括由玩具或游戏材料和性质所规定的结构性操作和人为限制的操作，如规则游戏中的动作。游戏动机可以分为内部动机、内部控制、直接动机。游戏性体验可分为兴趣性体验、自主性体验、胜任感体验、幽默感、驱力愉快。在伙伴关系方面，可以利用的游戏因素包括非对抗性的伙伴关系，如平行、协同、合作等；还有对抗性的伙伴关系，如竞赛。在外部条件方面，可以模拟游戏发生的物质环境，包括玩具或游戏材料、伙伴等；也可以模拟游戏发生的心理环境，包括自主选择活动材料、伙伴，自主决定活动的方向，没有外部压力；等等。

幼儿园集体教学活动中有游戏环节，这是否就是教学活动游戏化？

在 线 测 试

一、名词解释

幼儿园教育活动　活动性原则　开放式提问

二、选择题

1. 教师利用谜语"远看像只鸟，近看像只猫，晚上捉老鼠，白天睡大觉"来导入认识猫头鹰的活动。这种导入方式是（　　）。
　　A. 直观导入　　　　B. 演示导入　　　　C. 经验导入　　　　D. 作品导入

2. "有好奇心，能发现周围环境中有趣的事情"属于幼儿教育目标中的（　　）目标。
　　A. 语言领域　　　　B. 科学领域　　　　C. 健康领域　　　　D. 社会领域

3. 将教育任务有机地渗透在游戏和日常环节中的做法不正确的是（   ）。

　　A. 游戏是完成幼儿园教育目标的唯一途径
　　B. 在游戏和日常生活环节中有机渗透教育的任务
　　C. 应重视对幼儿游戏和日常生活中的学习指导
　　D. 教师应注意利用日常生活中的突发事件进行随机教育

4. 在组织"我和蔬菜做朋友"的活动后，教师在幼儿进餐时介绍当天所吃蔬菜的名称、主要特征、味道等，这样做体现了（   ）。

　　A. 科学发展性原则　　　　　　　　B. 思想教育性原则
　　C. 全面渗透性原则　　　　　　　　D. 启发探索性原则

5. 根据《幼儿园教育指导纲要（试行）》，幼儿园体育的重要目标是（   ）。

　　A. 获得比赛奖项　　　　　　　　　B. 培养运动人才
　　C. 培养幼儿对体育活动的兴趣　　　D. 训练技能

三、论述题

1. 从活动性质角度划分，幼儿园教育活动可以分为几种类型？
2. 教师观察幼儿的策略包括哪些？

真 题 训 练

一、选择题

1. 在幼儿园实践中某些教师认为幼儿进餐、睡眠、茶点等是保育，只有上课才是传授知识、发展智力的唯一途径，不注意利用各环节的教育价值，这种做法违反了（   ）。【2011年11月】

　　A. 发挥一日生活的整体功能原则　　B. 重视年龄特点和个体差异原则
　　C. 尊重儿童原则　　　　　　　　　D. 实践性原则

2. 幼儿园的教育内容是全面的、启蒙的，各领域的内容相互渗透，从不同角度促进幼儿（   ）等方面的发展。【2011年11月】

　　A. 知识、技能、能力、情感、态度　　B. 情感、态度、能力、知识、技能
　　C. 能力、情感、态度、知识、技能　　D. 情感、态度、知识、技能、能力

3. 幼儿园教学的基本方法是（   ）。【2011年11月】

　　A. 演示法　　　B. 范例法　　　C. 观察法　　　D. 示范法

4. 在幼儿教育活动中，最能为幼儿提供交谈机会的组织形式是（   ）。【2012年11月】

　　A. 全园活动　　　　　　　　　　　B. 班集体活动
　　C. 小组活动　　　　　　　　　　　D. 个别活动

5. 教育内容既要符合幼儿已有的发展水平，又要促使其进一步发展，这符合（   ）。【2012年11月】

　　A. 价值性原则　　　　　　　　　　B. 基础性原则
　　C. 发展适宜性原则　　　　　　　　D. 兴趣性原则

6. 某教师针对不同发展水平的幼儿提供了不同难度的操作材料,这遵循了(　　)。【2013年6月】

　　A. 活动性原则　　　　　　　　　　B. 直观性原则
　　C. 整体性原则　　　　　　　　　　D. 因材施教原则

二、简答题

在幼儿园领域教育活动中,为什么要关注幼儿学习与发展的整体性?请结合实例说明。【2014年11月】

三、材料分析题

下周一要开展手工活动,张老师要求家长给幼儿园准备废旧材料。周一那天,只有苗苗没带材料来,张老师不让她参加活动。苗苗站在一旁,看同伴活动,情绪很低落,一天都很少说话。回家后,苗苗冲爸爸大发脾气……【2013年11月】

问题:
（1）你认为张老师的做法适宜吗?为什么?
（2）你觉得张老师应该怎样做?

四、论述题

阅读下面材料,回答问题。

实习生小赵发现,在教学活动中,教师总是请某几个幼儿发言,有些幼儿茫然端坐,从不举手。她疑惑地询问一个不举手的幼儿,得到的回答是:"反正举了手老师也不会请我发言。"【2012年11月】

请从学前教育原则和教育公平的视角论述上述现象。

第八章参考答案

本章拓展阅读

美国高宽课程在世界范围内享有盛名,"计划—工作—回顾"是其教学活动生成、组织、实施的核心环节,也是高宽课程中既关键又独特的部分。它包括主动参与学习的所有要素。儿童在其中发展的能力,诸如积极主动、独立解决问题、与他人合作、积累知识和技能等,会一直延续并影响接下来的学校学习甚至是他们一生的思考和行为模式。

一、计划时间

计划时间,通常是10~15分钟,是计划—工作—回顾模式的开始。当幼儿进行计划时,他们有一个意图或目的。基于他们的年龄和交流能力,他们通常使用行动(拿起画笔)、手势(指向绘画区)或语言("我准备画一座房子")来表达他们的计划。

为了进行计划,儿童必须能够在脑海中勾勒一幅不存在的或者未发生的事情的图像。

计划不同于进行简单的选择，因为计划包含儿童关于想做什么以及他们想怎么做的具体思考。换句话说，计划比选择更具有目的性和意向性。正因为如此，我们描述婴儿和小的学步儿时用的是选择，而对于稍大一点儿的学步儿和幼儿园的孩子，则将其表述为计划。

认识到儿童会很快改变他们的计划也是很重要的。事实上，儿童经常在尝试自己的想法或者对他人的活动感兴趣时对自己的计划进行改变。这与成人根据事件展开的顺序改变他们计划的灵活性是相似的。因此，高宽课程不要求儿童必须坚持最初的计划，当儿童无法完成活动时，教师可以帮助他们展示新计划。儿童也可能会完成最初的计划，然后，通常会在教师的鼓励下想出一个新计划来继续他们的"工作"。具体表现如下。

（1）鼓励孩子们交流他们的想法、选择和决定。因为当教师重视儿童的计划时，儿童就渴望并主动地分享这些计划。

（2）提升儿童的自信心和掌控感。儿童凭借他们自己的能力做决定、解决问题并将自己的想法变为现实。

（3）引领儿童参与并专注于游戏。一般观点认为，相对于他人要求做的事情，人们更关注于自己选择的事情。这个观点也已被研究所证明。有研究者对英国高宽项目进行研究，发现有计划的儿童比没有计划的儿童开展了目的更为明确的游戏，并且专注时间更长。

（4）支持越来越复杂的游戏的发展。有计划的游戏和普通游戏不同，后者有更多的重复，也更随意和盲目。当孩子们执行有计划的游戏时，相较于普通的、未经过计划的游戏而言，孩子们会运用"更多想象力、注意力和智力"。孩子们在进行计划时也更有可能设定目标、学到新知识和技能并参与到复杂游戏中。牢记"孩子们会随着时间的推移而改变自己的计划"这一点是很重要的。尽管每个孩子处理计划的过程都是不同的，但记住这个基本原则还是十分必要的。

（5）随着儿童的发展，他们的计划会变得更为复杂和详细。刚好开始制订计划的幼儿可能只是简单地指向某一领域或是用一两个词语来表达计划。年长一些的幼儿和有经验的计划制订者能够制订出更为复杂的计划。

（6）计划是教师和儿童的合作。儿童表达他们的想法和意愿，教师则鼓励他们去思考如何实现这些想法。通过平等的交流，教师在儿童能力的基础上帮助他们通过手势和语言表达他们的计划。因此，计划是一个包含着合作的分享过程。

（7）计划仅仅是一个开始。儿童的计划仅仅是一个起点。一旦孩子表达出一些意愿，下一步就是在教师的支持和鼓励下，在工作时间实现这些计划。

二、工作时间

工作时间（计划—工作—回顾中的"工作"）是孩子实施计划的时间。这部分的活动大约持续45~60分钟。"游戏是儿童的工作"这一精神与高宽课程相一致，也是"工作时间"的要求。然而，"工作"更有目的性，因为孩子们在之前已经思考和描述了他们的目标。他们在游戏的过程中会遇到感兴趣的挑战并着手解决问题。

"工作"对于儿童有如下好处。

（1）允许儿童试试自己的计划并带着目的进行游戏。工作时间是儿童将想法付诸实践

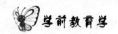

的时间。他们将自己看作"行动者",能够完成计划,达到预期目标。

（2）使儿童能够参与到社会性情境中。当儿童进行"工作"时,他们会自然地组成工程队或是组成不同规模的小组进行合作。即便是选择独自"工作"的儿童也能意识到周围的人和各种活动。

（3）为解决问题提供许多机会。因为儿童参与的是自己所规定的活动,他们有可能会遇到没有预料到的问题,例如,纸张过大而无法放入信封中,或者两个儿童想要同样的卡车。当儿童开始着手解决问题时,不管是独自解决还是有教师或者有同伴的协助,他们都将自己看作是有能力的问题解决者。

（4）使儿童能够构建自己的知识,发展新的技能。儿童在实施计划和解决问题时,会对世上的事和人产生新的理解,拓展读写、数学、科学、美术、音乐等方面的知识和技能。

（5）允许教师观察儿童的游戏并从中学习,对儿童的游戏给予支持。通过观察、支持并参与儿童的游戏,教师能够洞察每个孩子的发展。

三、回顾时间

高宽课程设计的"回顾时间"一般历时10~15分钟,用以鼓励儿童反思自己的活动以及在一天中学到了什么。对学前儿童来说,最容易记得的时间便是回忆的时间与事件发生的时间离得尽可能近的时候。学龄前儿童通常会回忆起他们最近做的事,因为这在他们头脑中印象最为清晰。当儿童能够在头脑中更长久、更细致地记住形象和观点时,他们更容易回忆起自己在工作时间中的活动顺序,甚至还能够回忆起最初的计划。回顾时间必须紧跟在工作时间和清理时间之后。

以上关于计划的讨论指出"计划时间"与普通的"自由选择时间"是不同的,因为制订计划时,儿童带有目的和意向,并对自己想要做的事以及该如何做产生具体的想法。与其相似,"回顾"与简单的"回忆"也是不同的。在回顾时间,儿童不仅要花时间去想自己做了什么,还要思考自己学到了什么。另外,教师鼓励儿童将观察到的东西与教师以及共同参与计划的小组成员进行分享,这一过程能够促进儿童思维和语言的发展。如果孩子能将他做的活动画下来或是写下来,教师还可以采用有助于发展读写技能的方式来呈现儿童的行为。作为"计划—工作—回顾"过程的最后一个步骤,"回顾"更有可能帮助儿童记忆学到的经验并将其应用于日后的行为和互动中。这些益处可以概括为以下几点。

（1）训练儿童形成并讨论心理图像的能力。回顾鼓励儿童对以往的事情形成心理图像并把自己的观点表达出来。

（2）巩固儿童对于经验和事件的理解。回顾帮助儿童检测自己的选择和行动以及物对人（儿童本身以及他人）的影响。

（3）扩展儿童对于"现在"以外的概念的意识。学龄前儿童生活在当下。通过帮助他们思考过去的事件以及他们是怎样受到影响的,教师能够帮助他们积累经验,并将这些经验运用到新的体验和学科学习中。

（4）公开儿童的体验。回顾是社会性互动的一种形式。在回顾时间,儿童是叙述者,讲述他们在工作时间发展的"故事"——也就是说,他们也是明星。当学前儿童逐渐成熟,他们就能够接受其他儿童对自己回忆的补充,也能够对他人讲述的故事加以充实。回顾成为一种分享,并能帮助儿童在他们的小集体中发展信任感。

(资料来源:安·S. 爱泼斯坦. 高宽课程的理论与实践:学前教育中的主动学习精要——认识高宽课程模式[M].霍力岩,等译. 北京:教育科学出版社,2012.)

学习评价与反思

_____
_____
_____

第九章　幼儿园教育的合作与衔接

本章导读

对幼儿的教育是从家庭开始的,家庭是幼儿成长的重要场所。社区作为幼儿生活最密切的社会环境,也是影响幼儿成长和发展的重要因素。想要发挥好幼儿园教育的主导作用,必须开展好和家庭、社区的合作,以及与小学教育的有效衔接,以便更好地促进幼儿身心健康的和谐发展。

学习目标

1. 了解家庭教育和社区教育的特点、作用、意义及其对幼儿园教育的影响,了解幼儿园与小学两个教育阶段的差异。

2. 掌握家园合作的内容和途径、社区教育资源的利用方法、幼小衔接工作的基本方法,掌握指导家长科学育儿、做好幼儿入学准备的工作方法。

3. 树立团队合作意识,尊重家长,正确认识和对待幼儿教育中的"小学化"现象。

学习重点

掌握家庭、社区、幼儿园合作的内容与方法。

思维导图

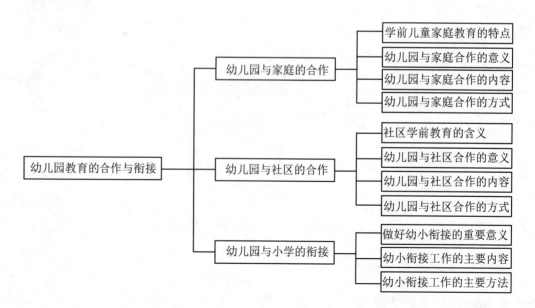

第一节　幼儿园与家庭的合作

典型案例

金华蓝郡国际幼儿园是市区一所知名的高档幼儿园。最近园方给家长们发放了一张"班级微信群公约",在公约里罗列了十四条规定,为家长和教师在微信群里的聊天内容和范围纠偏。公约提倡家长交流亲子活动内容,为班级活动献计献策,学习科学育儿知识、教育理念和方法,推荐优质教育资源或好文,报道班级的正能量新闻,等等。同时公约也画出了一些红线,如不发不文明的语言和图片以及网络游戏链接、不发涉及影响班级团队氛围的内容、不发聊天争吵内容、不发对他人进行人身攻击的内容。公约不但给家长提出了要求,也写明了与教师沟通时的注意事项:老师上班时间不上微信,不接电话;老师下班后,家长用微信和电话询问孩子在园情况不超过 5 分钟,以免影响老师休息。为什么金华蓝郡国际幼儿园要制定"班级微信群公约"呢?什么是家园合作?除了微信之外,家园合作的方式有哪些?

案例点评

家园合作是目前幼儿园教育的趋势,通过微信、QQ、手机等方式,幼儿园和家庭实现了亲密的来往,幼儿园与家庭在孩子的教育上都有其不同的特点,二者结合更有利于实现孩子全面发展,完善孩子的教育。

一、学前儿童家庭教育的特点

家庭是儿童社会化的第一个社会环境以及继续社会化的重要场所。家庭教育是年长者在家庭中对其子女或者年幼的孩子实施的教育和影响,在整个教育体系中占据着主要的地位。家庭教育与其他教育相比,具有以下特点。

(一)家庭教育的积极特点

1. 早期性与终身性

儿童最早诞生于家庭中,在家庭中成长,从家庭走入学校,再由学校走进社会。家庭在儿童早期的人格形成、价值观念塑造过程中起着举足轻重的作用。家长与孩子的相处是长期的,因此,家庭教育对儿童的影响是持久的、终身的。家庭教育的方式直接影响着孩子成长为一个怎样的人,有研究表明,亲子关系和早期家庭教育是儿童社会化和人格发展的核心和主要动因,对儿童的成长有着决定性的影响。亲子关系不良,会影响儿童身体和智力的发育,以致问题行为的发生,如精神障碍、犯罪倾向等。亲子关系中,母子关系被认为是影响儿童行为问题的重要因素。不良的母子关系更容易使儿童出现行为问题,和谐的母子关系则会使儿童出现亲社会行为。

2. 权威性与情感性

儿童与家长具有天然的血缘关系,这种特殊的生物关系使得孩子对于父母有着天然的依赖性。与其他家庭成员相比，儿童更愿意听从父母，重视双方的情感联结。在长期的家庭生活中，亲子之间自然而然形成了亲密无间的关系，而儿童在成长过程中所需要的一切物质生活资料都来源于父母，孩子对于世界的认知来源于父母，因此，在学前儿童的心中，父母具有权威的力量。

3. 普遍性与个体性

每一户家庭都是家庭教育开展的场所，每一户家庭成员都是家庭教育的教育者，家庭生活的各个环节都存在着家庭教育，家庭教育具有普遍性的特点。如果每一户家庭的家庭教育水平都得到提升，那么生活在其中的儿童就会受到更高质量的教育，整个社会便能从总体上得到进一步发展。每一户家庭的家庭成员都有其独特的经历，每一户家庭的教养方式、家庭经济、文化、社会资本状况有其独特的特点，每一个儿童都有其与众不同的个性与气质，这些独特性使得每一户家庭都是独一无二的，因此每一户家庭的教育也都有与其他人不同的特点，这些不同抚养出了独一无二的孩子。家庭教育针对家庭中的每一个儿童而展开，这种教育经历是其他教育所无法替代的，家庭教育是个体的。家庭教育既有着家庭教育者的经验，是长久的、持续不断的教育，也随着家庭生活中偶然事件的出现而产生，因此，家庭教育又是连续的、随机的。

（二）家庭教育的局限性

1. 家庭教育条件的不平衡

赵忠心认为家庭教育的突出特点是家庭教育与家庭生活环境具有一致性。即家长教育子女的实践过程是在家庭的日常生活中进行的，家庭教育与家庭生活是融为一体的；其次，家庭是子女的生活条件和环境，这是一种潜在的教育因素。他认为，构成家庭生活环境的因素包括家庭结构、家庭经济生活状况、家庭成员之间的关系和家庭生活方式等。家庭环境指的是人生活在家庭中能影响自身的一切条件的综合，这个条件包括外部条件和内部条件。外部条件包括自然环境、家庭物质条件、家庭结构、家庭关系等，内部条件指的是精神和文化层面的条件。

从家庭环境的角度来说，家庭教育条件的构成比较复杂，每户家庭的家庭条件不一致，这导致了家庭教育的不平衡。家庭物质条件在一定程度上决定了家庭物质环境的状态。相对来说，家庭条件富裕的家庭可以为孩子提供更多的学习机会，如乐器、舞蹈、美术等各种兴趣班的学习都需要家庭有一定的条件去提供。经济条件较好的家庭能够为子女提供一个舒适的生活环境，也可以进行更多的智力投资；而经济条件相对较低的家庭，更多地会考虑家庭生计问题，如留守儿童和贫困家庭的儿童的父母，更多地需要为维持家庭的日常开支而忙碌，他们对子女教育的支出相对比较低，受经济条件的限制，孩子的教育情况也会受到一定的影响。家庭文化作为社会文化的组成部分，是家庭和家庭成员在长期共同生活中形成的各种文化形态的综合体。家庭生活的各个环节都存在着家庭文化，生活在其中的每一个家庭成员都受到家庭文化的影响，同时也影响着家庭文化。家庭文化从属于社会文化，家庭文化的内容形式受到社会文化、历史文化、阶级文化、地区文化等的影响。除此之外，家庭成员的受教育水平、教育认知、职业等也都是影响家庭文化的重要因素。文化发达地区、家长受教育水平高的家庭与文化贫瘠地区的家庭在家庭文化上有着明显的差异，其子女受到的教育也具有差异性。

家庭教育条件的差异性导致了儿童接受家庭教育的质量参差不齐,这直接影响着儿童的成长与发展。

2. 家庭教育的实施者具有差异性

学前儿童家庭教育的质量取决于抚养者的文化水平、受教育程度、性格、教养方式等,不同的抚养者,学前儿童的受教育质量具有极大的差别。父母受教育程度往往决定了家庭能达到的社会地位和获取的资源,根据家庭投资模型（Family Investment Model）,受教育水平越高的父母,为孩子提供的社会资源越丰富,并创设更优良的生活、学习环境,从而有助于儿童认知水平和社会技能的提高。我国的李惠云、乔晓熔对初入小学儿童的识字量、注意力等认知能力以及适应性等社会情绪行为与父母受教育程度的关系进行研究,发现父母受教育程度对儿童的识字量、发散思维以及适应性等具有显著影响。学者关颖对父母教养方式和儿童的社会性发展做了相关研究,她认为,与专制型和放纵型教育相比,民主型教育方式更有利于儿童的发展,放任型的父母给予孩子更多的自由有利于儿童的社会性发展,但是这样的父母给予孩子较少的教育,这是不负责任的行为,而专制型父母则会导致儿童的社会适应能力较低。陶沙等人在1994年进行了"3～6岁儿童母亲的教育方式及影响因素的研究",结果发现,母亲的教育程度和职业对其教育方式有显著影响。

家庭教育的实施者对于儿童的发展具有显著的影响,但受现实条件的限制,并非所有家长都受过较高的教育,其家庭教养方式也具有个人特色,因此,学前儿童受到的家庭教育是具有差异性的,这种差异导致了孩子发展的不平衡。

（三）我国家庭教育中存在的问题

1. 教育责任的转移

中国传统文化讲究孝道,当祖辈年迈时,父母就承担起照顾老人的职责,因此,在中国家庭结构中,有不少家庭为主干家庭。在主干家庭中,祖父母通常协助父母照顾、教育第三代成员,弥补父母因上班等缘故缺乏时间和精力,无法更好地教养子女的弊端。祖父辈成员一般是已退休的老年人,有更多的时间和精力照顾家庭,能够更好地帮助第二代家庭成员料理家务,照顾第三代成员,能够及时了解第三代成员的情况,并反馈给孩子的父母,使孩子的父母能够全面了解孩子的情况,并进行有针对性的教育。作为已将孩子抚养长大的祖父辈,在养育子女方面有着丰富的经验,而新一代父母则接受了新的教育理念和教育方法,因此在教育和养育第三代成员上,两代父母可以取长补短,共同养育孩子,对于孩子的成长与教育来说,这是一种得天独厚的优势。

但主干家庭中也更容易出现问题,特别是对于孩子的教育。由于家庭成员层级较多,教育者不仅是父母,也有祖父母,年龄差距大,思想、观念、教育方法等方面都具有较多的差异,在这样的情况下,两代教育者之间更容易出现矛盾。而基于立场和身份的不同,祖父辈更容易向第三代妥协,与子女之间在教育上更难取得一致性,也因此,在教育孩子的问题上,可能出现教育效果不强,或者相互抵消的情况。

一方面,受现实的压力,父母不得不将照顾、教育子女的责任转移到祖父母、托幼机构的身上,寻求外界的帮助是父母平衡工作和家庭的重要方式;另一方面,教育责任的转移导致父母在孩子家庭教育上花费的时间和精力大大降低,孩子没有得到有效的陪伴与教育使得家庭教育的质量不断降低,教育问题不断出现。

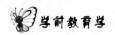

2. 电子玩伴代替父母的陪伴

时代不断发展，越来越多的电子产品出现在人们的生活中，电视、电脑、手机等出现低幼化的趋势。电子阅读器、电子识字书、电子故事玩具、电子宠物等智能玩具进入每一户家庭，亲子陪伴变成了电子陪伴，原本的亲子阅读活动变成了电子产品阅读活动，电子游戏逐渐占据了原本的亲子互动时间。信息时代的到来给我们的生活带来了极大的便利，是人类文明进步的标志，但是，信息时代也给家庭教育带来了负面的影响。通过电子产品和网络，孩子们能够知道许多的消息，获得许多的知识，但是这些信息大多数是不加以筛选的，很多时候，一些有害的信息难以被成人察觉，孩子们会在不知不觉中进行模仿，这导致的严重后果是难以想象的。

有趣的玩法、生动的画面、吸引人的特效等使得电子产品成为孩子生活中不可分割的部分，家长们为了更好地节约时间处理自己的事务，往往也会放任孩子去接触电子产品，可以说，现代社会，电子产品与孩子相处的时间要远远超越亲子相处的时间。但冰冷的电子产品无法代替父母的温暖陪伴，教育是有温度的活动，电子产品的出现恰恰导致了孩子童年的消逝。

二、幼儿园与家庭合作的意义

开展家园合作是当前幼儿园教育的一种发展趋势，幼儿园与家庭在学前儿童教育上都有其特点及优势，对于孩子的成长而言，家庭与幼儿园都扮演着重要的角色，幼儿园与家庭在教育上是紧密相连的关系。如果家庭教育与幼儿园教育在教育理念、教育措施、教育评价上得不到有效统一，那么，这很可能导致家园教育在儿童教育上产生反向的作用，使得我们的教育成效远远低于理想状态。因此，建立家园合作关系，促进家园教育的理念统一，实现家园资源的共享对于孩子的成长有着不可忽视的重要意义。

（一）家园合作有助于学前教育阶段相关政策的有效执行与进一步完善

《幼儿园教育指导纲要（试行）》在家园合作方面指出："家庭是幼儿园重要的合作伙伴。应本着尊重、平等、合作的原则，争取家长的理解、支持和主动参与，并积极支持、帮助家长提高教育能力。"并且强调，家园合作的核心是幼儿园和家庭都把自己当作促进幼儿发展的主体，双方积极主动地相互了解、相互配合、相互支持，通过幼儿园与家庭的双向互动共同促进儿童的身心发展。家园合作一方面有利于家长了解国家、幼儿园对学前教育的政策方针及相关的规章制度，密切配合幼儿园的工作；另一方面，幼儿园通过家长的反馈意见，也能更好地思考现有的政策方针、规章制度的可行性与有效性，不断进行自我完善，将指导性文件真正落实到现实教育中，更好地促进儿童的全面、可持续发展。

（二）家园合作有助于促进幼儿身心健康和谐的发展

学前教育机构与家庭开展合作活动，对于孩子德、智、体、美等诸多方面的发展都有着重要的意义。2003年，国际儿童教育协会（International Child Education Association，ICEA）出版了《21世纪低幼儿童教养指南》（*A Guide to Young Children in the 21st Century*），指出："保教人员要将每个儿童的个别进展情况告知父母或家人；保教人员要使用家长易于理解的语言，就儿童的发展过程或家长关心的话题经常与家长进行讨论和协商；保教人员要用正式或非正式的形式为家长做儿童年度发展总结报告；幼儿园要制定让家长参园所活动的指南，让家长能够获取关于子女发展和学习方面的信息；幼儿园要与家庭建立合作关系，以督查儿童的进展与评价。"国内外都十分重视家园合作，积极推动家园合作，通过家园合作，家庭与幼儿园之间可以实现信息的共通有无，有效推动家庭与幼儿园资源的整合，促进幼儿健康和谐的发展。

（三）家园合作有助于家长改变教育观念，形成科学的教育观

作为专业的教育机构，幼儿园教师都经过严格的学习，持证上岗，拥有科学的教育知识，能够帮助家长解决家庭教育过程中遇到的种种教育问题。通过长时间的沟通与交流，家长能够一步步提升自我对于学前教育的认识，了解儿童身心发展的规律，在教育措施上不断科学化、有效化。在合作过程中，家长与幼儿园能够实现理念的统一，合力促进儿童的发展，提高教育质量。

（四）家园合作有助于对社会资源的灵活运用

幼儿园的家长来自各行各业，有着不同的文化背景，丰富的家长资源能够给学前教育机构带来丰富的教育内容，如：医生家长可以帮助孩子提升对于健康的认知；警察家长可以帮助孩子关注自身安全，学会如何自我保护；等等。家长资源对于幼儿园的发展起着重要的支持作用，能够帮助幼儿园更好地教育儿童。教师利用好这些资源，能使教育活动更加生动、直观，产生倍增效应。

三、幼儿园与家庭合作的内容

（一）幼儿园主动沟通，引导家长参与到幼儿园教育中

家庭是儿童生活的第一场所，在儿童个性发展、行为习惯的养成方面有着不可替代的作用，因此，家长参与幼儿园教育对于孩子的成长有着不可估量的作用。家长参与幼儿园的教育包括以下几个方面。

（1）家长具有知情权。家长应及时了解幼儿园的相关规章制度、管理体制、教育措施等内容。

尊重家长的知情权是幼儿园与家庭合作的保障，甚至可以说，家长对于幼儿园信息掌握的多少，直接影响着家长与幼儿园合作的质量。了解是合作的基础，儿童入园时，幼儿园应该向家长提供幼儿园的规章制度、教学质量、教师情况、收费标准及儿童受教育的情况等信息，这些信息应该随着时间的推移不断地更新并重新反馈给家长，在经过家园沟通后，幼儿园根据家长的意见与需求适时地调整相应的管理、教学、教育等措施，真正实现家长的知情权与参与权，充分尊重家园合作中家长的重要地位，促进家庭与幼儿园的紧密关系。

（2）发挥家长的监督作用，保障家长参与幼儿园管理的力度。家庭、社区、幼儿园共同构成了儿童成长的重要环境。作为儿童的父母，家长们对于孩子成长的关心要强于任何人。他们对于孩子的成长抱有极大的责任感，家长们会高度关注幼儿园的发展状况，因此，家长参与到幼儿园的管理中，有利于家长从自身的角度为幼儿园的发展提供一些宝贵的建议或者意见，家长参与幼儿园管理也是教育机构民主化、科学化和以人为本的体现。家长在参与管理的过程中，群策群力，为幼儿园的发展献计献策，通过集体的力量来推动幼儿

园的建设，为孩子健康的成长提供良好的环境。

幼儿园评价能够更好地了解学前教育的适宜性，有助于调整和改进，促进孩子身心和谐发展。家园合作开展幼儿发展评价是学前教育质量评价的重要抓手，也是贯彻"幼儿发展评价主体多元化"理念的重要方式。因此，世界各国关于家园合作评价的政策相应出台。2006年，全美幼儿教育协会（National Association for the Education of Young Children，NAEYC）正式运行了《幼儿教育机构质量标准与认证体系》（Early Childhood Program Standards and Accreditation Criteria），从而形成了系统的幼儿教育机构质量评价认证制度。在"儿童发展评价"领域，该文件明确提出："幼儿教育机构应该持续、系统地对儿童的发展做出评价，评价必须是基于机构与家庭的双向交流；幼儿教育机构要为家庭提供评价方法；教育机构、家庭及相关专家必须定期举行会议讨论幼儿在家庭和课堂上的发展情况。"2012年，英国标准与测试局（Standards and Testing Agency，STA）制定了《早期基础阶段概要手册》（Early Years Foundation Stage Profile Handbook），指出早期基础阶段（0～5岁）儿童发展评价包括儿童、家长和其他相关成年人在内的一系列观点，这是准确、可靠的儿童发展评价的原则和基础。

施瓦布在其实践课程中提出了课程的开发模式——集体审议。施瓦布提出，集体审议的主体是"课程集体"（Curriculum Group），它是以学校为基础建立起来的，由校长、教师、学生、社区代表、课程专家、心理学家和社会学家等人员组成，从中选出一位主席来领导整个审议过程。家长参与到幼儿园课程的选择与制定中，这是发挥集体智慧的要求。多元化的集体课程制定有利于发挥各个参与者的资源，融合集体的力量，实现幼儿园课程的完善与发展，保证教学效果，切实促进儿童身心发展。

（二）充分利用家长资源，提高幼儿园保教质量

家长是重要的教育力量，家园合作有利于提高幼儿园的保教质量。家长在教育中具有权威性，能够根据孩子的发展有针对性地实施教育，但容易受情感及教育者素质影响，与幼儿园的集体化教育相比，家庭教育更具有个性化的特点。在教育上，家庭与幼儿园起着互补的作用。幼儿园教师可以通过家长的描述获得孩子的个性特点、发展状况和教育特征，通过家长，教师可以更加具体地了解每一个孩子，更加有针对性地实施教育。家长不仅是幼儿园的合作者，也是教育信息的重要来源。

学生家长的身份多种多样，有着不同的职业背景和文化特征，通过整合家长资源，如开展家长课堂等方式，可以充分利用家长资源，将家长资源与幼儿园资源相融合，完善幼儿园课程，使幼儿园教育计划更加可行、更加有效。通过家长的配合，家园合作的教育效果要远远大于"1+1=2"。家长对于幼儿园工作的认同与参与，也是保证幼儿园活动顺利进行的前提，家长的密切配合有利于激发幼儿教师的成就感与行动力。家园合作能够使幼儿园不断改进工作，共同提高保教质量。

四、幼儿园与家庭合作的方式

（一）集体性的家园合作活动

1. 家长委员会

家长委员会（其工作职责一是协助幼儿园管理，二是反映家长的需要和意见；另外，

家长委员还帮助教师做一些事务性工作,如收集幼儿园所需的废旧物品、帮助修理玩具等)是幼儿园与家庭沟通的主要方式,对于家园合作起着协调作用。它是由家长代表成立的组织,代表全体家长参与幼儿园民主管理,支持和监督幼儿园做好教育工作的群众性自治组织,是幼儿园联系儿童家长的桥梁和纽带。家长委员会代表一般不限制人数,幼儿园可以为他们提供商议讨论的场地。

2. 家长会

家长会一般是由学校或教师发起的,面向学生、学生家长,以及教师的交流、互动,介绍性的会议或活动。家长会类型从规模上可分为全园、年级、班级家长会;从时间上可分为学期初、中、末家长会;从年龄上可分为小、中、大班家长会;从身份上可分为祖辈、父母、父亲、母亲家长会;从内容上可分为专家讲座、辨析会、经验交流会、专题讨论会。会议内容包括向家长汇报幼儿园工作,反映幼儿情况,发动家长配合幼儿园工作,等等。

家长会举行要避免"一言堂",营造良好的沟通氛围,鼓励家长积极参与,踊跃发言,大胆进行经验的沟通与交流。家长会的目的是为了提供一个家长与教师畅所欲言的场所,在沟通交流中实现家园共育,家园合力促进儿童的发展。

3. 家园联系栏

"家园联系栏"是以文字、图片等形式定期对家长进行指导的一种方式,一般设立在园内明显处或者班级门口。主要内容包括:

(1)班级教育工作安排:月教育计划、本周活动安排、一日作息制度、主题教育方案。

(2)家长协作与教育指导:请你关注、请你配合、请你告诉我、家教有方。

(3)幼儿的成长进步:精彩瞬间、明星宝宝、我很棒、我学会了、我进步了。

(二)个别化的家园合作活动

1. 个别家长面谈

面谈是家长与教师一对一的沟通交流方式,面谈内容更加具体,更有针对性,对于个别家长提升教育水平,帮助儿童健康成长有着指导性的作用。面谈包括接送时的交谈和家访等。面谈还可以分为针对幼儿问题的随机个别面谈和定期的家长面谈。针对幼儿问题的随机个别面谈需要预约与准备,最好两个老师一起面谈,一个主谈一个记录。面谈可能需要进行多次。定期的家长面谈一般是为了交流幼儿学习与发展情况。通常在期末,要求教师对幼儿的学习与发展情况有较细致的观察。

家访是进行个别家庭教育指导的一种常用、有效的方式。教师要针对儿童的实际情况把握家访时机,上门了解儿童及其家庭情况,以便有针对性地实施教育。

2. 家园联系手册

家园联系手册用来提供幼儿在园的主要学习与发展情况,以及需要家长配合的事项,是幼儿园经常使用的与家长联系的一个重要方式。家园联系手册一般包括幼儿基本情况、班级教师情况、家庭情况、月教育重点及幼儿表现、教师对家庭教育的建议、家长对班级工作的建议等内容。

(三)幼儿园与家庭合作方式存在的问题

除以上内容外,幼儿园与家庭的合作方式还包括家长开放日活动、家长学校、电话、

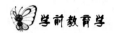

微信、QQ 等，合作方式十分丰富，一定程度上保证了幼儿园与家庭合作的质量与深度。但是，幼儿园与家庭合作仍旧存在一些问题。

通过对前人的研究梳理，幼儿园与家庭合作的问题主要集中在以下几个方面。

（1）在幼儿园与家庭合作的关系中，大多数时候家长处于服从地位，教师处于权威地位。幼儿园开展的各项活动很多时候仍旧是从幼儿园的需求出发，以幼儿园为中心，要求家长配合幼儿园的工作，这就导致了很多时候家长对于幼儿园的活动一无所知或者一知半解，使得家庭与幼儿园的活动得不到有效衔接，家园合作的效果往往不尽如人意。

（2）家园合作还不够深入，较多停留在表面。如一些家长会或者家长座谈会，大多数都是教师讲，家长听的状态；校园开放日活动则是教师做，家长参观，仅仅从环创、临时的教学活动展示、儿童表演等方面开展，家长并没有真正了解幼儿园的状况，幼儿园也并没有将其问题与家长共同沟通交流。

（3）部分幼儿园对家长盲目迁就。特别是一些私立幼儿园，受限于招生及幼儿园的利益，并没有充分发挥其专业教育的引导作用，反而全盘接受家长的要求，不进行筛选，甚至在部分幼儿园，还出现为了迁就家长而开展识字、读拼音、学算术等小学阶段课程的现象。

结合实习进行，在以下两个题目中任选一题：

1. 实习幼儿园家园共育状况调查

请设计一个简要的访谈提纲，了解家园共育的主要内容、教师或家长在家园共育或家庭教育方面遭遇的主要困难与挑战，以及他们应对困难与挑战的主要策略。他们在家园共育或家庭教育上得到了哪些支持，他们还期待得到一些什么样的支持？运用这一提纲访谈你实习班级的主班或配班，或某位幼儿家长。请将你的访谈与思考整理成文。

2. 记录一个家园共育事件或活动案例

要求：详细描述事件或活动历程，并用相关理论分析教育效果及教师或家长实施共育的好经验或存在的问题。不少于 1 000 字。

第二节 幼儿园与社区的合作

典型案例

H 市的 N 小区要举办中秋节活动，社区工作人员对小区进行了装扮，挂上了各式各样的灯笼，这些灯笼有的精致美丽，有的造型奇特，有的创意十足，有的简单朴素，这些灯笼都是小区居民与社区幼儿园的孩子们一起制作的。中秋节前一周，幼儿园和社区联合组织了一场"制作中秋节花灯"的活动，社区的成员积极参与进来，群策群力，不仅制作了美丽的花灯，还一起筹备了一场喜迎中秋的晚会。为了配合社区的中秋节庆祝活动，幼儿园的老师和孩子们紧锣密鼓地排练了歌唱、舞蹈、小品等节目，打算在社区中秋节活动中闪亮登场。

案例点评

随着社会的发展，社区管理越来越完善，社区活动不断丰富，社区文化气息直接影响着生活在其中的幼儿，社区教育也是幼儿教育的一个重要组成部分。完善幼儿园与社区的合作有利于推动幼儿园教育事业的发展。

2016年6月，教育部、民政部等九个部门发布《关于进一步推进社区教育发展的意见》，提出2020年我国初步形成社区教育治理体系，"基本形成具有中国特色的社区教育发展模式"，文件明确指出社区教育是我国教育事业的重要组成部分，是社区建设的重要内容。我们要按照"以人为本，需求导向""社区为根，特色发展""统筹协调，整合资源""改革引领，创新驱动"的原则推进社区教育发展，努力构筑学校（幼儿园）、家庭、社区"三结合"的未成年教育网络，为儿童健康成长营造良好环境。

一、社区学前教育的含义

"社区"一词源于拉丁语Communist，意思即伴侣或共同的关系和感情，"社区"一词最早由德国社会学家滕尼斯（F. Tonnies）于1887年提出，我国学者在20世纪30年代将其译成中文"社区"。社区是我们生活中不可缺少的一个具备多种元素的基础机构，主要指在一定的地理位置、空间及环境的影响下，通过人们在长期的生活交往中形成的一种以生活为主要内涵的共同体。

"社区教育"最早源于美国教育学家杜威。杜威在1916年出版的《民主主义与教育》一书中提出"学校即社会"的思想。北京大学袁方教授在《社会学百科辞典》中指出社区教育是一种跨出学校或者学院范围的教育工作形式。社区教育请社区人员参加，他们可以作为学生也可以作为老师，或两者都兼任。社区教育的意图是为整个社区的利益服务。根据我国教育部2000年发布的《关于在部分地区开展社区教育实验工作的通知》，社区教育是指为了提高社区成员生活质量和整体素质，推动经济和社会发展，在一定区域范围内利用各种教育资源开展的教育活动。

二、幼儿园与社区合作的意义

布朗芬布伦纳根据系统与发展的个体相互作用的程度，按照由内向外的顺序将系统分为微观系统、中间系统、外层系统、宏观系统和时间系统，相互作用的5个环境系统对儿童的发展产生影响。微观系统即包含发展中个体在内的，与个体产生最直接互动的环境（如学校、家庭、社区等），它是儿童直接生活在其中、与儿童生活和发展联系最密切、作用最大的环境。对人产生直接作用的微观环境也是相互联系的，这些微观环境之间的相互联系和相互作用就构成了中间系统。中间系统是指两个或多个微观系统之间的相互联系和相互作用，如果微观系统之间有较强的积极的联系，那么发展可能实现最优化，相反，微观系统间非积极的联系会产生消极的后果。外层系统指个体并未直接参与，但是却会受到影响。如父母的工作环境会对个体产生影响。宏观系统指的是个体所处的大的或亚环境，如相同的文化价值观。时间系统强调生态环境中的任何变化都会影响个体的发展。根据布朗芬布伦纳的社会生态范式，孩子与父母不是孤立存在的，他们是在整体的生态情境中进行互动的，这些互动从家庭延伸到邻居、学校、社区和大的文化环境中。

对于儿童的发展来说，影响其成长的因素是多种多样的，家庭、学校及社区都是影响孩子成长的重要环境，这3个环境并不是割裂的、独立的存在，甚至我们可以说，孩子的成长是在三者的共同作用下发展的，3个环境之间相互影响，其中一个环境发生了变化，那么生活在其中的儿童也会受到直接的影响，因此，家庭、幼儿园及社区的合作是保证儿童健康成长的必要条件。《幼儿园工作规程》第五十五条规定："幼儿园应当加强与社区的联系与合作，面向社区宣传科学育儿知识，开展灵活多样的公益性早期教育服务，争取社区对幼儿园的多方面支持。"作为教育资源丰富、教育相对集中的幼儿园应该承担起积极主动的联络作用，充分利用家庭、社区中的有利资源对儿童进行全方位的教育，同时应避免在这过程中出现的负面作用，实现幼儿园、家庭及社区的有机结合，为儿童的成长营造一个良好的环境。

三、幼儿园与社区合作的内容

（一）挖掘社区资源，弥补幼儿园教育资源的不足

1. 人力资源

社区的居民来自各行各业，有着不同的年龄结构，具有丰富的知识和经验，是幼儿园在管理与教学过程中不可缺少的人力资源。社区人力资源包括：① 各行各业的专业人员，这些专业人员能够为孩子提供更加专业、具体的教育内容；② 热爱教育事业，愿意为教育贡献自己力量的热心人士；③ 年长的退休人员，这部分人员是社区内最有活力的人员，愿意为社区、幼儿园的各项活动贡献自己的力量。

目前许多幼儿园已经开始整合社区的人力资源。例如，将牙科医生请进幼儿园，参与幼儿园组织的有关牙齿健康的活动，或者幼儿园教师带着孩子们走出幼儿园，进入社区牙科诊所，观察牙医的工作，了解牙齿的相关知识；在端午节、中秋节等中国传统节日，社区可以与幼儿园联合，共同举办节日活动，把社区变为孩子们的活动场所，让孩子们在生活中学习相关的节日知识；等等。

2. 物质资源

社区的物质资源包括社区的自然资源、配套设施设备、行政机构、公司单位、企业等社会组织。学前教育并不是仅仅在幼儿园开展的教育，生活即教育，儿童的生活就是教育，儿童的活动场所就是教育的场所，教育要从班级、幼儿园走出去，让孩子体验自然的美丽，学会欣赏自然的美，激发孩子热爱自然、热爱生活的情感。幼儿园开展的教育都是围绕孩子的生活场景展开的，带领孩子回到他们生活的环境更能够丰富孩子的生活经验，使他们在自然的情境下，自然而然地获取新的知识，在生活中不断地成长与自我完善。社区提供的物质资源使得教育从课堂延伸出来，使幼儿园的课程走出校门，把生活变成教材，课程生活化，教育自然化。

3. 文化资源

每一个地区都蕴含着丰富的文化资源。每一个社区成员都有着不同的文化背景，受过不同的文化教育，这些文化中的人又构成了社区的文化，而社区又是国家、地方的组成部分，受到当地文化的影响。社区的传统文化、民风民俗、道德观念、价值判断、生活方式、审美情趣、人员结构等构成了这个社区独有的文化背景，这些文化底蕴影响着生活在其中的儿童，而作为社区的构成，幼儿园也在受社区文化的影响。社区文化是幼儿园资源的重要来源，也是幼儿园课程开发与实施的重要依据。

（二）发挥自身资源优势，反哺社区发展

1. 开放幼儿园教育资源，与社区形成资源共享

幼儿园有着丰富的儿童娱乐设施、多种多样的游戏器材、完善的幼儿园图书馆等儿童资源，这些资源在适当情况下可以与社区成员共享。如周末、晚上及节假日，大型娱乐设施及操场等可以对社区成员开放，允许社区成员自由使用；图书馆的图书允许社区成员借阅；空闲的玩具可以让社区的孩子们共同玩耍；等等。2001年年底，青岛市首批社区"玩具图书馆"在市南区湖南路幼儿园、晨光幼儿园等3所幼儿园同时出现，接纳社区幼儿前来借玩具、图书，使幼儿有更多的机会与其他幼儿进行接触交往，发展良好的同伴关系，促进幼儿社会性的发展。

2. 发挥幼儿园的教育特长，服务社区教育

作为专业的教育机构，幼儿园有着科学的教育知识储备。幼儿园教师经过严格的训练获得科学的教育理念、丰富的教育知识、有效的教育措施，这些经验丰富的专业师资力量，有计划、有组织的教育内容和活动组织，可以为社区提供更好的教育资源。通过讲座、家长学校、亲子活动等，幼儿园可以将科学的育儿观带给家长，帮助家长寻找适合自己孩子的教育方式，提高育儿水平，进而改进社区的育儿环境。

四、幼儿园与社区合作的方式

（一）挖掘社区人力资源，建构幼儿园与社区合作组织，形成共育网络

1. 成立家、园、社区协作委员会

家庭、幼儿园、社区委员会由家长、幼儿园教师、社区工作人员、社区居民等人员组成。通过协作委员会的协调作用，充分整合家庭、社区、幼儿园资源，实现资源优势互补，加强家庭、社区、幼儿园合作的效果。

2. 成立家、园、社区育儿团队

社区中的成员来自各行各业，掌握各种技能与知识，教育工作人员可以为社区居民提供科学的育儿知识，卫生系统工作人员可以帮助家长形成健康的育儿方法，各行业人才可以配合幼儿园课程开展各项活动，把课程生活化、直观化。育儿团队可以定期开展讲座、育儿论坛、育儿研讨会等活动，帮助社区居民建立正确的育儿观、学习科学育儿方法，共同促进儿童的发展。

（二）整合社区教育资源，形成共育互动平台

1. 建立资源共享库

社区拥有丰富的物质资源、人力资源和文化资源，幼儿园有着科学的教育资源，社区与幼儿园利用现代化技术手段，梳理社区与家庭、幼儿园资源，提取有利于支持儿童发展、幼儿园课程开发的资源，实现资源的整合，通过资源整合提高资源的利用率，促进幼儿园的发展及社区教育的建设。

2. 建立社区教育服务站

幼儿园进入社区，为社区居民定时开放幼儿园场所，提供孩子活动的场所，建立咨询服务中心，为居民解决教育中遇到的困惑与问题。通过交流与沟通，幼儿园可以根据生活

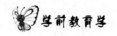

中的教育问题进行反思，与时俱进，与现实需求接轨，调整幼儿园建设，完善幼儿园课程。

第三节　幼儿园与小学的衔接

典型案例

小贾今年刚上一年级，进入小学的第一天，小贾还很兴奋，但是第二天在妈妈送他到学校准备离开的时候，小贾扯着妈妈的衣服，哭着不让妈妈走。老师发现小贾一天下来总会因为一些小事，自己一个人坐在座位上低声抽泣。同学们觉得小贾太爱哭了，都不太愿意跟他玩，一个月下来，别的同学都找到了自己的好朋友，小贾还是独自一个人。妈妈说小贾在家经常哭着说要回幼儿园，不要上学了。

讨论：原本在幼儿园健康活泼的孩子为什么进入小学后变化那么大呢？对于这样的孩子，家长和老师要做哪些工作帮助孩子适应小学的生活？

案例点评

幼小衔接的有效过渡能够帮助孩子更好地适应小学生活，小学生活与幼儿园轻松愉快的教育氛围有着较大的差异，要帮助孩子更好地适应小学生活，就要做到幼儿园与小学间的亲密合作，既要有幼儿园的努力，也要有小学的变革。

从幼儿教育的最后阶段到小学教育阶段的过渡是儿童人生中所经历的第一次巨大变化。如果幼儿教育和小学教育之间的过渡没有充分准备，或者小学教育没有保证质量的连续性，那么幼儿教育阶段所获得的益处则会在小学第一年逐渐消失。经济合作与发展组织（OECD）针对幼小衔接对成员国和合作伙伴国进行了调查研究，2017年6月发布了《强势开端5：幼小衔接》报告，从组织与管理的一致性、教师专业发展的持续性、课程与教学的连贯性以及幼儿发展的持续性4个方面系统介绍了当前OECD国家在幼小衔接过程中所面临的挑战以及应对策略，从而制定交叉的指标，以帮助国家或地区幼儿教育与小学教育的顺利衔接。《上海市学前教育三年行动计划（2015—2017）》通过强化政府职能、注重可持续发展、健全机制等方面全面深化上海市学前教育改革的发展。关于如何更好地解决幼小衔接，上海市对小学一年级新生也设立了"学习准备期"，帮助幼儿向正常小学生活过渡。党和国家以及地方政府先后一系列的重要讲话及文件发布，显示了党和政府对幼儿教育的高度关怀与关注。幼小衔接工作对儿童的发展具有重要的意义与作用。

一、做好幼小衔接的重要意义

（一）幼小衔接有利于幼儿尽快适应小学生活

我国幼儿从幼儿园迈入小学时，面临组织与管理方式、学习时间、教学形式、生活作息、人际关系等方面的重大变化，如果幼小衔接工作没有做好，很容易导致儿童进入小学后出现脱节、不适应的现象，甚至产生陡坡效应。幼小衔接教育的缺失会导致幼儿学前教育的成果未能转化至小学教育，同时还阻碍了小学教育的实施。

幼小衔接工作的有效开展能够帮助儿童将其教育的各个阶段紧密联系在一起，帮助儿童在幼儿园教育与小学教育之间搭建过渡的桥梁。有效衔接工作不仅仅是在学业上帮助儿童适应小学知识的学习，更重要的是从心理上帮助儿童适应小学的生活，培养儿童的独立性、自主性、主动性和自制力，提高儿童的适应能力，使儿童在终身发展中有一个较好的开端。

（二）为儿童接受小学阶段的教育打好基础

幼儿园教育与小学教育存在许多区别，在幼儿园，大班的集体活动时间一般为30分钟左右一堂课，且每天户外活动时间不少于一个小时，而小学阶段的教育则规定儿童每堂课的时间为40分钟，上午4节课，下午3节课，课间休息时间与户外活动时间大大减少。儿童的小学生活节奏快速且紧张，小学对儿童的纪律与行为的规范性要求更高，学业压力陡然增大。小学的学习方式以课堂教学为主，帮助儿童掌握系统化的知识与技能，带有一定的强制性与任务性，考试是检测儿童知识水平的重要手段。小学阶段的同伴竞争关系强烈，家长与教师对孩子的期望转换为学业上的期待，学习环境更加严肃和陌生。与小学教育相比，幼儿园的教育环境更为轻松，学习方式与学习内容也截然不同，幼小衔接工作是帮助儿童快速适应小学生活，为儿童学习打好基础的重要途径。

二、幼小衔接工作的主要内容

（一）加强儿童入小学所应具备的素质培养

在开展幼小衔接工作时应该秉持"过渡中促发展，发展中求适应"的指导思想，促进幼小衔接工作双向衔接。幼儿园不但是学校教育的起始阶段，也是终身教育的奠基阶段，所要做的幼小衔接工作应该顺应儿童的自然天性。幼小衔接工作的关键不仅是知识的衔接，还是能力的衔接。幼小衔接并不是突击性的教育，应该贯穿于整个幼儿园阶段，培养小学阶段所需要的学习品质、学习能力和学习态度。

1. 培养儿童的主动性、积极性

主动、积极的儿童对于学习抱有较大的信心与追求，能够主动去进行学习，掌握各种知识。主动性较强的儿童进入小学后能够快速适应小学阶段对于知识学习的要求，保持学习的乐趣，主动向教师学习，乐于钻研，能够较好地适应强度较大的学习生活。

2. 培养独立性

独立意识较强的儿童能够平衡好学习、上课的时间，具有较强的时间观念，做事干脆利落，能够按照学校的要求完成每天的任务，计划性较强，能够科学管理时间，较好地适应校园生活。

3. 培养儿童的人际交往能力

小学阶段的孩子思想逐渐成熟，会选择性地进行交往活动，结伴现象较多。人际交往能力强的孩子能够获得更多的朋友，遇到问题时会得到更多同伴的帮助；交往能力较差的孩子容易与其他儿童出现矛盾，解决人际关系问题的能力较差，对于生活容易产生排斥与逃避心理。

4. 培养儿童的规则意识与任务意识

小学阶段的生活强度较大，任务集中，与幼儿园的个性自由发展相比，小学更重视培

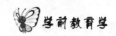

养儿童集体主义意识，要求儿童遵守集体的规则，服从纪律，提高活动的效率。规则意识与任务意识需要长时间的培养与锻炼，因此，在儿童进入幼儿园时，需要幼儿教师帮助儿童建立起遵守规则、服从纪律、接受任务的意识。

（二）加强幼儿园与小学之间的联系

幼儿园与小学的衔接工作是双向的，不仅仅是幼儿园去培养儿童适应小学的生活，小学也应该根据儿童的身心发展特点，逐步帮助新入学儿童适应小学的生活。幼儿园与小学教育是儿童教育的两个不同阶段，具有不同的发展特点，但是这两个阶段并不是独立存在的，而是作为儿童教育的一个整体前后相连的，具有连续性的特点。幼儿园与小学教师都应该掌握儿童的身心发展特点，正确认识不同阶段儿童发展的不同特点，既要有针对性地开展本阶段的教育活动，又要能够承接儿童之前的发展特点，为下一阶段的发展积蓄力量，保证儿童的可持续发展。

在《幼儿园教育指导纲要（试行）》中，总则第三条也明确规定了幼儿园和小学要相互衔接。文件针对幼儿园提出，要做好幼儿园和小学两个主体之间的衔接，但是并没有针对小学提出相应的要求。因此，幼小衔接的工作更多的是从幼儿园的角度出发，容易忽略小学教育的作用。

三、幼小衔接工作的主要方法

（一）改变教师观念，持续性地做好幼小衔接工作

转变教师教育观念，需要通过学校与家长积极配合，让幼小衔接工作真正落到实处。教师要树立正确的幼小衔接观念，把幼小衔接工作当作是促进儿童顺利实现自身发展的一个过程。幼儿教师应该从幼儿入园开始就注重培养幼儿的社会适应能力、各种行为习惯等，为幼儿适应小学的学习、生活打下坚实的基础。小学教师要尊重儿童的发展特点，对于新入学儿童的教育要循序渐进，不可操之过急，要了解幼儿园教育，配合幼儿园教育的特点进行新生课程教学方式的转变，帮助儿童适应小学生活。

（二）加强幼儿园与小学、家长间的交流与合作

幼小衔接的工作不仅仅是从幼儿园的角度出发，小学教师还应该与幼儿园教师多沟通，探讨教学方法。在具体工作实践中要明确课程目标，学校教师对学生教育的主要媒介是教材，影响儿童的思维和心理活动的主要途径是教师讲授的教材中的知识，为了达到幼小衔接的教育目的，对教材的研究和设计必然是幼小衔接工作的主要任务之一。小学教师一定要通过学习提高自身教育素养，加强道德建设，在小学基础教材中充分捕捉幼小衔接时期儿童的特点，有针对性地编写儿童在小学课堂中的适应性内容，帮助儿童积极适应。家长要了解儿童在幼小衔接中身心发展的变化，掌握幼儿园教育与小学教育的区别与联系，密切配合幼儿园与小学教育，帮助儿童更好地完成幼儿园与小学教育之间的过渡。

（三）学校相关领导应高度重视幼小衔接工作的实施

学校领导对于幼小衔接的支持是儿童顺利完成幼儿园与小学阶段过渡的重要条件。第一，学校要根据儿童身心发展的需要在相应的阶段给予适宜的教育，并制订相应的计划纲

要，以便小学师生贯穿执行。第二，根据幼小衔接工作对儿童产生的影响因素，有必要对班级人员构成、课程设置、行为规范、人际关系、学习环境做出适度的调整，调节刚步入小学的学生的紧张氛围，尽快消除陌生感。第三，幼小衔接工作的实施需要学校、教师、家长的共同努力，彼此一定要加强沟通，及时了解孩子身心变化，适时调节。第四，学校要支持教师尝试性创设良好的幼小衔接教育模式，并提供一定的物质支持，对于卓有成效的教育案例要及时在全校实施，并对周边学校提供一些支持和指导。

练一练

结合你家乡（可以写你最熟悉的家乡）的自然与文化资源规划一个幼儿园与社区共育的活动方案。

要求：

1. 自定题目与对象。
2. 写明活动设计背景与意图（简要分析家乡资源背景、选择内容的依据与教育意义）。
3. 写明活动目标。
4. 规划系列活动方案（列表呈现，说明每个活动的主要目标与思路）。

在 线 测 试

一、名词解释

家园合作 幼小衔接

二、选择题

集体性的家园合作活动包括（　　）。

A. 个别家长面谈　　　B. 家园联系手册　　　C. 家长会　　　D. 家访

三、论述题

1. 论述学前儿童家庭教育的特点。
2. 论述家园合作的意义。
3. 论述家园合作存在的问题。
4. 论述幼小衔接的重要意义。

真 题 训 练

一、选择题

1. 下列有关幼小衔接的说法，正确的是（　　）。【2013年11月】

　　A. 幼儿入学适应困难，是因为幼儿园教育过于游戏化

　　B. 幼小衔接完全是幼儿园的责任

C. 幼儿园的幼小衔接工作不仅仅在大班，小中班也应该开展

D. 幼小衔接主要是教幼儿拼音、认字等内容

2. 妈妈到幼儿园接斌斌时，发现斌斌的手背被小朋友抓破了，妈妈马上向园长投诉了班主任丁老师，为此丁老师心里不舒服，第二天一到教室就训斥了斌斌，丁老师的行为（　　）。【2018 年 6 月】

A. 合理，教师可以表达自己的真实情感

B. 不合理，教师应该完全接受家长的意见

C. 合理，教师不可能对每一个孩子监管到位

D. 不合理，教师应该具备较强的情绪调适能力

二、简答题

简述幼儿园教育与小学教育的主要区别。【2013 年 6 月】

三、论述题

1. 请根据幼儿园教育的特点和幼儿身心发展的规律，论述幼儿园教育为什么不能"小学化"。【2013 年 11 月】

2. 幼儿园为什么要为幼儿入小学做准备？应做哪些准备？【2015 年 6 月】

3. 论述如何做好幼小衔接工作。【2016 年 11 月】

四、材料分析题

1. 星期一，A 老师埋怨地说："孩子在家过了一个双休日，再回到幼儿园后，许多良好的行为习惯就退步了，不认真吃饭，乱扔东西，活动时喜欢说话，真不知道孩子在家时家长是怎么教育的!"站在一旁的 B 老师颇有同感地说："是啊，如果家长都能按我们的要求去教育孩子，我们的工作就好做多了!"A 老师接着说："可这些家长不按我们的要求去做也罢了，还经常给我们提这样那样的意见，好像我们当老师的还不如他们懂得多，真拿这些家长没有办法……"

请你运用幼儿园与家庭相互配合的有关理论，分析和评论 A、B 老师的教育观点，并具体谈谈家园合作对幼儿发展的重要意义与目前存在的误区。【2012 年 6 月】

2. 中二班幼儿在娃娃家游戏中，接待客人主动热情，与长辈交往很有礼貌，可家长却说，孩子在家不是这样的，有客人来了很少打招呼，还经常对爷爷奶奶发脾气。

请针对上述幼儿行为的反差，设计解决这一问题的教育方案。要求：写出问题的原因分析、教育目标、3 种教育指导内容与方法。【2013 年 11 月】

3. 根据下面案例，设计一份亲子运动会方案，要求写出亲子运动会的设计意图，两个运动项目（须写出运动项目的名称、材料和玩法），家长工作要点以及实施注意事项。

在与本班家长沟通汇总时，大三班教师发现，不少家长平时很少和孩子一起运动，因为不知道可以和孩子玩什么，为此，教师准备举行一场亲子运动会，让家长体验到生活中随手可得的一些废旧材料，可以用来开展有趣的运动游戏，从而促进幼儿发展。【2014 年 6 月】

4. 大班下学期，李老师发现幼儿普遍对小学的学习生活不够了解，一些幼儿对上小学有些担心。于是，教师准备开展"我要上小学"的主题活动，希望通过多种形式的活动，

增进幼儿对小学生活的了解,帮助幼儿进一步做好上小学的心理准备。

请根据李老师的班级情况,设计"我要上小学"的主题活动。

要求:

(1) 写出主题活动总目标。

(2) 围绕主题设计 3 个子活动,写出其中一个子活动的具体活动方案,包括活动名称、目标、准备和主要环节。

(3) 写出另外两个子活动的名称、目标。【2018 年 11 月】

第九章参考答案

本章拓展阅读

国外社区幼儿教育经验简介

幼儿教育融入社区是世界各国幼儿教育的发展趋势之一,越来越受到重视。在此,简要介绍几个国家的社区幼儿教育情况让我们借鉴。

1. 美国社区幼儿教育

美国实施了多种关于加强幼儿园与社区合作的措施,其中持续时间最长、影响最广的社区行动计划是 1965 年实施的"提前开端计划"。该计划规定至少要给 90%以上的家庭生活在贫困线以下的 3~5 岁幼儿提供社区教育服务。利用社区的各种教育、文化、娱乐设施、人文景观和自然环境、人力资源,尤其是社区的服务工作人员和幼儿家长,对绝大多数贫困家庭的幼儿实施免费的补偿教育,美国还推广了父母教育计划(HAPPY),直接通过社区把培训带入家庭,旨在指导学龄前儿童的家庭教育。

美国的幼儿教育机构十分重视把社区融入幼儿教育课程的发展中,例如,在为儿童设计的自我概念课程中,包含了"社区及社区助手"的主题内容。重视幼儿教师关于社区教育的培训,在居民生活区设立了社区学院,培训幼儿教育师资。

2. 英国社区幼儿教育

为了改善处境不利儿童的生活和学习条件,英国政府于 1999 年春制定实施了"确保开端"教育项目。它以社区为依托,跨部门协作,地方政府、教育者、社区组织、家长以及志愿者共同为弱势家庭提供帮助,营造良好的教育环境。政府官员、社区负责人、社区知名人士参与到社区教育机构的教育活动中;各社区均有"早期教育协会"这一全国性募捐组织的分部,宣传、指导社区幼教工作。社区专门建立了社区玩具图书馆,不仅把 0~5 岁的儿童作为服务对象,而且还把幼儿家长纳入教育生活中。

另外,英国民间发起了幼儿社区教育活动游戏小组运动(pre-school playgroup association)。英国本土学前游戏小组遍及城乡,深受不同经济条件家庭的欢迎。英国的学前游戏小组一

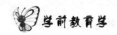

般是在多方的支持下，免费借用成人俱乐部教会大厅、婴幼儿福利中心、废弃学校和富裕家庭的空房子。幼儿家长和社区工作人员自发组织，自筹资金，寻找适宜的设施和志愿工作人员。游戏小组协会负责业务管理、各游戏小组之间的协调与资源共享，并组织专业培训，开展学术交流活动。地方当局负责对设施进行检查，并要求各社区注册登记，以确保幼儿的安全和保教活动的质量。

3. 日本社区幼儿教育

长期以来，日本十分重视利用社区资源来教育幼儿。1986年，日本教育审议会指出，幼稚园、家庭和社区三位一体对学前儿童进行教育是非常重要的，只有这样，才能克服幼儿教育的封闭性。1990年日本的《幼稚园教育要领》指出："幼儿的生活以家庭为主逐渐扩大到社区社会。"日本幼稚园同家庭、社区保持密切的联系已形成了一个网络化的整体。1994年，日本政府颁布了《儿童养育协助基本方向》，致力于"建立社会共同支持援助、面向社会开放的儿童教育新局面"。另外，在日本社区幼儿教育的设施中，既有专门为儿童设立的，如儿童馆、儿童咨所与家庭儿童咨询室、保健所与保健中心等，也有向所有社会成员开放的通会教育设施，如公民馆、儿童文化中心、图书馆、博物馆等。

（资料来源：韩映红. 学前教育原理[M]. 北京：高等教育出版社，2016.）

学习评价与反思

___
___
___

第十章 幼儿园教育评价

本章导读

教育评价是幼儿园教育工作的重要组成部分,是了解教育的适宜性、有效性,调整和改进工作,促进每一个幼儿发展,提高教育质量的必要手段。激励与评价幼儿的能力也是幼儿园教师必备的专业能力之一。为此,幼儿教育工作者有必要掌握基本的教育评价理论知识和基本方法。

学习目标

1. 了解幼儿园教育评价的概念、功能、意义及过程。
2. 掌握幼儿园教育评价的类型、原则和方法,具备初步的教育评价能力。
3. 树立正确的幼儿教育质量观、教育评价观。
4. 实践评价幼儿园教育活动。

学习重点

1. 掌握幼儿园教育评价的类型、原则和方法,具备初步的教育评价能力。
2. 实践评价幼儿园教育活动。

思维导图

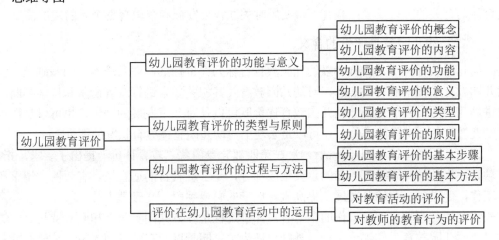

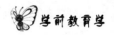

第一节 幼儿园教育评价的功能与意义

典型案例

在大三班的公开观摩活动中，李老师发现幼儿的注意力很集中，思维活跃，思路开阔，举手发言很踊跃，但是幼儿的坐姿却很不端正：有的看表演时站起来，有的把脚蹬在前面的小椅子上，有的斜靠着椅背，有的伏在桌上双手托腮……

讨论：你如何评价这个幼儿园的教育活动？

案例点评

对这一现象，观摩的老师们有不同的看法：有的认为，上课一定要有规矩，否则不利于幼儿良好习惯的养成；有的认为，这个活动很成功，正是因为气氛轻松，孩子们的思维才会如此活跃，此时不必过多强调规矩，只要没影响到自己及其他小朋友的注意力及正常教学，就完全没有关系。

一、幼儿园教育评价的概念

（一）教育评价的含义

评价是主体根据一定的标准对客体的价值做出判断的活动。

教育评价是组织教育活动、开展教育管理的重要组成部分。教育评价，是评价者根据一定社会确定的教育目标和价值标准，运用科学有效的评价技术和手段，对教育活动的有关要素进行系统检测、分析、比较，并做出价值衡量或价值判断的活动。教育评价是一个具有动态性、多变性和潜在性的领域，具有一定的复杂性。理解和把握教育评价的内涵要注意：教育评价的本质是价值判断；教育评价的依据是教育目标；教育评价的外延涉及与教育活动有关的一切要素；教育评价要同时关注社会发展和受教育者个人的发展需要。

（二）幼儿园教育评价的含义

幼儿园教育评价是评价者以幼儿园教育目标为评价标准，在系统测量的基础上，收集幼儿园教育过程中的相关信息，对幼儿园教育及其相关要素进行客观衡量和科学判断，以促进幼儿全面发展的过程。幼儿园教育评价既可以是对儿童发展的评价，也可以是微观上对幼儿教育各项工作的评价，还可以是宏观上对幼儿园整体教育状况的评价。

《幼儿园教育指导纲要（试行）》在第四部分专门就"教育评价"提出了要求，指出："教育评价是幼儿园教育工作的重要组成部分，是了解教育的适宜性、有效性，调整和改进工作，促进每一个幼儿发展，提高教育质量的必要手段。""管理人员、教师、幼儿及其家长均是幼儿园教育评价工作的参与者。评价过程是各方共同参与、相互支持与合作的过程。""幼儿园教育工作评价实行以教师自评为主，园长以及有关管理人员、其他教师和家长等参与评价的制度。"可见，幼儿园教育评价是保证幼儿园教育活动正常进行的必要手段，对提高幼儿园教育质量及幼儿发展水平具有重要意义。

二、幼儿园教育评价的内容

幼儿园教育评价的内容是多元的,《幼儿园教育指导纲要(试行)》就教育评价工作提出了5个方面的重点。

(1) 教育计划和教育活动的目标是否建立在了解本班幼儿现状的基础上。

(2) 教育的内容、方式、策略、环境条件是否能调动幼儿学习的积极性。

(3) 教育过程是否能为幼儿提供有益的学习经验,并符合其发展需要。

(4) 教育内容、要求能否兼顾群体需要和个体差异,使每个幼儿都能得到发展,都有成功感。

(5) 教师的指导是否有利于幼儿主动、有效地学习。

归纳起来,幼儿园教育评价的内容主要包括幼儿发展评价、教师发展评价及幼儿园工作评价。

1. 幼儿发展评价

幼儿发展评价是指对幼儿身心发展状态(如身体发展、认知发展和社会性发展)进行的评价。幼儿发展评价是面向幼儿的真实世界和真实生活,关注幼儿发展的动态过程,此类评价又有正式评价和非正式评价之分。正式评价,即一般意义上的幼儿发展评价,是对幼儿发展的各方面进行系统的评价。非正式评价,一般是在具体的教育活动情境中,以发展的眼光来看待和处理幼儿成长中所遇到的问题,对幼儿发展的某个方面或某种行为表现进行评价。

幼儿的行为表现和发展变化具有重要的评价意义,教师应视之为重要的评价信息和改进工作的依据。因此,幼儿发展是幼儿园教育评价的重要内容之一。《幼儿园工作规程》第十九条规定:幼儿园应当关注幼儿心理健康,建立幼儿健康检查制度,建立幼儿健康卡或档案,对幼儿健康发展状况定期进行分析、评价,及时向家长反馈结果。"激励与评价"是《幼儿园教师专业标准(试行)》要求幼儿园教师必须具备的专业能力之一。教师要关注幼儿日常表现,有效运用观察、谈话、家园联系、作品分析等多种方法,客观全面地了解和评价幼儿,有效运用评价结果指导教育活动的开展。

《3~6岁儿童学习与发展指南》详细规定了学前儿童发展评价的内容,主要包括:

(1) 健康领域。身心状况、动作发展、生活习惯与生活能力。

(2) 语言领域。倾听与表达、阅读与书写准备。

(3) 社会领域。人际交往、社会适应。

(4) 科学领域。科学探究、数学认知。

(5) 艺术领域。感受与欣赏、表达与创造。

2. 教师发展评价

教师工作评价分为行政性评价和发展性评价。行政性评价通常是在目标分析的基础上指定出一套量化的评价标准体系,在工作结束时由管理者据此评定教师的工作,多采用他人评价、定量评价的方法。发展性评价是用多种评价方法(如形成性评价、自我评价等)对教师的工作进行评价。《幼儿园教师专业标准(试行)》对幼儿园教师的专业要求做出了详细的规定,也是幼儿园教师发展评价的主要内容。

(1) 专业理念与师德。职业理解与认识、对幼儿的态度与行为、幼儿保育和教育的态

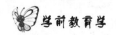

度与行为、个人培养与行为。

（2）专业知识。幼儿发展知识、幼儿保育和教育知识、通识性知识。

（3）专业能力。环境的创设与利用、一日生活的组织与保育、游戏活动的支持与引导、教育活动的计划与实施、激励与评价、沟通与合作、反思与发展。

《幼儿园教师专业标准（试行）》是幼儿园教师培养培训、幼儿园教师队伍建设管理以及幼儿园教师自身专业发展的基本依据，具有很强的引领和导向作用。管理部和管理者要据此建立科学的评价制度和保障体系，形成科学有效的幼儿园教师队伍管理和督导机制，健全幼儿园绩效管理机制，促进幼儿园教师专业发展，不断提高幼儿园教师队伍质量和水平。幼儿园教师也要根据专业标准制定自我专业发展规划，增强专业发展自觉性，大胆开展保教实践，不断创新，积极进行自我评价，不断提升专业发展水平。

3. 幼儿园工作评价

幼儿园工作评价是教育评价的一个组成部分。它是依据一定的程序和标准，通过收集、整理、处理相关信息，有目的、有计划、有组织地对特定园所的各有关方面的工作状况进行科学调查，并做出价值判断的过程。幼儿园工作评价的内容包括幼儿园入园与编班、幼儿园卫生保健、幼儿园教育活动、幼儿园课程、幼儿园园舍与设施、幼儿园工作人员、幼儿园经费、幼儿园与家庭、社区的合作、幼儿园管理等。通过评价了解幼儿园的教育质量，看是否满足幼儿身心健康发展的需要，或者满足幼儿身心健康发展需要的程度。幼儿园的质量可以分为条件质量和过程质量两个方面。条件质量是为幼儿园开展教育活动提供必要的条件和支持，包括人员条件、物质条件和园所管理，如师幼比例、班级人数、师资水平、管理水平以及物质环境和设施等。过程质量是指与幼儿的生活和学习经验有直接联系的活动，如师幼互动、学习活动、课程管理、班级管理、健康和安全、家园共育等。其中，以教师行为为核心的班级教育活动是幼儿园教育质量评价的核心内容。

三、幼儿园教育评价的功能

教育评价是幼儿园教育工作中最为普遍的一种评价活动，它是诊断教育活动中存在的问题、检查改进教育教学工作、提高教育质量的重要手段，具有以下功能。

（一）诊断功能

评价是发现和诊断存在问题的重要且有效的手段。科学的教育评价是评价者通过观察、问卷、测验等手段，收集与评价对象相关的资料，运用特定的技术进行科学分析，并做出相应的价值判断，从而确定评价对象的优势与缺陷、矛盾和问题，以及解决问题的策略与方法等。这对于幼儿在德、智、体、美各方面的能力和实际发展状况的评价，也具有诊断意义，有助于一般化教育教学计划的制订，又便于个别化教育和辅导。教育评价过程如同看病就医，只有通过科学的诊断才能"对症下药"。比如，幼儿园招收新生时，对幼儿进行基本的语言测试、性格测验、生活能力判断等，据此将不同的幼儿分配到不同的班级，这就是教育评价的诊断功能。

（二）鉴定功能

教育评价的鉴定功能是指教育评价者认定、判断评价对象合格与否、优劣程度、水平高低等的实际状态,它与评价活动同时出现并伴随始终。鉴定功能是教育评价的基本功能。通过评价可以区分教育质量的优劣,也可以为建立合理的奖惩制度提供客观依据。教育评价的鉴定功能一般有 3 种:水平鉴定、评优鉴定、资格鉴定。比如,我们在幼儿园进行教育观摩时,往往会对老师组织的教育活动水平进行优劣等级的鉴定,就是运用了教育活动评价的鉴定功能。同学们通过幼儿园教师资格证考试后获取教师资格就是教育评价的鉴定功能。

(三)激励功能

激励就是激发动机或调动积极性。教育评价的激励功能是指评价工作能够激发和维持评价对象的内在动力,调动评价对象的内在潜力,提高其积极性和创造性,从而达到教育管理的目的。幼儿教育事业发展和保教工作质量的提高,很大程度上依赖于这种内在潜力的发掘。适宜的评价与适宜的奖励制度相结合,能激发改进工作的内在需要和动机,给人以心理上的满足感,使被评价者更加努力、更加主动,以保持或取得更大的成绩;对于暂时没有达到目标的评价对象则是一种有力的鞭策,从而激励人们不断进取。公平、合理、适时、科学的评价能够激励幼儿园教育工作者不断努力,对自身的教育行为有更深的认识和更合适的调整,促使教师专业水平的提高。

(四)调节功能

教育评价的调节功能是指教育评价者对评价对象的教育教学或幼儿的学习发展等活动进行调节的功效和能力。这种功能表现在两个方面:一是评价者为被评价者调节目标及进程。例如,通过评价,评价者认为被评价者已达到目标并能达到更高目标时,就会将目标调高,进程相对加快;认为被评价者难以达到目标时,就会将目标调低,进程相对放慢,使之符合被评价者的实际。二是被评价者通过评价了解自己的长短、功过,明确努力方向及改进措施,以实现自我调节。例如,幼儿园教师发现学前儿童在语言倾听方面没有达到预期目标,就会调整教学方法,使学前儿童尽可能达到适合自身情况的发展目标。在评价过程中发现不足和问题,可及时地通过信息反馈,引起被评价对象的注意,并根据评价标准采取改革措施,促进保教工作的改进。比如,老师在组织户外体育游戏的时候,发现一些幼儿在走平衡木的时候出现了困难。于是,老师在下一次活动中就准备了 3 种不同高矮、宽窄的平衡木,让儿童在活动中自由选择。

(五)导向功能

导向即引导方向。伴随着教育价值的多元化,评价的导向和调节功能显得特别重要。导向功能是指幼儿园教育评价的目标体系、内容体系、操作体系和评价结果对幼儿园的各项工作具有引导和指向作用。在教育评价中一般要根据评价目标设计评价指标和标准,然后进行评价。评价内容和标准就像一个指挥棒引导人们活动的方向。目前,幼儿园教育评价所依据的目标或标准具有鲜明的方向性,它应该是在《幼儿园教育指导纲要(试行)》《幼儿园工作规程》《幼儿园管理条例》的目标和精神在引导下确立的。鉴于评价可能产生的激励作用,它会使被评价对象追求肯定的评价结果,从而有意识地时常对照标准和目标,把教育工作引向正确的方向。比如,目标体系中规定"活动方案设计要完整、规范,自制教具不得少于三分之一",那么,教师们就会根据这个目标努力使自己设计的活动方案规范,

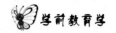

而且会尽力去寻找相关材料自制道具。

（六）教育功能

评价的教育功能是指教育评价本身所具有的影响评价对象的思想、品质、思维的功效和能力。教育评价的教育功能主要通过评价目标体系，采用他评和自评结合的方式，在形成性评价过程中得以充分体现。首先，评价目标系统体现一定的教育思想、教育方针和价值取向，无论何种评价都要以此为基准，评价对象在评价过程中必然受其熏陶和影响。其次，幼儿园教育评价一般是动态的形成性评价、静态评价与动态评价相结合，注重即时反馈和调整的过程发展。最后，幼儿园教育评价通过发挥评价对象的主体作用，他评与自评相结合，注重自我调节，使评价过程成为"学习—对照—调节—改进—完善"的过程，有利于促进评价对象的自我认识、自我改进、自我提高和自我完善。

四、幼儿园教育评价的意义

《幼儿园教育指导纲要（试行）》指出，教育评价的过程是教师运用专业知识审视教育实践，发现、分析、研究、解决问题的过程，也是教师自我成长的重要途径。教育评价是幼儿园教育的重要组成部分，客观、全面地了解和评价幼儿、评价教师工作，有效运用评价结果，对指导下一步幼儿园教育活动的开展具有重要意义。

（一）教育评价可以为教育决策提供依据

无论是宏观层面还是微观层面，教育实践过程中都离不开大大小小的决策。教育决策直接决定着幼儿的发展、教师的发展和幼儿园的发展，而决策的前提就是对决策对象（幼儿、教师、幼儿园整体）的发展现状有一个准确的研判。评价是一种反馈—矫正系统，它通过不断地判断、分析和比较，确定教育现实的优势与缺陷，为选择更为科学、合理的教育活动提供信息，为幼儿园教育决策提供依据。

（二）教育评价有助于提高幼儿园保教质量

幼儿园保育教育质量的高低需要通过一定评价系统来确定。通过评价，可以了解保育教育的基本状况，判断幼儿园保育教育目标、内容、活动组织、方式方法等方面的实际情况，并借此判断保育教育的质量高低，进而提出相应的对策，提高幼儿园保教质量。

（三）教育评价有利于提高幼儿园教育管理效率

教育评价是幼儿园教育管理过程的基本环节，也是提高幼儿园教育管理水平的基本手段。通过科学合理的评价，各部门、教师根据相应的考核指标和标准，客观、全面地评价每个人指标完成的程度，然后做出合理的价值判断。科学合理的评价和考核体系能使教师有一个明确的努力方向，使保育教育工作朝着一个共同的目标前进，最终提高幼儿园教育管理效率。

（四）教育评价可以促进幼儿园教育改革

一方面，科学合理的教育评价能够有效诊断幼儿发展、教师发展、幼儿园发展过程中存在的问题与不足，可以提供客观状况的信息，继而提出必要的改革建议，推动幼儿园教育的改革创新；另一方面，幼儿园教育改革的成效如何也需要对改革过程进行适时的评价，诸如改革方案评价、改革过程评价、改革成效评价等。这些评价可以为提高教育改革的有效性提供科学依据，保证教育改革方向的正确性。

第二节 幼儿园教育评价的类型与原则

典型案例

陈老师在组织幼儿园艺术领域教育活动的时候，充分利用自己的特长，又唱又跳，表演相当精彩有趣。在教育活动过程中，孩子们看得"如痴如醉"。在另一次语言活动中，陈老师给幼儿讲了"小猫钓鱼"的故事。为了加深幼儿对故事的理解，教师把活动玩具"猫"和"鱼"作为教具。她一边绘声绘色地讲解故事的情节，一边演示活动的教具，同时还播放了相关的音乐。这两次教学活动孩子们都听得很认真。请用幼儿园教育评价的相关知识进行评价。

案例点评

幼儿园的教育活动要能促进幼儿的成长，而对教育活动的评价是要促进评价者和被评价者的成长和发展，并贯穿于评价的全过程。幼儿园教育评价要以促进幼儿身心发展、教师专业发展、幼儿园事业发展为目标，充分发挥评价的激励和教育作用，让评价成为上进的动力。对于陈老师的两次教学活动，孩子们专注力都很高，陈老师对活动开展也比较满意，但活动的开展是否合适既要从教师角度又要从幼儿的角度来评价把握。

一、幼儿园教育评价的类型

从不同的角度出发，幼儿园教育评价可以划分为不同的类型。

（一）根据评价的主体分类

1. 自我评价

自我评价也称内部评价，是指被评者通过自我认识与分析，对照一定的评价标准与要求，对自己的工作、学习状况与成就做出判断，即自己对自身进行的评价。这样的评价过程可以当作自我认识提高的手段，有利于改进工作。

2. 他人评价

他人评价也称外部评价，是指除了被评价者自身以外的任何人或组织对被评价者某方面的实态所进行的评价。如幼儿园教师对幼儿的评价、园长对教师的评价、专家团体对幼儿园的评价、政府主管部门的评价、社会中介机构的评价等。

3. 内部与外部相结合评价

内部与外部相结合评价由外部评价机构组织或发起，在自我评价的基础上，对评价对象有关方面收集资料证据，进行认证或鉴定，并得出结论。

（二）根据评价的参照体系分类

根据不同的评价参照标准，幼儿园教育评价可以分为相对评价、绝对评价和个体差异评价 3 类。

1. 相对评价

相对评价也称常模参照评价。相对评价是指在某一类被评价对象的集合中选取一个或若干个对象作为标准，然后把各个被评价对象与参照标准进行比较，判断其是否达到标准所具备的特征及程度。例如，在一个地区选取一个幼儿园作为示范幼儿园，其他幼儿园以此为标准判断自己在这个地区所处的位置，就属于相对评价。

2. 绝对评价

绝对评价也称标准参照评价。绝对评价是指在被评价对象集合之外确定一个客观标准，然后将各个被评价对象与确定的客观标准进行比较，判断其达到客观标准的程度。例如，规定原地拍皮球 50 下为优秀，那么所有的学前儿童只要拍到 50 下就是优秀。这就是根据教育目标的达成度来进行评价的。这种评价主要运用在对基本知识和技能的测量上，适用于形成性评价和诊断性评价过程。绝对评价（标准参照评价）重视评价对象在既定标准方面的实际水平，而不是比较评价对象之间的相对位置。

3. 个体差异评价

个体差异评价是把某类评价对象集合中的每一个对象的过去和现在进行比较，或者将同一个评价对象的若干侧面进行相互比较。例如，把某幼儿在学期初和学期末的动作发展测试成绩相比较，评价其获得进步的程度；或将某幼儿园各方面工作达到某种标准的程度相比较，以考察其优点和不足。为了弥补个体差异评价本身的弊端，该评价方法常与相对评价结合使用。

（三）根据评价的功能分类

1. 诊断性评价

诊断性评价是在教育教学活动开始之前，为使计划更有效地实施而进行的预测性评价或摸底性评价，目的在于了解教育对象的基础情况和问题，为有效制订教育计划或解决某些实际问题做准备。诊断性评价分为两种：一是诊断症状，目的在于找出教学活动中存在的各种问题；二是原因诊断，目的是根据诊断得出的结果进一步分析问题出现的原因，以便及时、适宜地进行教学指导。在教育活动过程中这两种诊断一般交替使用。诊断性评价是选择、制订幼儿园教育计划和方案的基础，在幼儿园教育评价中被普遍使用。比如，确定儿童在接受教育前的"准备程度"，一般是在课程实施前进行的评价，旨在了解课程实施前幼儿的已有水平，以判断课程的设计能否被幼儿接受。

2. 形成性评价

形成性评价是指通过诊断教育方案或计划、教育过程与活动中存在的问题，为正在进行的教育活动提前反馈信息，提高实践中的教育活动质量的评价。形成性评价一般在教育过程中持续进行，旨在及时了解教育动态过程的成效，以便及时反馈与调节，使计划、方案不断完善，以便顺利达到预期的目的，提高教育过程的质量；确定幼儿在学习过程中发生了什么，衡量教学任务实现程度。形成性评价一般是在课程实施过程中进行的评价，旨在了解课程实施过程中幼儿的发展，并能及时根据评价结果对课程实施进行及时的调整。比如，把表现出色的幼儿的名字写到圣诞树上、给合作默契的小组贴上小星星、给进步快的幼儿奖励一个笑脸等都属于形成性评价。

3. 终结性评价

终结性评价是指在某个阶段教育活动结束后进行的，对达成教育活动目的的程度做出的关于教育效果的判断。终结性教育评价的目的是了解这项活动达到预期目标的情况以及它最终的教育效果或效益。因此，它与分等鉴定、教育资源分配决策、预言被评价对象的未来发展的可能性相联系。比如，期末评选"好孩子""聪明宝宝"等，都属于终结性评价。

（四）根据评价的方法分类

1. 定量评价

定量评价是将评价对象进行数量化的分析和计算，并用数量显示对象的性质或功能，或经统计分析得出某些结论，由此判断它的价值。例如，评价幼儿的智力发展水平一般会采用智力测验的方法，然后根据得分情况对幼儿做出判断。又如，通过问卷调查某地区幼儿园教师的工作满意度。

2. 定性评价

定性评价一般通过自然情景下的调查，或对各种口头的、书面的材料加以细致分析，将评价对象做概念、程度上的质的规定，然后进行分析评定，以说明评价对象的性质或程度。定性评价比定量评价简单易行，评价比较全面、周到，但是评价时会掺和较多的主观因素。比如，通过个案追踪了解某幼儿在较长一段时间的发展状况。

3. 混合型评价

现代教育评价主张采用定性评价和定量评价相结合的方式，即混合型评价。定量评价主要是事实判断，而定性评价则主要是价值判断，二者有机结合才能全面、科学地揭示教育现象的本质。定量评价和定性评价结合使用，有助于对评价对象做出更全面、合理的评价结论。比如，通过问卷调查某地区幼儿园男教师的职业发展状况，同时通过个案追踪和访谈深入了解男教师的职业发展状况。

学前教育事业发展需要各种类型和形式的评价，各类评价活动均有自身特点和职能，不能简单地论处孰优孰劣。上述分类也是相对的，只是为了更清楚地认识各种评价活动的特征而已。

二、幼儿园教育评价的原则

幼儿园教育评价的原则是在幼儿园教育评价活动中必须遵循的基本要求和准则，是根据《幼儿园教育指导纲要（试行）》精神和评价活动规律制定的，也是教育评价工作实践经验的总结和概括。在进行幼儿园教育评价时应该遵循以下基本原则。

（一）方向性原则

方向性原则是指教育评价活动必须坚持引导幼儿园教育工作更好地贯彻国家的教育方针，满足社会和幼儿个体发展的需要，保证幼儿、教师、幼儿园的各项工作能够沿着良性、健康的方向发展。一方面，幼儿园教育评价要根据幼儿园保育与教育目标确定评价目的与评价标准；另一方面，幼儿园教育评价要以国家的教育目标为基本依据，保证幼儿、教师和幼儿园沿着正确的方向发展。

（二）尊重性原则

尊重性原则是指在教育评价的实施过程中，评价者应充分尊重被评价者。无论是对幼儿发展的评价还是对教师的评价都应当客观、公正，坚持以激励与正面肯定为主，以帮助教师或幼儿发现和发扬长处，弥补不足。尤其是行政管理者对教育活动中教师行为的评估和鉴定，更要体现尊重和鼓励的原则。

（三）目的性原则

目的性原则是指在进行幼儿园教育评价时必须有明确的目的，不能为评价而评价。这是由幼儿园教育评价本身的性质决定的，只有明确的目的才能确定合适的评价标准、评价方法、评价工具等。一是评价目的要明确，不能含糊其辞；二是根据目的制定评价标准，选择评价方法。

（四）可行性原则

可行性原则是指评价指标和标准符合实际，具体可行，并能被评价者所理解和接受，使评价方案能够在评价者的能力范围之内顺利实施。教育评价者要在幼儿园教育评价理论的指导下和调查研究评价客体的基础上进行评价，评价内容要简洁明了，评价方式要符合实际，评价结果要科学合理。该原则要求评价者在评价的实施中不能单凭主观经验或直观感觉来评定和判断教学质量或幼儿发展能力与水平，而必须采用科学合理的评价方法、手段和工具来展开评价。

（五）发展性原则

发展性原则是指幼儿园教育评价要促进评价者和被评价者的成长和发展，并贯穿于评价的全过程。幼儿园教育评价要以促进幼儿身心发展、教师专业发展、幼儿园事业发展为目标。贯彻落实发展性原则必须充分尊重和信任评价对象，充分发挥评价的激励和教育作用，让评价成为上进的动力。

（六）全面性原则

评价是每位教师日常教学工作中不可缺少的一个部分。为了更好地发挥评价在促进幼儿发展、教师专业能力提高和改进保教质量上的功能，评价者在实施评价过程中应当遵循全面性原则。一是全面评价幼儿的发展水平，即评价的内容应反映幼儿的整体发展水平，而不仅仅是在认知发展层面上的能力水平，还应当包括儿童的自我意识、群体意识、环境意识及基本素质和能力的发展；要防止评价内容只关注于教学或课程的片面化倾向。二是评价的渠道应全面和多样，即评价者既可以通过在日常活动中采用观察、记录、交流等多种方式对教育活动中的教师和幼儿进行评价，也应当把来自于家庭、社区等多种渠道的信息作为一种评价的途径。评价是教师、儿童、家长及管理部门共同参与、合作的一个过程。要注意多种评价方法相结合、单项评价与综合评价相结合。

（七）情境性原则

由于幼儿园教育活动是在特定环境和背景下由不同的个体参与而发生的活动过程，因此对教育活动的评价不能脱离其特定的活动情境。如果脱离了具体的、特定的情境，那么对活动中各项内容和要素的评价往往是标签式的、等级式的，且失之偏颇。在教育情境中，评价就是把所获得的幼儿发展的信息与评价标准进行比较并做出判断的过程。作为评价者，应当跟踪幼儿的真实生活和学习情境，观察与记录他们在实际情境中的参与、操作、实验、交流、合作、态度等方面的状况并做出分析和评价。幼儿园教育评价关注的是幼儿的学习过程而非学习结果，更强调评价的过程性、现场性和即时性。

第三节 幼儿园教育评价的过程与方法

典型案例

要上美术课了，每个幼儿都自己到文具柜里取出一盒蜡笔，然后到老师那里去排队。轮到乐乐时，剩下的蜡笔不多了，她左看右看，都没有找到自己想要的那盒，于是露出不悦的表情，然后无奈地拿着一盒蜡笔走过去站队。就在这时，她看见站在队伍中的强强手里拿的正是自己想要的那盒。她一把夺过强强手里的蜡笔，还没有等强强回过神来，她已经将自己原先的那盒蜡笔塞到了强强的手中，自己则高兴地站在了队伍中。

案例点评

生动具体的感官资料便于教师对幼儿的行为进行分析和研究。教师可以借助观察资料分析幼儿的身体、动作、语言、认知和社会性等方面的发展情况，通过日常生活、游戏和教学活动理解他们的各种行为表现，从而对幼儿的身心发展水平进行评价，反思教育方案和措施的合理性和有效性。但是，仅仅通过观察幼儿的外在行为表现来评价儿童的发展，在一定程度上具有较强的主观性和片面性，而且教师在观察和记录儿童的行为时也不可避免地带有一些情感因素，这些都影响了评价结果的客观性和科学性。上述案例中，乐乐在全班小朋友共用的蜡笔中，为什么偏要拿自己喜欢的那盒蜡笔呢？甚至当同伴拿走了"本属于"自己的那盒蜡笔时，乐乐毅然抢回蜡笔。这一系列行为背后的原因是什么？为什么强强在乐乐抢走了自己已经拿到手的蜡笔后，拿着乐乐硬塞给他的另外一盒蜡笔，没有再和乐乐继续抢夺？仅仅通过上述观察记录难以分析儿童行为的原因，教师观察到了儿童行为的差异，但是很难探寻差异的原因，因而也就难以采取有效的措施。

（资料来源：肖全民. 学前教育原理[M]. 北京：北京师范大学出版社，2017.）

一、幼儿园教育评价的基本步骤

幼儿园教育评价对促进幼儿发展、教师发展以及提高保教质量都有举足轻重的作用。只有评价活动按照科学、合理的程序组织实施，才能保证它的有效性与可靠性。根据幼儿园教育的特点和教育评价工作的一般规律，幼儿园教育评价活动一般按照以下几个阶段和步骤进行。

（一）确定评价目标

要使评价工作达到预期效果，实施评价之前必须明确评价的目的与性质，其中主要涉及3个方面。

1. 明确评价目标

评价的目的不同，评价的具体内容、组织方式、收集资料的方法会有较大差别。比如，对幼儿园工作实施的评价，是为了鉴定幼儿园的保教质量，判断它是否达到某些标准，还是为了帮助该园领导找出当前工作中存在的问题与不足，改进保教工作，这是评价之前必须考虑清楚的问题。

2. 明确评价主体

必须确定评价主体，明确评价的主要组织者。评价主体主要有行政管理部门、社会专家、本园管理者、教师、家长以及幼儿等。如果评价是为了改进本园的工作，则本园内部领导和教师的自我评价或相互评价就要发挥主要作用；如果评价的目的是鉴定园所的工作水平和质量，则主要由教育管理部门执行评价，评价者可能是幼儿园以外的专门人员。

3. 明确评价内容和对象

确定评价的内容与对象也是实施评价之前必须考虑清楚的。比如，在实施教师工作评价之前，必须明确：是对教师工作全面进行评价，还是针对某一方面（如教育活动设计方案、环境创设或游戏组织等）的评价？幼儿发展评价中，是对幼儿身心全面发展进行评价，还是针对某一方面（如身体发育、认知发展、社会性发展等）做出评价？

（二）设计评价方案

评价方案是根据一定的评价目的和目标，对评价的内容、对象、范围、过程、方法和程序等做出计划的书面文件，是整个评价工作的指南，指导评价工作全过程。一般而言，评价方案应该包括以下内容：评价目标依据、评价指标体系、评价方法和步骤、评价工作材料、评价组织人员、费用预算等。幼儿园教育评价方案的编制一般分成几个步骤。

1. 分解目标，形成指标体系

幼儿园教育评价就是评价者把幼儿园教育活动的开展状况与评价者所设定的目标或教师所预设的教育目标进行比较，做出评价。幼儿园教育目标分为几个层次：幼儿园教育总目标—年龄目标—学期目标—月目标—周目标—活动目标。评价者在评价时，必须首先将评价目标进行分解，形成可操作或可测量的指标体系。对总目标进行层层分解后，就构成一个目标体系，由此构成了非常具体的评价指标。教育评价所涉及的各个方面的评价指标是对所要达成的总目标进行分解，选择其中最重要的和有代表性的项目，组成评价的指标体系。因此，评价指标就是最具有可操作、可测评的目标。

2. 界定标准，形成标准体系

要使评价做到科学化、标准化，还要科学编制好评价标准。在形成教育评价指标体系后，一般还要对评价对象进行评价，看他是否达到评价目标，达到的程度如何。为此，还需要进一步划分出评价标准，将幼儿园教育目标细分到可以测评的指标，提出数量或质量上的要求。幼儿园教育评价标准或标准体系是对评价对象的各项指标达到要求的程度在数量和质量方面进行价值判断的准则和尺度。

比如，我们要评价在教育活动中幼儿参与活动的主动性，将其分成A、B、C、D 4个等级，对每个等级还要具体进行界定，可以采用语言描述（如将发起活动分为主动发起和被动发起，根据其主动的程度分成不同等级）或量化（如将注意保持的时间划分等级），形成一个评价的标准体系。这样就便于评价者进行观察和评价，否则，不同的评价者可能将同样的行为或事件划分到不同的等级中去，从而影响评价结果。

又如，评价幼儿在一周活动中的表现，将幼儿在教育活动中出现的攻击性行为分为几个档次：很多、比较多、较少、很少、没有。这5个等级可以用出现攻击型行为的次数来界定，比如将一周内出现的攻击行为次数分别界定为：7~10次算很多，4~6次算比较多，1~3次很少，0次为没有。

3. 形成计量体系

幼儿园教育评价的计量过程通常由以下两个基本要素构成。一是加权，根据指标体系中各项指标的重要程度，赋以一定的权数（或权重）。比如，对幼儿园某老师开展的教育活动进行评价，在教育活动公开课这项上共10分，其中园领导评价占30%，教师自评占40%，其他教师代表评价占30%。二是记分，根据各项指标所评等级的标度值和权数，求得评价分值。以上例来说，如果园长评8分，教师自评9分，其他教师代表评7分，则该班教师的公开课评分为 8×30%+9×40%+7×30%=8.1分。

在幼儿园教育评价中，有时简单评价没有权重，这个时候计量比较简单，有记分的项目直接求和即可。涉及幼儿园教育整体评价，或者比较复杂、详细的教育评价，大多要有权数。这就要把权数和记分两个要素相互联系、互为补充，形成一个有机的整体，这个整体就是幼儿园教育活动评价的计量体系。

（三）具体实施评价

评价实施是否具有科学性将会极大地影响评价结果的可靠性和有效性，从而影响到评价质量的优劣。具体评价的实施过程涉及许多的具体工作和步骤，主要包括以下几项。

1. 准备阶段

评价实施的准备阶段是评价实施前的预备阶段，做好评价的准备工作是做好幼儿园教育评价的前提。在准备阶段要做的主要工作如下。

（1）组织准备。根据评价需要可以按照评价的目的、评价内容等的不同，成立与之相适应的组织机构，人员可以合理搭配，如：由管理人员、科研人员、幼教专家等组成的评价小组；由园长、教师、幼儿、家长成立的评价小组；等等。在实施评价前，要对参与评价的人员进行培训，对有关评价要求、指标、分工等进行具体说明。这样，评价时就各尽其责，各司其职。

（2）文件、工具准备。凡是与评价相关的评价方案、评价登记表、资料汇总表，根据实际情况部分评价还需用到测量工具、设备等，以及施测时所需的笔、纸等记录工具。

（3）宣传发动。统一评价者和被评价者的思想，正确对待评价，理解评价，配合评价，尊重评价者的评价工作，防止被评价者产生消极甚至抵触情绪，影响评价工作的进行。

2. 收集评价资料阶段

信息是评价的基础。教育评价是否科学、准确、有效，与评价信息的收集和处理密切相关。要想做到科学评价,自然离不开对评价对象的信息采集。评价信息收集得越充分,处理信息的手段越科学,评价的结果就越准确。所以,评价信息的数量和质量是影响教育评价信度和效度的关键因素。

一般来说,这个阶段的工作比较烦琐,任务也相对艰巨。评价者要认真对待,实事求是,尽可能想方设法运用多种方法收集真实、客观的数据资料,为科学评价幼儿园教育打好基础。收集资料是评价实施的基础工作。定性评价信息的采集方法一般采用观察法、调查法、作品分析法等。定量评价信息的采集方法主要采用测验法、实验法。当然,这两种评价的信息采集方法不是绝对的。收集评价资料的工作应按既定评价方案进行,并对足以影响形成准确判断的各因素尽可能地加以有效控制。在获得评价资料之后,应迅速而准确地整理汇总资料,以便及时分析和处理评价结果。

3. 处理评价资料阶段

在掌握大量的评价资料基础上,评价者或相关人员可以给每个具体的项目进行评分、汇总和初步的统计分析;也可以利用现代化信息处理手段和技术,如专业的软件进行统计分析,对一些文字资料,如访谈记录、作品、工作总结等,要分门别类地进行整理,进而做出科学分析。评价人员应在采用适当的量化方法或质的评价方法、全面分析评价资料之后,形成对评价对象的综合判断,做出评价结论。例如,在对与办园水平有关的逐级指标得分进行综合性评价之后,对某幼儿园的质量类型或等级做出鉴定;对每个幼儿的发展状况在相应样本中所处位置做出结论;等等。根据评价结论,可以分析与诊断幼儿园教育工作中的问题与不足,把重要信息纳入评价报告,指导教育改革,或有的放矢地调整教育计划。

(四) 反馈评价结果

开展幼儿园教育评价,就是为了更好地促进幼儿园教育工作。评价结果反馈阶段是评价工作的最后一个环节。这个阶段的工作做得好,可以对教师工作、幼儿的发展等起到良好的推动作用。对评价资料以及评价过程进行全面、深入分析之后,可以得出一定的评价结果。幼儿园教育评价的结论是建立在对评价资料进行分析的基础上的,结合有关幼儿教育与幼儿发展理论依据和政策依据,做出综合的价值判断,进而由评价者根据评价实施过程与结果撰写评价报告,形成评价反馈意见。比如,在对某幼儿园工作质量进行全面评估以后,可向幼儿园提供评价报告,为改进该园的保教质量,深化幼儿园改革工作提供决策依据。

二、幼儿园教育评价的基本方法

《幼儿园教育指导纲要(试行)》要求,评价应自然地伴随整个教育过程进行,综合采用观察、谈话、作品分析等多种方法。从不同的角度来讲,评价方法可以分为不同的类别,各类方法也各有其优点和不足。这里将介绍幼儿园教育评价的几种常用方法。

(一) 观察法

观察法是教育研究和评价的常用方法之一,是指评价者根据信息采集的目的和方案,在自然状态下或是条件控制情况下,有目的、有计划地对评价对象进行系统的或零散的、连续的或间断的、直接的或间接的观察，并做出准确、具体和翔实的记录，从而获得对评价对象的了解。

按照不同标准，观察法可以分成不同的种类，比如自然观察法、实验室观察法、时间抽样观察法、事件抽样观察法、行为核查观察法、轶事记录法等。运用观察法了解幼儿，就是有目的、有计划地观察幼儿在日常生活、游戏、学习和交往中的表现，包括言语、表情和行为，并根据观察结果分析其心理发展的规律和特征。

观察法的一般操作步骤如下。

（1）制订观察计划，根据评价的目的和任务，选择合适的观察内容、对象、方式、工具等。

（2）做好详细、准确、客观的观察记录，收集资料。

（3）分析整理观察材料。

观察法是在自然状态下进行的一种评价方法，其优点是可以保证评价者获得真实、具体的信息；缺点是观察时间、观察对象和观察者自身因素都有可能影响评价结果。因而当评价对象较多时，不能运用观察法，而且，观察法只能观察到评价对象的外部表现，不能发现评价对象的内在本质。

（二）测验法

测验法是评价者根据评价工作需要，运用客观的测验项目和特定的量表来收集有关评价对象某方面特征的量化资料，一般采用量表或测量工具来完成。测验法有不同的分类，比如：根据测验范围，有智力测验、能力倾向测验、个性测验、学业成就测验等；根据测验对象，有个别测验与团体测验；根据回答方式，有书面测验和非书面测验；根据解释分数的方法，有常模参照测验与标准参照测验；根据编制的规范性，有标准化测验和非标准化测验；等等。

测验法的具体操作步骤如下。

（1）编制测验量表。编制测验量表需要经过"标准化"过程，制定固定的测验项目、测验程度、用具和分析方法，从大量数据中取得年龄常模。对幼儿进行测验时，以被测幼儿得分和常模相比，得出表示其发展水平的分数。国际上已有一些较好的婴幼儿发展测量表，如格赛尔发展量表（1938）、贝利婴儿发展量表（1969）、韦克斯勒智力量表（1967）等。由于编制智力测验的工作量很大，大多数研究者都是根据本国基本情况对较好的量表进行修订。我国早在1924年就有陆志韦修订的《中国比内—西蒙智力测验》，1936年进行了第二次修订，1982年吴天敏做了第三次修订，该修订本名为《中国比奈测验》。

（2）测验人员参加专门培训，掌握测验技术和对幼儿工作的技巧，以取得幼儿的合作，使其在测验中表现出真实的水平。

（3）对幼儿进行测验。由于幼儿的独立工作能力差，模仿性强，对幼儿测验都是用个别测验，不宜用团体测验。幼儿的心理尚不成熟，其心理活动的稳定性差，不可仅凭一次测验的结果判断某个幼儿的发展水平。因此，判断某个幼儿的发展水平和状况，还应采用多种方法从多个方面进行考察。

使用测验法要注意4个指标。

（1）效度，即测验的结果与所要达到的目标相符合的程度。

（2）信度，即在同样条件下重复测验所得数据的稳定性和可靠性。

（3）难度，即测验试题的难易程度要求适中，不能过易或过难，否则缺少真实的鉴别力。

（4）区分度，是指测验具有良好区分度，实际水平高的应该得高分，实际水平低的应该得低分，所以区分度也叫鉴别力。

（三）调查法

调查法是指评价者依据评价目的拟定调查项目，通过访谈、发放问卷等方式采集信息的评价方法。一般包括访谈、问卷调查等。

1. 访谈法

访谈法是调查者针对某一特定研究目的，通过与调查对象及与其有关的人面对面的谈话方式了解情况，收集所需要的评价信息的一种方法。它的形式是自由的，不受文字理解能力的限制，可对各种文化程度的人进行访谈。谈话内容要围绕评价者的目的展开，评价者应有充足的准备，非常明确的目的，以及熟练的谈话技巧。具体操作步骤如下。

（1）设计访谈提纲。在开始访谈之前应设计一个访谈提纲，这个提纲应该是粗线条的，主要列出应该了解的主要问题和内容范围。访谈提纲的作用主要是在访谈过程中起到提示的作用，以免在访谈中漏掉重要的内容。

（2）熟悉访谈对象。评价者在实施访谈之前应了解访谈对象。比如，教师可以在很短的时间内与幼儿建立起良好关系，可以使教师被幼儿接纳，这对后续访谈极为有利。

（3）选择访谈的场合。访谈对象如果是幼儿，正式场合的访谈往往易使幼儿产生焦虑，影响访谈的真实性和效果。这样，教师就不宜在正式场合与幼儿进行面对面的问一答访谈。教师应融入幼儿的活动中，在活动中与幼儿以有目的的"聊天"方式进行访谈。

（4）灵活采用多种谈话方式。根据谈话提纲，教师可以采用各种谈话方式，以获取丰富的信息。比如，直接回答问题的谈话，教师把准备好的问题——提出来；选择答案的谈话，把询问的问题预先设计成具体的选择题，让幼儿选择；自由回答的谈话，围绕着一个或几个问题让幼儿进行回答，直到了解问题为止；自然谈话，教师在与幼儿进行没有具体顺序和回答形式的自然谈话中，获取自己想了解的信息。

（5）对谈话结果进行分析。

2. 问卷调查法

问卷调查法是指评价者根据评价指标的要求，按照一定的目的和计划，提出一些问题，拟好题目或表格，以问卷的形式间接收集与研究对象有关的现状及历史材料，从而弄清事实，分析、概括，发现问题，探索教育规律的方法。问卷调查法是教育研究中运用最广泛的一种研究方法。调查研究通常不受时间、空间条件的限制，可在自然情境中进行数据收集，也不需要控制条件或操纵被调查的对象，涉及范围广，手段多样，便于实施，适用于现状研究和描述性的研究。在幼儿园教育评价中，由于幼儿缺乏文字能力，所以难以通过问卷法直接对幼儿本人进行调查，多以家长、教师等了解幼儿的成人为对象。针对幼儿设计的问卷可以由家长或教师向孩子解释后由成人代填。具体操作步骤如下。

（1）编制问卷题目。问卷题目通常有3种类型。

一是开放式问卷，只提问题，由被调查者对问题做出回答，没有固定的答案，如"您认为自己的孩子在和陌生人的交往上存在哪些困难"。

二是封闭式问题。教师列出一定的问题和可能的答案,由被调查者选择答案。如"孩子在家能自己穿脱衣服吗? A. 能 B. 偶尔能 C. 家长提醒时能 D. 不能"。

三是"半结构型"问卷。这类问卷题目的编制综合了前面两种问卷形式,教师提问并列出部分答案,由于问卷的答案不能设想周到,因此,再列出"其他"一栏,由被调查者写出自己的答案。如"您觉得自己的孩子还存在哪些问题? A. 独立性不足 B. 学习习惯不好 C. 规则意识差 D. 其他"。

(2) 发放问卷。无论问卷的对象主要是家长,还是幼儿或幼儿教师本身,应该是在取得了本班教师的信任后才适宜发放问卷。这样一来,取得的资料会较为真实。

(3) 回收问卷,并进行信息汇总分析。

(四) 作品分析法

作品分析法指的是通过对评价对象的各种作品的分析,了解被评价者的心理特点或某方面的能力水平,从而发现问题,把握特点和规律的一种方法。幼儿的作品包括绘画、手工制品等。作品分析法具有隐藏性、评价规模较小、可信度高等特点。作品分析法多用于个案研究或群体的心理品质和个性特征等方面。作品分析法的具体实施步骤如下。

(1) 明确分析的目的。作品分析法的目的大致可分为三方面:知识的运用水平及特点;技能的熟悉程度及特点;相关心理特征的表现特点。

(2) 制定分析指标。作品分析法的指标应从目的中分解出来。

(3) 作品选取。作品选取时首先要决定总体,再根据特殊情况挑选与评价有关的特定资料。

(4) 分析结果总汇。

> **想一想**
>
> 根据幼儿的作品 (见图 10-1) 对幼儿进行评价。

图 10-1 树

在日常工作过程中,我们往往也会根据幼儿的作品对幼儿的发展水平进行评价。那么我们该如何通过一幅绘画作品来分析幼儿的发展水平?

第一,通过幼儿的意愿画的内容选择,了解幼儿的兴趣。一般说来,我们会通过选择幼儿的意愿画对幼儿的发展水平进行评价。在进行意愿画时,幼儿对绘画内容的选择,可

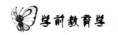

以向我们发出该幼儿兴趣的信息,让我们了解幼儿所关注的事物或现象。

第二,通过其构图了解幼儿的创造性、观察力、知识面等。幼儿在进行意愿画时,从其作品的构图可以看出幼儿的创造性,从构图的具体布局,可以看出幼儿的观察力与知识面。

第三,通过对幼儿画面色彩的搭配、线条的运用及画面细节的处理等方面的分析,可以看出幼儿的绘画技巧、细心、耐心及努力的程度等。

(五)档案袋评价法

档案袋评价法是一种以过程为主的评价方法,就是在教育过程中为达成教育目的而有目的地收集幼儿作品的样本,并有组织地展示其学习和进步的状况。通过收集幼儿真实的学习成果材料,评价事件的进展过程或个人的成长经历。档案袋评价法也是一种综合的评价方法,它把学习过程和学习结果融在一起,综合运用各种评价方法。当然,运用档案袋评价法收集幼儿的信息必须能够生动、真实地展现幼儿的实际学习过程,如果缺乏选择、分析、判断,档案袋就容易变成垃圾桶、回收站。

(六)自我评价法

自我评价法是依据一定的评价原则和标准主动对自己的思想和行为做出评价的方法。自我评价具有主客观的同一性、评价信息的直接性和丰富性、评价性质的反思性、评价过程的循环性等特点。

自我评价法的优点是不受时间和场合的限制,简单易行,省时省力,可以在较长时间内连续操作,机动灵活,有利于发挥评价对象的主体作用。缺点是由于缺少外界参照系,不易进行横向比较,所以容易出现过高或过低的趋向,评价结果的客观性较差。

上述各种评价方法都有其优点和不足,需要我们在各种方法之间取长补短,综合利用多种评价方法,提高幼儿园教育评价的准确性、科学性和有效性。

第四节 评价在幼儿园教育活动中的运用

典型案例

面试时,考官问面试者:"如果你去一所幼儿园实习,发现这所幼儿园的各项事情都安排得井然有序,如作息时间紧凑,幼儿统一如厕和喝水等,你怎么看?"

案例点评

幼儿园整齐划一的管理没有考虑幼儿的个体差异性。此题主要考察的是利用所学知识对教育活动中儿童的行为进行评价的能力。应以儿童发展的差异性为依据来评价"作息时间紧凑,幼儿统一如厕和喝水"这一现象。

掌握教育评价的类型、原则和方法是为了更好地评价教育活动的各个环节是否适宜和有效,教师的教育行为是否有助于儿童的发展,儿童的表现是否与预期的教育结果一致。评价的最终目的是发现问题、改进教学、积累经验,从而更好地促进儿童的发展。

一、对教育活动的评价

总体来讲，对幼儿园教育活动的评价主要包括对生活活动、游戏活动和教学活动的评价。具体来说，在评价某一具体的教育活动时，应从活动目标、活动内容、活动方法、活动过程、活动中的儿童等方面进行分析。

（一）对生活活动进行评价

评价儿童的生活活动，主要是评价一日生活常规和生活活动中教师行为对儿童发展的影响。例如对某幼儿园"教师安排的作息时间紧凑，幼儿统一如厕和喝水"这一行为进行评价时，既要看到其积极的影响，也不要忽略其消极方面。教师统一要求这一教育行为对儿童发展具有积极的影响。《幼儿园工作规程》指出："幼儿园日常生活组织，应当从实际出发，建立必要、合理的常规，坚持一贯性和灵活性相结合，培养幼儿的良好习惯和初步的生活自理能力。"合理的常规便于儿童形成集体的观念，养成统一的作息制度，便于开展集体教育活动。但是，紧凑的作息时间、统一的要求对儿童发展也具有消极的影响，它忽视了儿童发展的个别差异，不能满足儿童的个别需要，容易伤害儿童的自尊心。

（二）对游戏活动进行评价

对儿童游戏活动评价的内容包括游戏中儿童的行为表现、活动区的设置、玩具的投放和教师的教育行为。

（三）对教学活动进行评价

对教学活动进行评价可以以儿童身心发展的水平、特点和已有的知识经验为依据来评价活动目标、活动准备、活动内容、活动方法的适宜性和活动结果的有效性。无论评价哪一方面的内容，都离不开教师对儿童发展的影响。因此，评价与改进应结合起来。

1. 对活动目标的评价

对活动目标的评价是由教师按照一定的教育要求和幼儿本身发展的需要制定的一种对活动结果的期望，包括终极目标、阶段目标和具体活动目标。其具体做法是：① 评价活动目标与幼儿教育总目标、年龄阶段目标及单元目标是否有紧密联系；② 评价活动目标是否符合本班幼儿发展的整体水平和已有经验，并兼顾幼儿个体发展的需要；③ 评价活动目标是否有利于幼儿的终身学习和发展。

相关链接

数学活动：认识图形（小班）

活动目标：

（1）能说出圆形、三角形、正方形的名称，并能正确辨认图形。

（2）会按照图形的外形特征匹配图形，体验游戏的快乐。

案例评析：从目标可以看出，此活动是让儿童在动手、动眼和动嘴的过程中认识和掌握圆形、三角形、正方形的外形特点，符合儿童的认知特点。活动目标明确、具体，具有较强的可操作性；目标全面，既有认知（知识与技能）目标又有情感目标，符合"促进儿

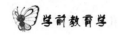

童全面发展的教育目的"。

知识拓展

谁也不认识谁

小班娃娃家，欣欣正忙着给娃娃穿衣服，冬冬忙着煮饭，宁宁呆呆地坐在沙发上，老师走过去问欣欣："你是谁啊？"欣欣回答："我是妈妈。"老师又问："那他们两个是谁？"欣欣摇摇头说："不知道。"老师又问沙发上的宁宁："你知道他们是娃娃家的什么人吗？"宁宁也摇摇头说："不知道。"评价案例中幼儿游戏的水平，如果你是教师会如何指导他们的游戏？

案例分析：此题主要是考察考生评价儿童游戏水平和设计游戏指导措施能力的题目。帕顿根据儿童社会性行为的发展水平，将游戏分为6种，即无所事事、游戏的旁观者、独自游戏、平行游戏、联合游戏和合作游戏。从上述案例中儿童的游戏行为，可以判断幼儿处于平行游戏阶段。教师需要依据自己已有的经验和知识结合幼儿的年龄特点总结或设想相应的措施以介入指导幼儿的平行游戏。例如，教师可以以客人的身份访问娃娃家，让每一个儿童介绍自己的身份并明确他人的身份，通过招待客人，让每一个儿童都做与自己身份相符的事情，逐步提高儿童的游戏水平。

2. 对活动准备的评价

对活动准备的评价主要从环境创设、物质准备和知识准备方面评价教学活动准备是否充分。物质准备包括教具、学具和玩具的准备，知识准备主要是指已有知识经验的准备。

相关链接

谈话活动：我喜欢的动画片《喜羊羊与灰太狼》（大班）

活动准备：布置动画片主要任务的图片展；歌曲《别看我只是一只羊》《羊羊顶呱呱》，以及录音机。

案例评析：儿童已有的知识经验是教师能否顺利开展教育活动的前提，也决定了儿童能否积极主动地投入活动之中。此活动准备没有说明全班儿童是否都看过《喜羊羊与灰太狼》的动画片，因而，如果班里有儿童没有看过此片，将影响本次活动的顺利进行。此次活动准备不充分。

3. 对活动内容的评价

幼儿园教育活动包括健康、语言、社会、科学和艺术活动。活动内容的评价是指对幼儿园五大领域中某一领域或某一具体教育活动内容的评价，分析它们是否适合该年龄阶段幼儿的学习。对活动内容的评价具体可以从以下几个方面进行：① 评价活动内容的选择是否与活动目标一致；② 评价活动内容是否具有科学性；③ 评价活动内容是否具有时代性；④ 评价活动内容是否贴近幼儿生活；⑤ 评价活动内容是否既符合幼儿的现有水平，又具有一定的挑战性；⑥ 评价活动内容是否能保证幼儿直接参与活动；⑦ 评价活动内容是否与各领域有机结合，相互渗透。

4. 对活动过程的评价

对活动过程的评价主要是对活动中各个环节，包括导入环节、基本环节和结束环节的评价。评价内容包括：① 导入环节能否引起幼儿的兴趣，激起幼儿活动的欲望；② 开展环节能否完成预定的任务；③ 教师所提的问题是否有助于活动的进一步开展，是否适合儿童的年龄思维特点；④ 教学手段和教学方法的运用是否适宜于完成教学任务；⑤ 教师的讲述是否完整、清楚和形象，是否符合儿童的认知特点；⑥ 活动的时间、场地和教师的教育行为是否与活动的内容相适，是否适宜儿童的活动需要和水平；⑦ 教师是否注意在综合性活动中对幼儿进行指导；⑧ 活动的环境是否与活动内容相适，幼儿是否在健康、愉悦和安全的环境中参与活动；⑨ 教师是否给幼儿自主游戏、操作、合作和思考的机会；⑩ 教师在活动中的举止、服饰和语言是否具有榜样的作用；⑪ 结束环节的延伸活动是否与本次活动有关，教师安排的结束活动是否适宜，整个活动是否达成预定的活动目标。

相关链接

公园里最好玩的地方

要求：考生以绘画的方式配合开展"寻找公园里最好玩的地方"的活动。

案例分析：这是一道自评题，主要考察考生对自己所设计的教学活动环节进行评价的能力。考生在回答评价自己的教学环节问题时，一方面要注意儿童是活动的主体，一切活动都应符合儿童身心发展水平，以促进儿童发展为目的；另一方面要注意活动领域的融合，设计综合性教学活动。

考生除了要组织幼儿开展以"公园里做好玩的地方"为主题的绘画活动外，还可以将艺术活动与语言活动结合起来。在儿童绘画结束后，教师首先可以组织幼儿分组讲述自己的作品，讨论公园里最好玩的地方；其次，小组选出代表为全班幼儿讲述自己的作品，介绍公园里最好玩的地方；最后，组织幼儿选出两三个最好玩的地方，在延伸活动中，带领幼儿到公园去玩。

5. 对活动方法的评价

对活动方法的评价主要是评价老师在教育教学活动中采取的教学措施是否有助于完成活动任务、达成活动目标，是否有助于儿童的身心发展。这具体表现在以下几个方面：① 评价方法的选择和运用是否与活动目标和内容相呼应；② 评价方法的选择和运用是否顾及幼儿的年龄特点和水平；③ 评价方法是否强调并体现幼儿的自主性和主体性；④ 评价方法是否注意到与活动环境和有关设备的联系。

相关链接

美丽的家园

模拟组织儿童开展看图编儿歌的活动（见图10-2）。设想你是老师，如果幼儿对你说："我不会编"时，你怎么办？

图 10-2 美丽的家园

案例分析：此题主要是考察考生反思教师教育措施的能力。回答此类问题，教师可以从以下两个方面进行：首先，分析儿童的年龄特点和语言发展水平，指出儿童发展的差异性，强调不会编儿歌是一种正常现象；其次，依据《幼儿园教师专业标准（试行）》强调教师的所有行为都应建立在尊重儿童、热爱儿童的基础上，以促进儿童发展为目的，教师可以说"不要紧，慢慢来""没有关系，你先听听别的小朋友怎么编""别害怕，你试试，老师会帮你的"，等等。

6. 对活动环境和材料的评价

在幼儿园教育活动中，对活动环境和材料的评价主要包括心理环境、物质环境、材料设备等方面的创设和选择。具体体现在 4 个方面：① 评价环境和材料选择与设计是否有助于教育活动目标的达成；② 评价环境和材料选择与设计是否适合幼儿的实际需要和能力；③ 评价环境和材料选择与设计是否适合活动的开展；④ 评价环境和材料选择与设计是否得到最大限度的开发和利用，是否充分发挥环境和材料的作用。

7. 对活动效果的评价

对活动效果的评价是指从幼儿方面反映出来的教育结果，包括以下几个方面的评价：① 评价幼儿在活动过程中参与和学习的态度，如注意力是否集中、表现是否主动积极等；② 评价幼儿在活动过程中的情绪情感反应，如精神是否饱满、情绪是否轻松愉快等；③ 评价幼儿对活动预期的目标是否都达成。

二、对教师的教育行为的评价

《幼儿园教育指导纲要（试行）》指出："教师应成为幼儿学习活动的支持者、合作者和引导者。"在教育活动中，教师应充分发挥主导作用，以儿童为本，尊重儿童身心发展的特点，以幼儿已有的知识经验为基础，采用适合其身心发展水平的方式开展教育活动。教师应以《幼儿园教育指导纲要（试行）》《幼儿园教师专业标准（试行）》为依据，来评价教育行为对儿童发展所产生的积极和消极的影响。对教师教育行为的评价可以从以下几方面进行：① 评价教师的语言和动作是否符合儿童的发展水平和需要；② 评价教师的教育行为是否具有榜样的作用；③ 评价教师的教育行为是否具有引导和支持儿童发展的作用。

相关链接

猜猜这是谁

洗手池的下水孔堵塞了，小明挽起袖子把东西掏出来，下水孔又通了，他没有把这件事告诉老师。老师知道后，将这个幼儿的事迹画了出来，让全班幼儿猜猜这是谁。

对于老师的这种表扬方式，谈谈你的看法。

案例分析：案例中教师的做法正确。首先，教师利用画画的方式表扬小明疏通下水孔，这种做法是对的。其次，儿童的思维以具体形象思维为主，教师通过画画的方式将小明疏通下水孔的整个过程画出来，还原了事情发展的过程。使幼儿仿佛看到了整个事件的发展，便于儿童理解和学习。教师表扬儿童的方式有多种，关键是教师要依据具体的事情采取适合儿童的方式表扬儿童，在激励被表扬儿童进一步发展的同时，为其他幼儿树立学习的榜样。案例中，教师的表扬方式既可以让幼儿知道为什么表扬小明，还可以让幼儿知道应该向小明学习什么。

在 线 测 试

一、名词解释

测验法　调查法　教育评价

二、选择题

1. 对幼儿发展状况评估的目的是（　　）。
   A. 排队、筛选　　　　　　　　B. 教师的成长
   C. 提高保教质量　　　　　　　D. 了解幼儿的发展需要
2. 在教育方案实施过程中进行的评价，称为（　　）。
   A. 诊断性评价　　B. 形成性评价　　C. 终结性评价　　D. 自然评价
3. 为了解幼儿同伴交往特点，研究者深入幼儿所在的班级，详细记录其交往过程的语言和动作等，这一研究方法属于（　　）。
   A. 访谈法　　　　B. 实验法　　　　C. 观察法　　　　D. 作品分析法
4. 谈话者把准备好的问题一一提出来，提完一个让幼儿回答一个，如"你叫什么名字""你几岁了"，这种方法属于（　　）。
   A. 直接回答问题的谈话　　　　B. 选择答案的谈话
   C. 自由回答的谈话　　　　　　D. 自然谈话
5. 在被评价对象的集合中选取一个或几个对象作为基准，然后把各个评价对象与基准进行比较的评价方法，称为（　　）。
   A. 绝对评价　　　B. 相对评价　　　C. 个体差异评价　　D. 自然评价
6. 把被评价对象集合中的各个对象的过去和现在相比较或者把某个对象的各个侧面进行比较的方法，称为（　　）。
   A. 绝对评价　　　B. 相对评价　　　C. 个体内差异评价　　D. 自然评价

7. 为了评价幼儿的歌唱发展水平，可以把歌唱水平分解为音准、歌词、完整性等几个项目并分别进行评价，这属于（　　）。
  A. 分析评价　　　　B. 综合评价　　　　C. 分解评价　　　　D. 自然评价
8. 除了自身以外的任何人或组织对该对象所进行的评价，称为（　　）。
  A. 绝对评价　　　　B. 相对评价　　　　C. 自我评价　　　　D. 他人评价
9. 在教育方案实施过程中进行的评价，称为（　　）。
  A. 诊断性评价　　　B. 形成性评价　　　C. 终结性评价　　　D. 自然评价
10. 由幼儿园园长对教师各方面的情况进行打分，然后对他们做出评价，这属于客观评定中的（　　）。
  A. 打分法　　　　　B. 等级法　　　　　C. 个体差异评价　　D. 自然评价
11. 幼儿教育的评价要能促进幼儿教育的发展，这是幼儿教育评价的（　　）。
  A. 方向性原则　　　B. 可行性原则　　　C. 全面性原则　　　D. 一般性原则
12. 对幼儿发展状况评估的目的是（　　）。
  A. 排队、筛选　　　　　　　　　　　　B. 教师的成长
  C. 提高保教质量　　　　　　　　　　　D. 了解幼儿的发展需要
13. 为了解幼儿进餐能力进行的评价属于（　　）。
  A. 大宏观评价　　　B. 宏观评价　　　　C. 中观评价　　　　D. 微观评价
14. 幼儿园教育工作评价应当（　　）。
  A. 以行政人员评价为主，专家等参与评价为辅
  B. 以园长自评为主，教师等参与评价为辅
  C. 以教师自评为主，园长等参与评价为辅
  D. 以家长评价为主，幼儿等参与评价为辅
15. 幼儿教师了解幼儿的最主要目的是（　　）。
  A. 为更好地促进幼儿发展提供依据　　　B. 为教师专业成长提供依据
  C. 为建立幼儿档案提供依据　　　　　　D. 为检查评比提供依据
16. 评估幼儿发展的最佳方式是（　　）。
  A. 平时观察　　　　B. 期末测查　　　　C. 问卷调查　　　　D. 家长访谈

三、论述题

简述幼儿园教育评价的原则。

真 题 训 练

一、选择题

1. 幼儿园教育工作评价应当（　　）。【2013年11月】
  A. 以行政人员评价为主，专家等参与评价为辅
  B. 以园长自评为主，教师等参与评价为辅
  C. 以教师自评为主，园长等参与评价为辅
  D. 以家长评价为主，幼儿等参与评价为辅

2. 幼儿教师了解幼儿的最主要目的是（　　）。【2013年11月】
   A. 为更好地促进幼儿发展提供依据　　B. 为教师专业成长提供依据
   C. 为建立幼儿档案提供依据　　　　　D. 为检查评比提供依据
3. 评估幼儿发展的最佳方式有（　　）。【2014年11月】
   A. 平时观察　　B. 期末检测　　C. 问卷调查　　D. 家长访谈
4. 教师根据幼儿的图画来评价幼儿发展的方法属于（　　）。【2015年11月】
   A. 观察法　　B. 作品分析法　　C. 档案袋评价法　　D. 实验法
5. 评价幼儿生长发育最重要的指标是（　　）。【2015年11月】
   A. 体重和头围　　B. 头围和胸围　　C. 身高和胸围　　D. 身高和体重
6. 教育过程中，教师评价幼儿适宜的做法是（　　）。【2018年11月】
   A. 用统一的标准评价幼儿　　　　　B. 根据一次测评结果评价幼儿
   C. 用标准化工具测评幼儿　　　　　D. 根据日常观察所获信息评价幼儿

二、简答题

简述幼儿期自我评价的趋势并举例说明。【2013年6月】

三、材料分析题

在开展"烧烤店"游戏前，大一班的李老师加班加点为幼儿准备了烧烤架、烧烤夹，以及各种逼真的"鱼丸""香肠"等食材；大二班王老师没有直接投放材料，而是与幼儿商量，并支持他们自己去收集所需材料。幼儿游戏情景分别如图10-3（大一班）和图10-4（大二班）所示。

图10-3　大一班游戏情景

图10-4　大二班游戏情景

问题：
（1）哪位教师的做法更恰当？
（2）请分别对两位教师的做法进行评析。【2019年6月】

第十章参考答案

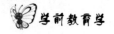

本章拓展阅读

幼儿发展评价结果与运用

幼儿发展评价能否对托幼机构教育质量的提高起到促进作用，取决于幼儿园教师对幼儿发展评价结果的运用。幼儿园教师对幼儿发展评价结果的运用主要包括以下几方面内容。

（1）要分析和把握本班幼儿发展的整体水平，包括在每一具体发展领域及其指标上全班幼儿表现出的几种现实的发展水平，以此作为制订班级计划的依据。教师只有对本班幼儿总体发展情况心中有数，在头脑中有一个个活生生的具体儿童，所制订的教育计划才可能既符合幼儿发展的基本规律和一般年龄特点，又适应本班幼儿总体发展水平和发展需要。

（2）要分析每个幼儿发展的独特性，为因人施教提供依据。幼儿发展评价的最终目的是使教师（包括家长）了解每个幼儿，从而创造适合幼儿的教育，即根据每个幼儿的发展水平、个性特点、兴趣爱好、学习方式等方面的个人独特性，提出不同的教育要求，采取不同的教育方法。这就要求教师通过情景观察等手段获得幼儿发展的丰富信息后，对照评价标准，确定每个幼儿在各个发展领域，特别是存在明显问题的方面的发展状况，并在此基础上制订个别指导计划，以便在教育进程中加强对不同幼儿的指导。

（3）要全面、客观地分析影响幼儿发展的因素，为改善托幼机构教育和家庭教育提供依据。教师不仅要通过评价了解幼儿的发展现状，还要进一步分析存在问题的原因和导致进步的因素。这种分析不应局限在托幼机构教育这一个方面，还要深入幼儿生活的各个方面，如分析家庭及社会环境对幼儿发展的影响，使家庭、幼儿园、社会教育等各方面的力量协调一致，相互配合。此外，教师还要及时将评价结果以及对影响因素的分析以恰当的方式向家长进行反馈，帮助家长正确认识孩子的发展情况以及家庭因素对幼儿的影响，提高其改善家庭教育的自觉性。

（资料来源：肖全民. 学前教育原理[M]. 北京：北京师范大学出版社，2017.）

学习评价与反思

_____

_____

参 考 文 献

[1] 肖全民. 学前教育原理[M]. 北京：北京师范大学出版社，2017.

[2] 王萍，万超. 学前教育学[M]. 北京：东北师范大学出版社，2017.

[3] 林华民. 世界经典教育案例启示录[M]. 北京：农村读物出版社，2003.

[4] 教育大辞典编纂委员会. 教育大辞典[M]. 上海：上海教育出版社，1990.

[5] 罗伯特·福尔姆. 我们得回到幼儿园［M］. 吴群芳，译. 北京：中国档案出版社，2001.

[6] 卢秀安，陈俊. 教与学心理案例[M]. 广州：广东高等教育出版社，2002.

[7] 郑传芹，曾跃霞. 学前教育原理[M]. 武汉：华中科技大学出版社，2014.

[8] 唐淑. 学前教育史[M]. 北京：人民教育出版社，2009.

[9] 何晓夏. 学前教育史[M]. 北京：高等教育出版社，2014.

[10] 韩映红. 学前教育原理[M]. 北京：高等教育出版社，2014.

[11] 王卉，许红. 新中国成立初期北京市托儿所、幼儿园的改革与发展[J]. 北京党史，2011（2）：47-49.

[12] 陈伊丽. 关于幼儿园教育纲要的比较和思考[J]. 学前教育研究，2002（3）：31-33.

[13] 宋乃庆，郑文虎，江长州. 我国学前教育投入对经济增长的贡献率研究[J]. 教育与教学研究，2019，33（5）：32-41.

[14] 柳倩，黄嘉琪. 中国与OECD国家学前教育投入水平的比较研究[J]. 教育经济评论，2019，4（3）：72-86.

[15] 李家成. 关怀生命：当代中国学校教育价值取向探[M]. 北京：教育科学出版社，2006.

[16] 石筠韬. 我国学前教育价值取向探微[J]. 学前教育研究，1997（6）：9-11.

[17] 汪基德，朱书慧，张琼. 学前教育信息化的内涵解读[J]. 电化教育研究，2013，34（7）：27-32.

[18] 马力，张许颖，王军平，等. 中国人口与教育发展战略研究[J]. 人口研究，2009，33（2）：4-19.

[19] 龚胜生，陈云. 中国人口疏密区分界线的历史变迁及数学拟合与地理意义[J]. 地理学报，2019（10）：1-16.

[20] 孙佳慧，夏茂林. 我国学前教育经费投入区域差距的实证分析及政策建议[J]. 教育财会研究，2018，29（5）：79-85.

[21] 罗妹，李克建. 基于全国428个班级样本的学前教育质量城乡差距透视[J]. 学前教

育研究，2017（6）：13-20.

[22] 尹勤,高祖新,缪岳平,等. 江苏流动人口子女学前教育现状探析[J]. 人口与社会，2014，30（4）：28-32，38.

[23] 田密,黄司琪,钱朝军. 农村留守儿童学前教育的现状调查与思考[J]. 科教文汇（下旬刊），2017（6）：108-110.

[24] 崔世泉,袁连生,田志磊. 政府在学前教育发展中的作用：来自经济学理论和实践经验的分析[J]. 学前教育研究，2011（5）：3-8，39.

[25] 黄人颂. 学前教育学[M]. 3版. 北京：人民教育出版社，2015.

[26] 梁志燊. 学前教育学[M]. 北京：北京师范大学出版社，1998.

[27] 傅建明. 学前教育学[M]. 北京：中央广播电视大学出版社，2007.

[28] 郑建成. 学前教育学[M]. 2版. 上海：复旦大学出版社，2014.

[29] 马和民. 新编教育社会学[M]. 上海：华东师范大学出版社，2010.

[30] 韩映红. 学前教育原理[M]. 北京：高等教育出版社，2014.

[31] 庞丽娟. 教师与儿童发展[M]. 北京：北京大学出版社，2003.

[32] 李季湄. 幼儿教育学基础[M]. 北京：北京师范大学出版社，2000.

[33] 王芳. 浅谈和谐师幼关系的建立[J]. 课程教育研究，2014（21）：1-3.

[34] 许倩倩. 师幼互动中的教师情绪研究[D]. 南京：南京师范大学，2013.

[35] 李创斌. 对话理论视域中的师幼关系研究[D]. 西安：陕西师范大学，2014.

[36] 肖全民,周香,彭世华. 幼儿教育概论[M]. 北京：北京师范大学出版社，2012.

[37] 黄人颂. 学前教育学[M]. 3版. 北京：人民教育出版社，2015.

[38] 刘焱. 儿童游戏通论[M]. 北京：北京师范大学出版社，2004.

[39] 陈柯汀. 4～5岁幼儿数学学习的真实性评价的框架与实务[D]. 上海：华东师范大学，2015.

[40] 张俊. 幼儿园科学领域教育精要：关键经验与活动指导[M]. 北京：教育科学出版社，2015.

[41] 周兢. 学前儿童语言学习与发展核心经验[M]. 南京：南京师范大学出版社，2014.

[42] 柳倩,周念丽,张晔. 学前儿童健康学习与发展核心经验[M]. 南京：南京师范大学出版社，2016.

[43] 顾荣芳. 学前儿童健康教育论[M]. 南京：江苏教育出版社，2009.

[44] 李季湄,冯晓霞.《3～6岁儿童学习与发展指南》解读[M]. 北京：人民教育出版社，2013.

[45] 黄瑾. 学前儿童音乐教育[M]. 上海：华东师范大学出版社，2006.

[46] 李琳,朱家雄. 学前儿童音乐教育[M]. 上海：华东师范大学出版社，2006.

[47] 李慰宜. 美术活动这样做[M]. 上海：华东师范大学出版社，2014.

[48] 刘占兰. 学前教育必须保持教育性和公益性[J]. 教育研究，2009（5）：125-127.

[49] 郑建成. 学前教育学[M]. 2版. 上海：复旦大学出版社，2014.

[50] 王小英. 学前教育发展史册的崭新篇章：论《3～6岁儿童学习与发展指南》的价值蕴涵[J]. 幼儿教育，2012（31）：8-9.

[51] 刘仁娟. 论幼儿园保育和教育的问题[J]. 中国校外教育，2010（15）：146-146.

[52] 李季湄. 对《幼儿园教育指导纲要》中的几个基本观点的理解[J]. 学前教育研究，2001（6）：6-9.

[53] 管钰嫦. 幼儿教师生活活动实践性知识的叙事研究[D]. 长春：东北师范大学，2017.

[54] 安·S. 爱泼斯坦. 高宽课程的理论与实践：学前教育中的主动学习精要——认识高宽课程模式[M]. 霍力岩，等译. 北京：教育科学出版社，2012：95-102.

[55] 赵忠心. 家庭教育学[M]. 北京：人民教育出版社，2001.

[56] 吴奇程，袁元. 家庭教育学[M]. 3版. 广州：广东高等教育出版社，2011.

[57] CONGER R D, DONNELLAN M B. An interactionist perspective on the socioeconomic context of human development[J]. Annual Review of Psychology, 2007(58): 175-199.

[58] 李惠云，乔晓熔. 初入学儿童基本情况及其与父母受教育程度相关的研究[J]. 教育科学研究，2005（7）：34-37.

[59] 教育部基础教育司.《幼儿园教育指导纲要（试行）》解读[M]. 南京：江苏教育出版社，2002.

[60] 鄢超云. 学前教育评价[M]. 北京：高等教育出版社，2010.

[61] Standards and Testing Agency.Early Years Foundation Stage Profile Handbook[Z].London:Standards and Testing Agency，2017:10.

[62] 戴莉. 家园结合育幼苗：国外家园结合的主要方式简介[J]. 中华女子学院学报，1996（6）：44-46.

[63] 曹丹丹. 家园合作问题分析[J]. 学前教育研究，2003，3（8）：97-98.

[64] 程天宇. 疏离与回归：家园共育理念实现的应然路径选择[J]. 教育探索，2015(9)：64-66.

[65] 约翰·杜威. 民主主义与教育[M]. 王承绪，译. 北京：人民教育出版社，2001.

[66] 袁方. 社会学百科辞典[M]. 北京：中国广播电视出版社，1990.

[67] OECD. Starting Strong V：Transitions From Early Childhood Education And Care To Primary Education[R]. Paris：OECD，2017.

[68] 张小玉. 小学幼小衔接工作现状调查研究[D]. 天水：天水师范学院，2019.

[69] 彭俊英. 幼儿园教育活动评价示例[J]. 山东教育，2005（9）：8-9.

[70] 傅建明，虞伟庚. 学前教育原理[M]. 上海：复旦大学出版社，2015.

[71] 陈幸军. 幼儿教育学[M]. 3版. 北京：人民教育出版社，2010.

[72] 王德清，欧本谷. 教育测量与评价学[M]. 重庆：西南师范大学出版社，2000.

[73] 陶西平. 教育评价辞典[M]. 北京：北京师范大学出版社，1998.

[74] 胡惠闵，郭良菁. 幼儿园教育评价[M]. 上海：华东师范大学出版社，2009.

[75] 鄢超云. 学前教育评价[M]. 北京：高等教育出版社，2010.

附　　录

附录 A　3~6 岁儿童学习与发展指南

附录 B　幼儿园教育指导纲要（试行）

附录 C　中共中央　国务院关于学前教育深化改革规范发展的若干意见

附录 D　幼儿园工作规程

附录 E　幼儿园教师专业标准（试行）